文化的"对话"：
帕西傣
马创 著
的交往、交流、交融研究

学苑出版社

图书在版编目（CIP）数据

文化的"对话"：帕西傣的交往、交流、交融研究 / 马创著 .—北京：学苑出版社，2024.4

ISBN 978-7-5077-6925-8

Ⅰ.①文… Ⅱ.①马… Ⅲ.①傣族-民族文化-研究-西双版纳 Ⅳ.① K285.3

中国国家版本馆 CIP 数据核字 (2024) 第 061597 号

责任编辑：战葆红
出版发行：学苑出版社
社　　址：北京市丰台区南方庄 2 号院 1 号楼
邮政编码：100079
网　　址：www.book001.com
电子邮箱：xueyuanpress@163.com
联系电话：010-67601101（营销部） 010-67603091（总编室）
印　刷　厂：北京建宏印刷有限公司
开本尺寸：710 mm×1000 mm　1/16
印　　张：17.25
字　　数：250 千字
版　　次：2024 年 4 月北京第 1 版
印　　次：2024 年 4 月北京第 1 次印刷
定　　价：86.00 元

目 录

第一章　绪　论 ··· 1
　　一、研究的缘起：文化冲突与文化"对话" ···················· 1
　　二、研究的理论基础 ·· 2
　　三、研究的对象及意义 ··· 13
　　四、研究的方法：田野民族志 ································· 23
第二章　对话的语境：峦村的自然、社会文化空间 ············· 28
　　一、峦村的自然空间 ·· 28
　　二、峦村的社会文化空间：帕西傣与其他族群的联系 ····· 30
第三章　对话的主体：在回傣之间的"帕西傣" ················· 51
　　一、帕西傣的名实之辨：客位与主位 ························ 51
　　二、帕西傣的物质文化 ··· 68
　　三、帕西傣的制度文化 ··· 86
　　四、帕西傣的精神文化 ··· 93
　　五、帕西傣的姓名 ··· 101
第四章　对话的过程：帕西傣的形成过程 ······················· 103
　　一、峦村的历史：文献与集体记忆 ··························· 103
　　二、对话的三个阶段：以通婚圈的变化为中心 ············· 110
第五章　宗教活动中的对话 ··· 126
　　一、宗教活动的中心——清真寺 ······························ 126

二、峦村的宗教生活 ……………………………………… 128
　　三、峦村村民的五番拜、聚礼、会礼 …………………… 133
　　四、峦村的宗教节日 ……………………………………… 147
　　五、进教仪式——从傣族到帕西傣的转换 ……………… 160

第六章　人生礼仪中的对话 ……………………………………**165**
　　一、诞生 …………………………………………………… 166
　　二、婚礼 …………………………………………………… 168
　　三、葬礼 …………………………………………………… 182

第七章　岁时节令及民俗活动中的对话 ………………………**188**
　　一、春节 …………………………………………………… 188
　　二、傣历新年 ……………………………………………… 200
　　三、民俗活动中的对话 …………………………………… 213

第八章　对话何以可能 …………………………………………**226**
　　一、尊重、理解与接受差异 ……………………………… 226
　　二、坚守与开放的平衡：族群边界的建构 ……………… 234

结　语 ……………………………………………………………**241**

参考文献 …………………………………………………………**246**

后　记 ……………………………………………………………**270**

第一章 绪 论

一、研究的缘起：文化冲突与文化"对话"

随着全球化进程的不断推进、交通条件的改善和通信技术的普及，世界上不同文明、不同国家、不同社会、不同族群、不同信仰群体之间的联系在广度和深度上迅速拓展，接触、掠夺、对立、同化、竞争、合作、冲突等各种各样的相遇与互动的模式交错呈现，人们越来越深地陷入混杂的多样性交织碰撞的沼泽之中，殖民主义、种族主义、民族主义、原教旨主义等此起彼伏。至 20 世纪后期，随着冷战时代的结束，以意识形态为主导的两大阵营对峙格局被打破。在全球化向纵深演进的同时，文明之间、文化之间、宗教信仰之间、族群之间的矛盾冲突浮出水面。但真正使文明关系问题凸显并引起世界性广泛的关注和强烈反应的，是美国政治学教授亨廷顿 1996 年在《文明的冲突与世界秩序的重建》中所提出的"文明冲突论"。他认为冷战结束后，国际冲突将不再是不同意识形态之间的冲突，而将是不同文明之间的冲突，特别是西方文明与伊斯兰文明和中华儒家文明之间的冲突。塞缪尔·亨廷顿的文明冲突论引发了世界范围内对文明关系的探讨。于是，人们开始探索调整文明之间、宗教之间、族群之间关系的路径，其中，原本由解释学提出的学术范畴——"对话"，一时间成为政治学、宗教学、社会学等学科反复援引的关键词，被当作消解文明冲突、文化冲突、宗教冲突的药方。文明冲突与文明对话的争论，成为国际学术界和政治界自20世纪90年代以来最热门的话题之一。

二、研究的理论基础

纵观人类的学科史，"对话"问题早已成为许多学科的重要问题之一。从狭义的角度讲，"对话是人们的一种特定的交流和沟通方式"；从广义的角度讲，"对话更涉及人类存在的基本哲学命题，涉及人类的历史与文明"。[1] 中国孔子《论语》中的师生对话、古希腊苏格拉底对话都成为对今天有深远影响意义的"对话"。"对话"问题是一个涵盖哲学、宗教学、社会学、语言学、教育学、心理学等众多学科领域的研究对象。[2] 对这些学科所构建的"对话"理论的探讨和借鉴，有助于更好地研究冲突与对抗之间的关系。

（一）哲学中的"对话"

从哲学上对"对话"进行研究贯穿人类的思想史，近代学者布伯、巴赫金、伽达默尔、哈贝马斯等都从不同角度阐述了关于"对话"的基本哲学理念和观点。

巴赫金是20世纪苏联最重要的思想家之一，他的对话交往理论是其思想体系的核心。巴赫金认为，所有文化都在对话关系中丰富自己并延续生命，文化对话就是不同文化主体之间的交流和相互作用。他认为，不同的文化领域之间不应当封闭、对立，而应当是开放的和对话的，它们之间的互动关系构成了文化发展的动力。在巴赫金看来，"'对话'是贯穿于人类生活所有行为和活动的一种精神或特性。不仅人与人之间用言语进行直

---

[1] [英]戴维·伯姆，李·尼科：《论对话》，王松涛译，北京：教育科学出版社，2004年4月，序言。
[2] [英]戴维·伯姆，李·尼科：《论对话》，王松涛译，北京：教育科学出版社，2004年4月，序言。

第一章 绪 论

接对话的情景具有对话性,整个人类生活的所有活动都具有交流的功能:'存在就意味着交际'"。[1]因此,根据巴赫金的观点,文化对话既包括了多种文化间的接触、碰撞、交流和共存,也包括了文化内部历时性的对话,即文化的变迁。

狄尔泰在他的生命哲学中倡导对话与同情式理解,他认为理解就是一个人与另一个人(包括一个人对自我的理解)的交流过程,理解就是一种对话的形式。[2]

哈贝马斯认为现代社会的合理性的基础在于"交往合理性",他把世界分为客观世界、社会世界和主观世界,根据行为者与这三个世界所发生的关系,将社会行为区分为目的性行为、规范控制性行为、戏剧性行为、交往性行为。哈贝马斯认为交往性行为是一种关涉整个世界的、全方位的行动,是以理解为导向和目的的行为,因而是最为合理的。要达到这种交往合理性,首先是矛盾双方在承认主体差异性、交互主体性的基础上进行对话、讨论、彼此交流、相互理解,寻找共同点,最后达到共识,即达到双方都能接受的一个合理目标。交往必须对话,对话就是交往。对话是人们达成统一共识的最有效的办法和最便利的途径。

哈贝马斯认为:"理解最狭窄的意义是表示两个主体以同样方式理解一个语言学表达,而最宽泛的意义则是表示在与彼此认可的规范性背景相关的话语的正确性上,两个主体之间存在某种协调;此外还表示两个交往过程的参与者能对世界上的某种东西达成理解,并且能使自己的意向为对方所理解。"[3]在20世纪哲学"语言学"转向的背景下,要制定一般的合理的交往理论必须深入人类生活的最深层次——语言中。语言不仅起描述世

---

1 翟婷婷:《巴赫金对话交往理论初探》,《山西高等学校社会科学学报》2009年第4期。
2 转引自姚纪纲著:《交往的世界——当代交往理论探索》,北京:人民出版社,2002年4月,第196页。
3 [德]哈贝马斯:《交往与社会进化》,张博树译,重庆:重庆出版社,1989年5月,第3页。

界的作用,更主要起主体交际交流的作用。人类最初的语言表达了普遍的、非强迫的交往意向。如果说目的-手段的技术经济行动,服务于征服自然,提高生产力,那么交往行动则是主体通过相互协调的作用,以语言为媒介的对话达到人与人之间的理解和一致的行动。[1]

（二）宗教学中的"对话"

亨廷顿将宗教作为界定文明的主要特征。世界性宗教中,基督教、伊斯兰教、印度教与主要的文明结合在一起。因此,文明之间的冲突,很大一部分是由于宗教信仰不同而导致的宗教冲突。宗教冲突和宗教战争给世界带来的影响,也早已引起了许多神学家和宗教学家的重视,他们认识到了宗教对话和文化间对话的紧迫性和必要性,如宗教对话之父雷蒙·潘尼卡说:"对话作为一种属人的和人道的行动,在我们这个个人主义特别盛行的时代,它在生活的各个领域都异常迫切。"[2]

宗教界展开了一系列的宗教对话活动。西方宗教对话活动开展的标志是1962至1965年罗马天主教召开的梵蒂冈第二届大公会议（简称"梵二会议"）。这次天主教历史上规模最大的会议做出了许多重大决定,不仅掀起了罗马天主教的革新运动,也开创了罗马天主教会与全世界的对话。罗马教廷设立了专门的官方机构,分别推动与新教各派和东正教的对话,与非基督教的宗教（如伊斯兰教、犹太教、佛教、印度教等）的对话,与非宗教世界（包括无神论者、马克思主义者）的对话。[3] 以1993年世界宗教议会大会在美国发表孔汉思起草的《全球伦理宣言》为标志,世界宗教对话进入了全球化的新阶段。

---

[1] 韩红、李海涛:《交往理性、主体间性与新世纪文化对话——兼论交往与社会进步》,《徐州师范大学学报（哲学社会科学版）》2002年第2期。

[2] ［美］雷蒙·潘尼卡:《宗教内对话》,王志成、思竹译,北京:宗教文化出版社,2001年3月,序言。

[3] 施武:《关于宗教对话的一个成果——访中国社会科学院研究员何光沪》,《三联生活周刊》2001年第5期。

第一章 绪 论

　　国外学者们关于宗教对话的理论研究也取得了丰硕的成果。拉色根据对话参与者的态度，把宗教对话分成了三种类型，即排他主义、包容主义和多元主义。神学理论家保罗·尼特在《宗教对话模式》一书中归纳出宗教对话的四种模式：置换模式（一种宗教接触到另外一种不同的宗教，会有某种程度的转变）、成全模式（一种宗教补充和成全了其他宗教，两者形成一个平衡）、互益模式（通过宗教对话，促进了教徒对自己宗教的理解）和接受模式（用宽容的态度接受和尊重不同宗教的差异性）。雷蒙·潘尼卡总结了不同传统相遇时的五种态度：排外论、包容论、平行论、互相渗透、多元论。同时，他也提供了对话的五种模型——地理学模型：通向山顶的不同道路；物理学模型：彩虹；几何学模型：拓扑学上的常数；人类学模型：语言；神秘主义模型：沉默。

　　宗教学家们对宗教对话的具体方法也进行了探讨。在不同的文化和宗教相遇时，首先要认识到双方存在的差异，并在此基础上寻求解决差异的办法。雷蒙·潘尼卡认为在两种文化和宗教相遇时，如果使用一个不为某一特定文化结构所知的概念，能成功地嫁接到另一个思想体系中，那么双方的文化应该至少有某种同质性，但这依赖于另一框架中一种意义的在场。"用经验哲学家的话来说，概念的逻辑类比（在概念的单义领域之外，它对概念的可理解性是必要的）也暗含一种本体论上的类比。"[1] 神学家林贝克采用文化‐语言学的方法来说明不同宗教间进行对话的可能性，他列举了交通规则中的"靠左行驶"和"靠右行驶"的例子，指出这两条规则是对立的，但在不同的国家，有同样的约束力，因此宗教间可以不放弃任何一方的教义而达到教义的和谐。他认为"解决的方法不是改变规则，而是明

---

[1] [美]雷蒙·潘尼卡：《宗教内对话》，王志成、思竹译，北京：宗教文化出版社，2001年3月，第116页。

确各自适用的条件、范围和优先权"[1]。

特雷西也赞同有一种"文化的类似"或者"人性的类似"使得不同文化、宗教视角之间的理解成为可能。"各种相同的心理结构可以与各种明显不同的文化结构相结合……这些文化结构可能是为解决个人和群体生存的相同的功能要求的功能相同的结构选择。"[2]不同的宗教在信仰和仪式制度上可能会有极大的差异，但这些制度"都能满足人类对依赖比人更大的力量等共同的希望"[3]。

宗教学家认为不同的宗教能找到相似之处。例如，在宗教相遇的过程中，通过采用"同质原则"可以使不同宗教加深理解。但是，他们也承认宗教间存在着不同和"不可通约之处"。在寻找双方相似性的过程中，会发现两种宗教传统之间更大的是差异。如保罗·尼特指出：一个人越试图进入另一宗教传统的世界，就越与差异之墙相碰撞。但是，他们认为差异并不真正重要，因为它们只是同一本质在不同文化中的反映，而这个本质就像钻石一样隐藏在每一宗教的中心发光。约翰·希克把不同宗教对同一终极实在的认识比作对神性之光的折射，就如同彩虹是由地球大气折射成壮丽彩带的太阳光。他认为世界各大信仰是不同的，但都是对终极实在在生活中同等有效的理解、体验和回应的方式。

西方宗教学家们对宗教对话的理论建构做出了极大的贡献，但也存在着一些缺陷和不足。

1.更多的是关注基督教和其他宗教的对话问题，对除基督教以外的宗教间对话问题涉及较少。这些宗教学家大多是以自己所处的基督教社会为

---

[1] 转引自王志成：《和平的渴望——当代宗教对话理论》，北京：宗教文化出版社，2003年6月，第179页。

[2] [美] M.E.斯皮罗：《文化与人性》，徐俊等译，北京：社会科学文献出版社，1999年6月，第29页。

[3] [美] 保罗·尼特：《一个地球 多种宗教——多信仰对话与全球责任》，王志成、思竹、王红梅译，北京：宗教文化出版社，2003年3月，第127页。

主导来展开对话的。

2.宗教对话更多地体现为学者之间的"对话"。虽然宗教对话的倡导者们都指出对话不只包括专家，也包括了教徒，如 L.斯维德勒指出：对话并不限于正式代表，也不限于各种不同传统的专家，还包括"坐在教堂靠背长椅上的人们"[1]。中国学者王志成也认为，宗教对话可以在人性、理性和灵性三个层面展开。"人性层面的对话不一定是学者，普通人也同样可以介入其中，理性层面的对话主要是学者，但不一定有明确的信仰立场，灵性层面的对话是有信仰的人，当然也可以是有信仰的学者。"[2]但纵观有关宗教对话的研究，大多是学者从理论的角度来展开的"思辨"的对话，而很少关注信仰宗教的教徒之间如何在真实的生活场景中进行对话的问题。

在人类生活的世界中，不同宗教信仰、不同文化的人群每天都处于交往、交流之中。因此，笔者认为，关注文化和宗教持有者之间，即"坐在教堂靠背长椅上的人们"在实践领域进行的对话，更具有实际意义。

（三）文化人类学中的"对话"

人类学视野中的"文化对话"，是不同文化接触后，由于差异而导致的文化间碰撞与调适的过程；是双方在保持差异的基础上，创造一种彼此接受的空间和一种共通的交流方式，是不同文化交往、交流与交融的过程体现。

在人类社会的发展历程中，一个族群总是不可避免地与周围族群发生各种各样的关系。然而，在早期的人类学研究中，却忽略了族群之间的互动对双方文化的影响。进化学派认为文化的变迁是一个历史的过程，是一个由低级向高级进化的发展过程，完全忽略了"共时性"的文化变迁，即

---

[1] [美] L.斯维德勒：《全球对话的时代》，刘利华译，北京：中国社会科学出版社，2006年1月，第11页。
[2] 王志成：《和平的渴望——当代宗教对话理论》，北京：宗教文化出版社，2003年6月，第409页。

由于族群之间的文化接触而发生的变迁。泰勒指出，人类社会总是经历从野蛮向文明进化的阶段，如果不同地区和不同民族出现相似的文化和文化特征，则是由于这个民族刚好进化到某一个特定的阶段。传播学派虽然关注文化之间接触而发生的文化变迁，认为"世界上没有一个民族是孤立行动的，每个民族都是受到周围邻居民族的种种影响"[1]，但他们忽视了文化接触中的互动性和"主体间性"，认为所有的文化都只受到一个强势文化的影响，"文化特质只有一个起源，其他支流都是由传播而来"[2]，没有考虑到文化内部的"历时性"变迁。以拉德克里夫等为代表的功能学派注意到了文化接触时产生的相互作用，并且注意到了文化变迁的"共时性"和"历时性"，他认为只有既进行横向的比较，也进行纵向的比较，才能对文化的变迁进行深入的了解。博厄斯等历史学派注意到了影响文化的因素是多样的，如生态环境、种群、社会发展水平等，因此每个民族具有特殊性，这种特殊性是社会内部发展和外部影响共同作用的结果。他也对进化论和传播论提出了批判，他指出进化论和传播论在解释人类文化现象时都缺乏足够的根据，因为"像文化这样复杂的现象是不可能有绝对体系的，每一文化特质均有一复杂的既往。因此，每一民族的整个文化集合有它的独特的历史"[3]。在他看来，文化人类学的一个重要任务就是要去研究人类文化的多样性。

从20世纪30年代开始，人们开始关注不同文化之间接触后，文化的相互作用和相互影响的问题。新进化论者在坚持进化论思想的基础上，提出了文化相对于生态、社会环境的能动性。如斯图尔德认为文化之间的差异是受到社会环境相互影响的一个特殊适应过程，文化是人类的适应方式。

---

[1] 黄淑娉、龚佩华：《文化人类学理论方法研究》，广州：广东高等教育出版社，2004年6月，第59页。

[2] 黄淑娉、龚佩华：《文化人类学理论方法研究》，广州：广东高等教育出版社，2004年6月，第59页。

[3] [美]博厄斯：《人类学与现代生活》，刘莎等译，北京：商务印书馆，1999年1月，第48页。

第一章 绪 论

文化适应指的是"两个以上不同文化体系间由于持续接触、相互影响而造成一方或双方发生的大规模文化变迁"[1]，或者"指的是由于长期、持续的接触，采借另外一种文化的物质和非物质的特征"[2]。每个民族文化的发展历史都是一部文化适应的历史。托马斯·哈定把文化适应的过程概括为创造与保持两个特征，在他看来，创造是一种结构和模式的进化，它能使一种文化或一种有机体实现必要的调整以适应环境，保持则是一种稳定化趋势，即保持已实现的适合的结构和模式。而对文化整体适应的结果，就是产生了文化的多样性。[3]文化总是在不断调整，以便能适应居住地的自然社会环境及常与之发生联系的其他文化。文化适应的表现形式之一是文化融合，文化融合是指与其他文化群体成员持续的接触之后，个体体验到的心理和行为的变化。文化融合主要涉及认知、态度、价值观念的变化。[4]文化融合的过程中值得关注的是保持对原有文化的认同和与当地社会群体的关系。在这个过程中，一些群体既注重保持自己的原有文化，也注重保持与当地族群的关系；有的则只注重其中的一个方面；有的不注重任何一个方面。

在适应的过程中，"文化传统、特定文化和特定因素或性质都具有持续性、'生存力'或'惯性'"，这就是文化的稳定性原则，即"当一种文化受到外力作用而不得不有所改变时，这种变化也只会达到不改变其基本结构和特征的程度与效果"，[5]托马斯·哈定将文化适应过程中综合其他因素形成新的特点的事件称为"发明"，从外部得到的项目被合并后称为"传播"

---

[1] 林耀华：《民族学通论》（修订本），北京：中央民族大学出版社，1997年12月，第397页。
[2] Steven, *Vago, Social Change*, Pulished by arrangement with the original publisher. Pearson Education, Inc., 2004, p.95.
[3] ［美］托马斯·哈定等：《文化与进化》，韩建军、商戈令等译，杭州：浙江人民出版社，1987年9月，第44页。
[4] 陈慧、车宏生、朱敏：《跨文化适应影响因素研究述评》，《心理科学进展》2003年第6期。
[5] ［美］托马斯·哈定等：《文化与进化》，韩建军、商戈令等译，杭州：浙江人民出版社，1987年9月，第44页。

或"涵化"。

文化接触和文化适应的过程，不可避免地伴随着同化现象。同化是一个文化系统吸收了另一个文化系统的文化特征而完全丧失了自己文化特征的文化现象。同化既包括自然同化，也包括强制同化。强制同化是利用暴力、特权等强制手段迫使别的民族放弃自己的文化而成为它的一部分。[1] 强制同化的发生是占有统治地位的族群基于自己的文化更为优秀的假设上发生的。在世界历史上，这样的强制同化事件层出不穷，并且常伴随着暴力和冲突。20世纪初，赞格威尔提出了"熔炉"一词，用来形容19世纪末涌入美国的移民，被鼓励以美国人的身份思考自身，直到逐渐抛弃他们自己的源文化的方式，这就好像熔炉的效应，他们最终完全成为新合金的部分。[2]

直至20世纪60年代，社会科学家发现移民并没有完全抛弃他们独特的文化，而是"整合"成为新环境中的一个组成部分，用"色拉拼盘"代替"熔炉"来形容更为合理。在这个拼盘中，不同的成分保留着他们独特的风味和形态。[3] 从这个时候开始，人们开始了向文化多元主义的转变。文化多元主义承认文化的多样性，即没有一种文化比其他文化更优秀，文化之间总是存在着相互影响、相互渗透的关系。结构人类学大师列维-斯特劳斯说："文明意味着具有最大的多样性的文化之间的共存，甚至文明就是这种共存本身。世界文明就是保持其各自独创性的诸文化之间在世界范围里的结合。"[4]

由于认识到文化多样性的重要，联合国教科文组织2001年通过了《教

---

[1] 黄淑娉、龚佩华：《文化人类学理论方法研究》，广州：广东高等教育出版社，2004年6月，第232页。

[2] [英]C.W.沃特森：《多元文化主义》，叶兴艺译，长春：吉林人民出版社，2005年1月，第6页。

[3] [英]C.W.沃特森：《多元文化主义》，叶兴艺译，长春：吉林人民出版社，2005年1月，第6页。

[4] [法]列维-斯特劳斯：《结构人类学》，谢维扬等译，上海：上海译文出版社，1999年11月，第232页。

第一章 绪 论

科文组织世界文化多样性宣言》及其《行动计划》，首次承认文化多样性是"人类的共同遗产"，"与尊重人的尊严是密不可分的"[1]，并于 2005 年 10 月通过了《保护文化内容和艺术表现形式多样性公约》。

文化多样性的存在，说明不同文化在语言、宗教、习俗、科学、哲学等方面存在着极大的不同，这也给处理文化间的关系带来了障碍。美国学者亨廷顿把当代人类的文明划分为中华文明、日本文明、印度文明、伊斯兰文明、西方文明、拉丁美洲文明和非洲文明七个不同的文明。他认为"每一个文明都把自己视为世界的中心，并把自己的历史当作人类历史主要的戏剧性场面来撰写"[2]，由于把自己的文明视作比其他的文明更优越，并且缺乏对其他文明的了解和有效交流，冲突将是普遍和不可避免的。

历史事实证明，不同的文化和宗教间虽然经常发生着冲突，但是，文化之间的交流和互动也一直伴随着人类文明的发展史。英国哲学家罗素曾在《中西文明比较》一文中指出：不同文化之间的交流过去已经多次证明是人类文明发展的里程碑，希腊学习埃及，罗马借鉴希腊，阿拉伯参照罗马帝国，中世纪的欧洲又模仿阿拉伯，而文艺复兴时期的欧洲则仿效拜占庭帝国。不同民族间的互动与交流早已存在，不同文化之间发生的碰撞和交融，推动着文明的发展进步。

英国学者卡尔把历史界定为"现在与过去之间不间断的对话"。[3] 中国学者彭树智认为这个"不间断的对话"就是跨文明之间的互动交往过程，人类历史即人类文明之间不间断的对话，而且越来越走向良性互动，也就

---

[1] 范帆、杨颖：《〈保护和促进文化表现形式多样性公约〉谈判通过始末》，《中国出版》2006 年第 2 期。

[2] [美] 塞缪尔·亨廷顿：《文明的冲突与世界秩序的重建》，周琪等译，北京：新华出版社，2002 年 1 月，第 41 页。

[3] 转引自彭树智：《文明交往和文明对话》，《西北大学学报（哲学社会科学版）》2006 年第 4 期。

是"积极"的文明交往。文明对话，是人类文明交往自觉的深入发展趋势。[1]

在经济、科技、信息日益发达的今天，不同文化群体之间的交流比任何一个时代都要频繁，文化的接触、碰撞、冲突、对话随时都在发生。更由于传媒技术的迅速发展，远距离外发生的事件甚至可以让全球范围内的人通过声音、视频同步听到或看到。在这样的背景下，文化之间的关系比任何时候都更受到关注。地球上的人类不但随时面临着各种各样的自然灾害，更要为人为导致的冲突和战争忧心忡忡。世界需要和平，文化应该和谐，各民族之间的关系已经从"自在"向"自觉"转变。中国学者纳麒认为："在文化差异性的前提下，人类不同类型文明的对话是必要的和必然的，其对话的方式也是多种多样的。基于文化价值平等性原理的理性思考以及人类文明对话的历史性考察，不同文化或文明平等对话基础上的有效整合是现代文明交往的公正而合理的选择。"[2]

在全球化和多元文化的背景下，文化间既存在冲突，也存在对话。文化之间总是存在差异，但是差异并不一定导致冲突。双方可以通过"对话"来寻求解决差异的方法，以此加深理解，加强合作。文明对话是对人类文化多样性历史发展史实的尊重，更是对当代人类社会不同文明传统的共通性和独特性的理解和尊重。[3]

---

1 彭树智：《文明交往和文明对话》，《西北大学学报（哲学社会科学版）》2006年第4期。
2 纳麒：《文明对话"三部曲"：差异、碰撞与整合——兼论中国"回儒"对话的历史轨迹》，《云南民族大学学报（哲学社会科学版）》2006年第5期。
3 丁克家：《文明对话视角下的回儒对话》，《阿拉伯世界研究》2011年第3期。

第一章　绪　论

三、研究的对象及意义

（一）研究对象：帕西傣

1. "帕西傣"族群

位于云南省西双版纳傣族自治州勐海县的两个村寨——峦村和赛村居住着一些特殊的回族移民群体，100多年来，他们与周围信仰南传佛教的傣族群体和平相处，由于与傣族进行持续的族际通婚和频繁的日常交往，呈现出傣族的一些外在特征：使用傣族名字、穿傣装、住傣式建筑，日常生活和节日仪式都受到傣族文化的影响；但在精神层面仍然坚持伊斯兰教的信仰，严格禁食猪肉，建有清真寺进行宗教活动等。在村民的历史记忆中，始终铭记着祖先是从大理来的回族。虽然自身经济条件、政治地位不断强大，但却能与周围的傣族和平相处，少有矛盾和冲突发生。虽然两村人口不足千人，但其独特的文化也引起了民族学家和一些学者的关注。从20世纪80年代开始，陆续有学者走入这两个村寨，通过民族学田野调查方法"参与观察"和访谈等记录下帕西傣的文化特征，并对其独特文化的形成原因进行了探讨。

加强各民族交往交流交融是新时代党的民族工作的中心任务之一，也是当下学界讨论的热点。各省市都在努力探索如何推动各民族交往交流交融和创建民族团结先进示范典型。

2016年，西双版纳傣族自治州被命名为"全国民族团结进步创建活动示范州"。勐海县紧紧围绕各民族共同团结奋斗、共同繁荣发展这一主题，深入开展民族团结进步创建，推动各民族像石榴籽一样紧紧抱在一起，为全面深入开展民族团结进步创建工作，树立民族团结进步示范典型，充分发挥典型示范引领作用。2018年勐海县开展了勐海县州级民族团结进步示范单位、民族团结进步教育基地评选推荐工作。峦村被评为民族团结进步示范村，该村的清真寺也被评定为民族团结进步示范清真寺。

进入峦村，有一块大大的石碑，一面写着"民族特色村"，另一面写着"铸牢中华民族共同体意识"。峦村作为一个外来回族移民，在西双版纳地区通过与当地傣族等民族通婚，形成今天颇具规模的两个帕西傣村寨，是伊斯兰教中国化的一个缩影。近 200 年来，他们与周边民族和睦相处，经济上互通往来，是民族交往交流交融和民族团结的典型案例。

帕西傣村寨有两个，本书分别用峦村、赛村来称呼两个帕西傣村寨。峦村、赛村在行政区划上隶属于西双版纳傣族自治州勐海县勐海乡曼短村委会。1951 年，峦村与赛村共有 37 户人家，120 人。1983 年，峦村有 38 户人家，共 212 人，赛村有 41 户人家，256 人；1995 年，峦村有 57 户人家，270 人，赛村有 71 户人家，340 人；2002 年峦村有 62 户人家，305 人，赛村有 76 户人家，360 人。[1] 2008 年，峦村有 62 户人家，293 人。2018 年，峦村有 78 户人家，367 人。[2]

峦村位于老昆洛公路旁，离勐海县城约 7 千米。沿公路往景洪方向前行约 1 千米，是流沙河大桥（也称为八公里大桥），交通便利。赛村距县城约 8 千米，通往县城的道路是土路。峦村与赛村相距约 4 千米，中间相隔了曼见、曼短、曼派、曼赛龙几个傣族村寨，两村有道路相连。两村在生活习俗、文化、与傣族的互动等方面基本相似。但由于峦村处于通往缅甸的交通线，以前的回族马帮要经由此处，所以峦村在历史发展过程中，受到内地回族的关注较多。峦村与赛村相比，交通便利，经济也更为发达。通过比较，发现峦村的一些情况更具有典型性：如从昭通来此担任阿訇的李明坤实行严格的宗教改革，对峦村产生了影响；峦村修建的流沙河上的金桥及与之有关的历史；峦村傣历新年举行的历史上的第一次"赶摆"等。

---

[1] 参考 20 世纪 80 年代调查的学者马维良、90 年代中期调查的学者马健雄、2003 年调查的学者曾慧莲获得的数据整理而成。

[2] 2008 年数据和 2018 年数据由笔者田野调查获得。

第一章 绪 论

为此，本书选择了峦村作为主要研究对象。

2. 帕西傣的研究现状

通过百度、谷歌等搜索引擎，输入"帕西傣"进行查询，有很多条记录，这些记录多是对"帕西傣"的宗教信仰、风俗习惯、服饰民居等进行简单介绍。由 CNKI 等电子资源进行检索，加上对相关资料及图书的查阅，关于"帕西傣"的学术研究主要有以下一些。

从时间上来看，从 20 世纪 80 年代到现在，陆陆续续有学者开始关注帕西傣这个特殊的群体。最早对帕西傣进行研究的是马维良教授，他先后撰写了《西双版纳"帕西傣"的历史与文化》《西双版纳的回族和"帕西傣"》《在民族同化中民族心理素质的持久性——关于西双版纳"帕西傣"生活与习俗研究》等文章，对"帕西傣"的宗教信仰、风俗习惯、民族心理、语言文字、服饰民居等进行了研究。他的《西双版纳傣族自治州"帕西傣"调查》一文，收入在国家民族事务委员会"中国少数民族社会历史调查资料丛刊"《云南回族社会历史调查（三）》中。

马维良之后，也有一些文章对帕西傣的生活习俗等方面做了介绍。如 20 世纪 90 年代马占伦主编的《云南回族苗族百村社会经济调查》收录了政协勐海县委员会编写的《勐海县曼峦回村、曼赛回村社会历史发展调查》[1]（作者陈龙文）；马荣祖撰写的《西双版纳的傣族穆斯林及其礼俗初探》等。这一时期，对帕西傣做了较长时间调查，并进行了理论分析的是学者马健雄。他在《勐海帕西傣调查》一文中，对"帕西傣"的文化生活习俗做了较为全面的调查和阐述[2]。之后，马健雄又连续发表了《社区认同的塑造：以勐海"帕西傣"社区为例》《广东南澳岛与云南"帕西傣"：历史文本的解读两例》两篇文章。在《社区认同的塑造：以勐海"帕西傣"社区为例》

---

[1] 马占伦：《云南回族苗族百村社会经济调查》，昆明：云南民族出版社，1997 年 11 月，第 381—385 页。

[2] 马健雄：《勐海帕西傣调查》，载云南省民族研究所编《民族学调查研究》，1996 年 1 月。

中，他指出，社区身份的认同是因社会生活的需要而不断被塑造的一个动态过程。"帕西傣"在社会生活中，通过阐释自己的历史，在保持和运用风俗传统过程中将自己与邻近的傣族社区区别开来，并由此构建出"帕西傣"的社区身份。在《广东南澳岛与云南"帕西傣"：历史文本的解读两例》一文中，他认为以共同的回族祖先作为本民族的民族身份认同的"根"的意识，使"帕西傣"社区组成了一个世系群。因此，祖先在社区的形成中起着至关重要的作用。马健雄之后，云南大学中文系硕士研究生冯瑜（现云南大学教授）、台湾政治大学硕士研究生曾惠莲以帕西傣作为研究对象，于2002至2003年到帕西傣村寨进行田野调查，并于2004年分别撰写了硕士学位论文《帕西傣的宗教文化》《民族文化的多元发展与适应——以西双版纳傣族自治州勐海县曼峦回村"回傣"为例》，对帕西傣做了较为全面的研究。

在撰写硕士学位论文的过程中，冯瑜发表了《从两份家谱看"帕西傣"的形成》一文，文章认为"帕西傣"通过不同的婚姻形式来稳定、发展自己，并在此过程中形成独特的民族风俗和民族心理，是云南回族从清代以来，在适应西南边疆少数民族社会过程中，通过族际婚姻而形成的回族派生族群。[1]

之后，学者丁明俊申请了国家级课题"蒙藏等民族地区的伊斯兰教研究"。其中，帕西傣是该课题的研究对象之一。作为课题的成果，他及参与者发表了相关的论文，并出版了专著，无论是论文或专著，丁明俊都把帕西傣作为一个"边缘化的穆斯林"群体来进行定性和分析。

在论文《边缘化的中国穆斯林族群研究》中，他把藏回、白回、帕西傣、蒙古族穆斯林等与其他少数民族杂居，使用这些主体少数民族的语言、服装及生活方式，但保持了伊斯兰信仰的回族定义为"边缘化的中国穆斯林族群"[2]。该课题的参与者任维桢也发表了《人类学视野中的边缘化穆斯林族

---

[1] 冯瑜：《从两份家谱看"帕西傣"的形成》，《回族研究》2003年第4期。
[2] 丁明俊：《边缘化的中国穆斯林族群研究》，《回族研究》2004年第4期。

群》，他认为我国边缘化穆斯林族群所表现出的文化特征、族群边界、族群关系及族群认同为族群理论在中国的发展提供了实证个案。[1]

2006年，丁明俊所著《中国边缘穆斯林族群的人类学考察》一书出版，书中对藏回、白回、帕西傣、蒙古族穆斯林等穆斯林群体进行了介绍和分析研究，[2]其中收录了冯瑜的《从两份家谱看"帕西傣"的形成》。

至此，对于帕西傣"边缘化穆斯林"的定性似乎也得到了部分学者的认可，如在此之后笔者收集到的武世刚的论文《解读云南省勐海县的"帕西傣"族群》也认为，"帕西傣"是边缘化穆斯林中的典型代表。

在对帕西傣的研究中，还有云南省体质调查组于20世纪80年代对帕西傣进行体质调查后撰写的《帕西傣——支系家谱调查报告》，调查组通过将帕西傣按家系划分，并考虑近亲结婚等因素，对帕西傣的健康状况进行了调查和分析。

除此以外，也有学者对"帕西"一词的来源进行了研究。学者马超群通过考证历史资料，指出"潘塞""潘西"和"帕西"原为印度、缅甸一带民间对穆斯林的泛称，是由中世纪以来印度民间称呼波斯人的"帕尔西"一词演变而来。[3]

学者张中复也对帕西傣进行过研究，他在《华夷兼蓄下的边缘游移——论当代中国回族民族属性中的"少数民族化"问题》一文中指出：边缘性回族既包括"论族不论教"的回族，也包括"论教不论族"的回族。如福建泉州陈埭认为，这是一个已经丧失回族文化特征仅凭祖先是穆斯林而获得回族身份的族群，他称之为"论族不论教"；与一些少数民族居住在一起而表现出该少数民族的文化特征但信仰伊斯兰教的族群，如藏回、

---

[1] 任维桢：《人类学视野中的边缘化穆斯林族群》，《西北第二民族学院学报（哲学社会科学版）》2006年第2期。
[2] 丁明俊：《中国边缘穆斯林族群的人类学考察》，宁夏：宁夏人民出版社，2006年1月。
[3] 马超群：《云南回族的他称——"潘塞"、"潘西"和"帕西"辨析》，《回族研究》2003年第3期。

帕西傣等是"论教不论族"的穆斯林，他认为这些群体是伊斯兰教信仰形式的变迁及与其他民族互动交融的表现。

"帕西傣"也引起了一些外国学者的注意。如美国学者杜磊通过多点调查的方式，对中国的穆斯林进行了深入的调查研究。

综上所述，作为一个特殊的回族群体，帕西傣早已引起一些学者的关注。但是，在20世纪90年代以前，基本上是对他们的田野调查记录和文化的浅描。从学者马健雄开始，才从理论的角度来研究"帕西傣"。之后的研究，两本硕士学位论文的研究较为细致和系统。

3. 研究的切入点：伊斯兰教与南传佛教在实践领域的对话

（1）伊斯兰教与回族

7世纪初，穆罕默德在阿拉伯半岛创立了伊斯兰教。从7世纪中期开始，穆斯林商人和学者通过海陆"丝绸之路"逐渐将伊斯兰教传入中国。13世纪中亚各族人、波斯人和阿拉伯人跟随蒙古军队大量涌入中国内地，形成了"元时回回遍天下"的局面。进入中国的这些穆斯林不但取得了中国人的身份，还取得了仅次于蒙古人的政治地位。伊斯兰教与中国的佛教、道教等同样受到统治者的重视。在长期的发展过程中，这些穆斯林不断吸收汉、蒙古、维吾尔等民族成分，到明代初形成了回族。

明末清初，陕西人胡登洲仿效中国私塾教育开创了"经堂教育"，以王岱舆、刘智、马注等为代表的一大批学通四教（儒、释、道、伊斯兰）的学者，将伊斯兰教文化典籍用汉文编译，并且引用儒家文化来印证伊斯兰教。如第一个把《古兰经》翻译为汉文的云南学者马复初用儒家思想来解释"清真"，他说"克己之谓清，复礼之谓真"，将清真与儒家文化中的"克己复礼"联系起来。可以说，伊斯兰教的中国化过程就是伊斯兰教与其他文化的对话过程。

1980年，冯增烈在一次学术会议上提出"伊斯兰中国化"的命题后，经过学者在不同时期从不同的方面予以论述后，这一命题几乎成为学界的

第一章 绪 论

共识。[1]

从人文意义上来说，中国化就是外来文化适应中国本土社会政治文化特质而发生改变并与之结合的过程。伊斯兰教中国化是指：伊斯兰教通过适应中国社会政治环境、吸收中国传统文化而越来越具有中国本土特色的过程。[2]

从唐代以来，信仰伊斯兰教的外来人群来到中国的土地后，为了生存发展，首先要与当地的中国人和谐相处。同时，更需要学会汉语，彼此才有可能交流和沟通；随着世代的更迭，子孙彻底忘记自己本来的语言。而为了生存繁衍，在不改变信仰和生活习俗的前提下，与当地人通婚也成为必然。当地人也随之通过婚姻等将饮食习俗、生产方式以及各种文化形态带入家庭。

伊斯兰教中国化的过程，就是一部各民族交往交流交融的历史缩影，也是民族团结的一个典型表现。

伊斯兰教在中国的发展过程中，形成了三种发展类型：以儒家文化为重的东南沿海社区、以伊斯兰文化为重的西北回族社区、儒家文化与伊斯兰文化并重的云南回族社区。他们大量进入云南定居，起自元代。明初及清初，又两次大量入滇。从13到18世纪初，经历了三次大规模的移居，使云南成为仅次于西北的第二大回民聚居区。[3] 据2000年云南省第五次人口普查统计，云南回族有64.3238万人，[4] 在全省各地均有分布。云南回族在地域上形成"大分散、小聚居"的特点。回族除主要与汉族杂居外，还

---

1 杨德亮：《伊儒会通：伊斯兰中国化学术史述评兼论人类学的进路及文明对话》，《青海民族研究》2020年第3期。

2 马宗保：《伊斯兰教中国化及其动力机制——以回族地区伊斯兰教为例》，《黑龙江民族丛刊》（双月刊）2016年第3期。

3 杨兆钧主编：《云南回族史》，昆明：云南民族出版社，1989年9月，第2页。

4 国家统计局人口和社会科技统计司、国家民族事务委员会经济发展司编：《2000年人口普查中国民族人口资料》上册，北京：民族出版社，2003年2月，第679页。

与其他少数民族交错杂居，互相间有着密切的联系。回族最传统、盛大的节日是同宗教活动密切相关的，主要有三大节日：开斋节、古尔邦节、圣纪（圣忌）节。

（2）南传佛教与傣族

佛教由乔达摩·悉达多创立于公元前6世纪。后来，由于其弟子对佛教的教义、教律有不同的理解，分裂为上座部和大众部两派。传入傣族地区的即为上座部佛教，也称南传佛教。从傣族的宗教信仰来看，最先信仰的是原始宗教。在早至6—8世纪，晚至12—13世纪的时候，南传佛教即传入傣族地区。但南传佛教传入初期，与傣族的本土宗教发生了激烈的冲突和对抗。为了能使佛教广泛传播，南传佛教对原始宗教采取了宽容、尊重和吸纳的态度：如佛爷不但不干涉傣族对原始神灵的崇拜和祭祀，反而参与诵经祈福；在佛寺一侧设有神龛，用于供奉原始宗教的神灵；献新米节等一些属于原始宗教的祭祀活动也演变成为南传佛教的活动。通过对原始宗教的包容和让步，南传佛教终于在15世纪左右取得了"寺塔遍村落"的地位，成为傣族社会中占主导地位的宗教。与此同时，原始宗教也在傣族社会占据着一定的位置。

傣族的宗教节日主要有关门节、开门节、傣历新年。

据2000年云南省第五次人口普查统计，云南傣族有114.2139万人[1]。云南傣族主要聚居于西双版纳傣族自治州、德宏傣族景颇族自治州、孟连傣族拉祜族佤族自治县、景谷傣族彝族自治县、耿马傣族佤族自治县。除此以外，在云南许多地方，都有零星分布。其中西双版纳和德宏是傣族人口分布最多的地区。

（3）小传统的"伊斯兰教"与小传统的"南传佛教"

人类学家们一直在强调，有必要区分宗教正式的、经典的一面和大众

---

[1] 国家统计局人口和社会科技统计司、国家民族事务委员会经济发展司编：《2000年人口普查中国民族人口资料》下册，北京：民族出版社，2003年2月，第929页。

第一章 绪 论

实践的另一面。这种两分法被罗伯特·雷德菲尔德表达为"大传统"对"小传统",E.R. 利奇表达为"哲学的"对"实践的"。[1] 著名学者白寿彝早就提出了回民有别于穆斯林的观点。他认为回族所信仰的伊斯兰教是世界性的,从信仰上来说,他们是穆斯林,从民族来说他们是回族。"'回教'与'回民'之含义不同。""回教固不能离回民而存在,而回民之各种活动并不必亦决不能为完全回教的也。"[2] 回族先民在经历了唐宋的侨民和元朝时期的民族大融合后,伴随着一个新族群的形成同时,回族社会内部相应于中国传统社会中大传统和小传统而形成了自己的两种传统:回族大传统和回族小传统。[3] 回族的"小传统"是回族在文化适应的过程中,与中国社会其他传统接触、碰撞、调适而形成的,也就是伊斯兰教中国化的过程。

许多人类学家都将南传佛教的研究角度投向了宗教的实践性方面,如近年来出版的著作有龚锐的《圣俗之间——西双版纳傣族赕佛世俗化的人类学研究》、谭乐山的《南传上座部佛教与傣族村社经济:对中国西南西双版纳的比较研究》。谭乐山指出人类学家通过参与观察的方法进行研究,能够发现报告人陈述的和他们实际行动之间的偏差。他指出佛教的教理是"四圣谛""八正道",佛教将人类所有的痛苦归咎于肉体的感官享乐,因而提倡禁欲,远离世俗和鄙视金钱、财产等物质的东西。然而,人类学的研究发现佛教徒在生活中却表现出与教理迥异的图景:他们与其他所有的人一样关心肉体感官享受,不是追求涅槃而是追求财富和更高的地位。

本书采用民族学的研究方法,从宗教的实践领域来对帕西傣这个既受到傣族文化也受到回族文化影响的群体进行研究。同时,以帕西傣作为研

---

[1] 谭乐山:《南传上座部佛教与傣族村社经济:对中国西南西双版纳的比较研究》,赵效牛译,昆明:云南大学出版社,2005年10月,第64页。

[2] 转引自李松茂:《白寿彝与中国回族研究》,《云南民族学院学报(哲学社会科学版)》2002年第3期。

[3] 杨文笔:《互动中的文化拿来与输出——全球化背景下回族文化的新适应》,《青海民族研究》2009年第2期。

究伊斯兰教中国化的一个切入点。

(二) 研究的意义

云南作为民族多样性、文化多样性和宗教信仰多样性非常典型的区域，各民族的迁移、交往交流与交融从未间断，从历史到今天始终处于"对话"的过程之中，具有无限丰富的文化对话、族群对话和宗教对话的社会事实。回族是云南主要少数民族之一。唐代已有来自中亚和西亚的穆斯林定居云南；明初，云南成为回民的一个主要聚居区；至清朝中期，云南已经成为仅次于西北的第二个回民大聚居区。回族的先民在适应本土文化的过程中，大量地吸收了以儒家传统为主的汉文化；同时，由于经济、政治等原因，明清以来，云南回族经历了多次大的迁移，使得他们不断与周围的环境相适应，并不同程度地吸收了与之相邻的民族的文化，如语言、服饰、民居等，表现出形态多元的回族文化，形成了"傣回""白回""藏回"等非常具有特色的回族族群。这些回族群体是伊斯兰教与其他宗教跨文化对话的结果，也是民族团结、铸牢中华民族共同体意识、民族交往交流交融的典型表现，具有较高的学术研究价值。选择居住于云南西双版纳傣族自治州的帕西傣作为研究对象，运用人类学、民族学的田野调查、小型社区研究方法，并通过民族志的撰写和"深描"来阐释研究对象，对伊斯兰教与其他宗教在实践领域的跨文化对话问题进行研究，可以为文化对话、宗教对话理论的深化与发展提供大量案例和具体事实，为宗教对话的研究打开一个新的研究视角。帕西傣的形成过程及与周边各民族"你中有我、我中有你"和睦相处的现实，正是民族交往交流交融的生动案例，能为解决民族宗教问题决策提供理论支持、对新时代社会和谐发展和各民族共同进步目标的实现提供一定的帮助。

第一章　绪　论

四、研究的方法：田野民族志

　　本书是在我的博士学位论文的基础上修改而成。在进入博士阶段学习的第一年，笔者开始与导师沟通本书的选题和研究对象。导师认为应该选择一个笔者不"熟悉"的回族村寨，这样既能从主位的角度（同是回族），又能从客位的角度（与笔者不同的回族）去观察和研究，因此建议选择帕西傣村寨进行研究。2006年5月，怀着对边境地区偏僻村寨的未知忐忑，笔者第一次来到了两个帕西傣村寨中的峦村。来到峦村，村长把笔者安排到他的亲家住宿：峦村的会计岩旺家中。因为他们考虑到笔者是女性，而村长家的女儿嫁入了会计家，且与笔者年龄相仿，可以陪笔者玩耍。简单交谈后，来峦村前的紧张和不安立刻被他们的亲切、热情所打消。刚坐定，他们就跟笔者介绍他们的老祖宗是来自大理巍山的马武龙，因战乱在此定居。前几年，村民曾派代表去大理宾川、巍山等地寻根，但却没有收获。因为此前频繁有民族学者到过该村，他们对笔者的来意一点也不感到好奇。当他们跟别人介绍笔者时，都会说笔者是"搞研究"的。岩旺一家把自己小儿子住的房间腾出来，换上了干净的床单、被褥让笔者住。后来，在笔者无数次的田野调查中，都住在了这间房间中，而帅气的小儿子岩罕叫却不得不因笔者的到来而住到二楼的房间。初到峦村，笔者首先是被他们浓郁的傣族特征所惊叹：讲傣语、穿傣装、住傣式建筑。他们日常生活中都使用傣语，与使用汉语者交流时改用汉语。由于他们从事运输业、做生意者较多，大多数人包括老人都能用汉语交流，当然年轻人的汉语更为流利。妇女基本都穿傣装，只有一些10多岁的女孩子很少穿傣装，她们更喜欢穿牛仔裤、T恤衫等现代装束。短时间的接触，已经让笔者感觉到他们与笔者这个受儒家传统影响的回族的强烈不同。刚到两天，峦村有一家人上新房，笔者感到很兴奋，因为人类学家都认为仪式是一个民族或族群文化、社会结构等方面的综合表达。送了20元的礼金后，笔者来到举行上新房的人家，帮他们拌粉丝、切牛肉，准备招待客人的食物，并不时地拍照。在村寨里"闲晃"的过程中，当村民问笔者是从哪里来的，笔者一说昭通，几乎所有的人接下来就会说，我们以前的李明坤阿訇就是从昭通鲁甸来的，然后就跟笔者讲起李阿訇的"故事"。几乎每一个人都流露出对李明坤阿訇的敬爱、思念之情。峦村当时的清真寺就是李阿訇在任期间修建起来的。时任阿訇姓马，是澜沧人，2006年初来到峦村。由于帕西傣的习俗与云南其他地方的回族有着较大的差异，并且因为不会讲傣语，他对峦村村民的认识还有待时日。2006年5月，马阿訇来了两个多月，他对帕西傣的认识是：抽烟、喝酒，只是不吃猪肉。2005年的古尔邦节，峦村献宰了一条牛和几只羊，但都不是本村人献宰的，而是外地到勐海工作和经商的回族到峦村清真寺献宰的。斋月把斋的人很少，到外念过经的人也很少礼拜。2006年5月，在笔者第一次到峦村进行调查期间，由于清真寺在整修，主麻（星期五的聚礼）也暂停了。马阿訇告诉笔者：村里每月付给他250元，米由村里供给。由于收入较低，师母（阿訇的妻子）每天与村民一道去茶厂拣茶叶，每天能挣20—30元。他们的小孩现在仍在澜沧老家，虽然想把他接过来，但是勐海幼儿园每月收费180元，他们无力支付。

  研究碑谱是了解一个村寨的重要途径。刚到峦村，因为不了解峦村的坟山所在何处，笔者请村民玉香应（她当时怀有身孕）带笔者去，她面有难色，说改天再去。笔者隐隐感觉到她们对坟山墓地的忌讳（在多次调研之后，笔者确实发现村民对死亡、坟山有着很大的忌讳）。后来在一个胆大的女孩子的带领下，笔者才得以到达峦村的坟山。

  一天，笔者在清真寺和马阿訇闲聊时，清真寺进来一批人：其中一人是峦村村民，出外当兵后转业至蒙自工作，并在蒙自娶妻，现有一个女儿在云南民族大学上学。他们一家带领着他曾经的战友一家人（云南沙甸人），趁五一的时候到峦村玩耍。当他们得知笔者是来此做调查的，便邀

第一章 绪　论

请笔者跟他们一起去吃烧烤。吃烧烤的过程中，嫁给峦村人的蒙自妇女，以一个局外人的身份跟笔者说起峦村人由于饮食上的严格禁忌，使得孩子们"营养不良"，因此"学不进去"。并且提到了峦村的上任阿訇岩某（峦村人）因为吸毒，被送入戒毒所，峦村人才重新请了现在的阿訇。她认为由于岩某吸毒的事，让峦村人"心灰意冷"，极大地影响了峦村人的宗教生活。在笔者后来的若干次调查中，也经常听到村民提起这件事。这件事情对峦村的宗教生活带来极大的影响，导致峦村在后来的时间里，宗教活动陷入低潮期，这也让马健雄老师得出的帕西傣是"伊斯兰文化与傣族文化的拉锯"的论断得到了强有力的证明。

短时间的田野调查，让笔者对帕西傣这个特别的回族群体产生了浓厚的兴趣，并且觉得帕西傣还有很多方面是尚待研究的。

在接下来的几个月里，不断地与导师进行沟通。导师认为研究帕西傣可以与文明冲突论及文明对话论、回儒对话紧密结合，以此呈现出一个文化对话的具体案例。导师的建议为笔者打开了研究帕西傣的新视角。2007年1月，带着从"对话"角度来进行研究的思考，笔者再一次来到峦村。来到该村的几天后，村民有一男一女同时结婚，且都是与傣族成婚，笔者观看了两场婚礼的始末，这两场婚礼让笔者感受到了两种文化——回族文化与傣族文化的博弈和交融。接下来，笔者又在峦村过了一个春节。春节是帕西傣最隆重的节日之一，也被他们视为"自己"的节日。在春节中，他们最主要的生活就是本村人相互间的拜年和宴请傣族亲戚朋友。傣历新年也是帕西傣热切盼望的一个节日，在他们看来，傣历年是"最好玩"的节日。2007年4月13日，景洪举行泼水节，峦村许多中青年纷纷到景洪体验盛大狂欢的节日，直到泼水、赛龙舟等活动结束后才返回家中。紧接着，勐海县的傣历新年又到来了（傣历新年的时间现在由政府统一确定，每年先过完景洪的新年，才过勐海县的新年），参加完泼水、县城赶摆活动，看完县上组织的文艺表演后，傣历年并没有结束。各个傣族村寨组织的赶摆活动也不断吸引着帕西傣村民，傣族朋友们也纷纷邀约他们到自己村寨做客。直到4月21日，曼袄村委会曼板村举行赶摆，2007年的傣历新年才宣告结束。峦村村民又恢复到跑运输、收茶叶的忙碌之中。

在峦村的几大节日中，笔者觉得圣纪节会是一个重要的节日，于是一再请村民们在圣纪节时打电话给笔者。2008年1月，村民们打电话告知笔者过圣纪节的时间，本打算开题的笔者不愿错过这重大的节日而推迟了开题。事实证明：这个圣纪节让笔者收获颇多，既看到了村民筹备节日的整个过程，也与来自不同地方的回族进行了深入的交流，尤其是与勐海县城的回族、另一个帕西傣村寨的接触，让笔者对帕西傣有了深入的了解。

为了深入了解帕西傣与傣族的互动及傣族文化对帕西傣文化的影响程度，笔者一有机会就深入附近的傣族村寨，参与傣族的上新房、婚礼、傣历年赶摆等活动，并从傣族那里了解他们对帕西傣的认识程度。

从2006年5月至2008年3月近两年的时间里，笔者对峦村做了大量的田野调查工作。每一次来到峦村的日子，笔者白天与在家的老人聊天或与村民一起劳作，参与他们的各种活动，把看到的东西拍成照片，并在晚上的时候及时记录下来。当然，遇到村里有节日和重大事情发生时，是笔者最兴奋的时候。有时候，峦村一团"平静"，什么事也没有发生，笔者就到年事已高、不出去工作的老人家里，听老人们闲聊、讲讲过去的事情；或者将村民近年来在节日、婚礼等活动中所拍的影碟拿出来放，边看边听村民讲述，弥补了错过一些大事件的遗憾。在调查中，笔者不断地将帕西傣与傣族进行比较，也不断地将帕西傣与笔者这个在儒家传统下长大的回族进行比较。每当帕西傣用汉语与笔者谈话时，总是说"我们回族"，相同的饮食让笔者觉得我们完全是一样的；然而每当他们一群人在一起，使用笔者完全听不懂的傣语时，笔者常常会陷入"他们是谁"的短暂迷惘中。笔者的调查越深入，越是对"帕西傣"感到"陌生"。就如一些学者说的：回族就是生活在许多人身边的熟悉的陌生人。自2008年3月以来，笔者

第一章 绪 论

开始将所看到、观察到和思考的东西记录下来，对帕西傣进行分析和研究。在写作的过程中，时时感到调查的不足，于是通过与峦村村民电话联系、加 QQ 好友、微信好友，与峦村嫁到昆明的村民直接接触等多种途径，进行了解和观察。

从第一次走进峦村到现在，已经过去了 10 多年。峦村也在不断地发生着变化，然而笔者与峦村的联系从未中断，并在本书初稿完成后多次重返峦村。每到圣纪节、春节等重要节日，村民都会打电话邀请笔者前往。笔者对峦村的观察与研究也一直都在持续。

第二章　对话的语境：峦村的自然、社会文化空间

一、峦村的自然空间

峦村、赛村在行政区划上隶属于勐海镇曼短村委会。勐海，系傣语地名，意为"勇敢之人居住的地方"。原为一土司地，明隆庆四年 (1570) 设十二版纳时，勐海、景真、勐阿为一版纳。1913 年，设普思沿边行政总局时，勐海隶属第三区行政分局。1927 年，设佛海县后，称勐海区，隶佛海县。1940 年，撤区扩乡时，改设拱城乡。1947 年，改称勐海乡。1950 年，县境解放后，设勐海区。1953 年，撤县制为版纳时，称勐海区，隶版纳勐海。1958 年，恢复县制，更名跃进公社，隶勐海县。1959 年 9 月，复称勐海区。1969 年 4 月，更名为东风公社。1973 年，改称勐海公社。1984 年 2 月，又复称勐海区。1987 年 6 月，区改乡，改称勐海乡。2001 年，全乡辖曼兴、曼尾、曼短、曼真、曼搞、曼派、翁图 7 个村民委员会，70 个村民小组，70 个自然村。2002 年 2 月，撤销勐海乡、象山镇，合并成立勐海镇。[1]

勐海镇位于县境东部，为县城所在地，是全县政治、经济、文化中心。勐海坝子面积 7.8 万亩，是全县的稻谷主产区之一。有土地面积 365.38 平

---

[1] 云南省勐海县地方志编纂委员会：《勐海县志 1978-2005》，昆明：云南人民出版社，2020 年 6 月，第 79 页。

方千米，耕地 72972 亩，其中：水田 33267 亩，旱地 39705 亩。[1]

2020 年，勐海镇辖景龙、曼贺、曼袄、曼尾、曼真、曼短、曼搞、勐翁 8 个村民委员会，93 个村民小组，93 个自然村（傣族村寨 60 个、汉族村寨 13 个、哈尼族 10 个、拉祜族 7 个、景颇族 1 个、回傣 2 个）；象山、沿河、佛双、景囡、祥和 5 个社区居民委员会，26 个社区居民小组。[2]

勐海镇有丰富的动植物资源，有多种保护植物和动物，是"西双版纳动植物王国"的重要组成部分。以粮食、茶叶、甘蔗、蔬菜等为主要产业。

峦村属于曼短村委会峦村小组。曼短村委会位于勐海镇东北部 8 千米处，距国道 214 线 3 千米处。适宜种植茶叶、水稻、甘蔗等农作物。有耕地 11901 亩，其中人均耕地 2.07 亩；有水田 4995 亩。全村辖 13 个村民小组，有农户 1050 户，有乡村人口 5753 人，农民收入主要以种植业为主。[3]

峦村属于曼短村委会峦村小组。曼短村委会位于勐海镇东北部 8 千米处，距国道 214 线 3 千米处，辖 13 个村民小组，总人口 5210 人，总户数 1091 户，有耕地面积 12835 亩，粮食产量 247 万公斤。民族以傣族为主，另有回、汉、哈尼、拉祜族。全村设 1 个党总支、13 个党支部、委员 7 人，全总支有党员 85 人。该村经济构成以粮、茶、甘蔗为主，全村有茶叶 4275 亩，甘蔗 4411 亩，水稻 8000 多亩。[4]

除峦村与赛村两个回族村寨、一个哈尼族村寨、一个拉祜族村寨外，其他均属于傣族村寨，每个傣族村寨都建有寨门。峦村处于傣族村寨包围之中，紧邻曼见、曼短、曼派、曼赛龙村寨，与曼尾村隔流沙河相望。走

---

[1] 勐海县地方志编纂委员会办公室：《勐海年鉴（2021）》，昆明：云南科技出版社，2021 年 7 月，第 277 页。

[2] 勐海县地方志编纂委员会办公室：《勐海年鉴（2021）》，昆明：云南科技出版社，2021 年 7 月，第 277 页。

[3] 勐海县地方志编纂委员会办公室：《勐海年鉴（2021）》，昆明：云南科技出版社，2021 年 7 月，第 281 页。

[4] 数据来源于曼短村委会。

出金桥,来到老昆洛公路,沿着勐海县城方向,途经曼养坎、曼蚌、曼垒、曼兴等傣族村寨。峦村与周围任何一个傣族村寨都有农田、茶地、公路等作为阻隔,如与最近的曼见村有道路相连,中间是稻田;与曼尾村隔流沙河相望,与曼养坎村中间隔了老昆洛公路。峦村北面是勐海茶叶园区,东面"八公里"处是某公安边防队的军事管理区。勐海－八公里的客运专线就在这里作为起点站。在勐海县城至景洪的昆洛公路"七公里"处下车,拐入左边的一条道路,首先映入眼帘的是环绕着峦村的流沙河,流沙河里一群群鸭子正在欢快地游泳。流沙河上一座新建的宏伟的桥,是进入峦村的主要交通方式,桥被命名为"金桥"。过了桥再往前走,就看到了位于村口的清真寺。进入村子,新旧不同、式样各异的民居建筑呈现在眼前,一些老式的房屋依然可看到傣族干栏式建筑的痕迹,而一些新的房屋建筑则在房顶上以穹顶作为装饰。村子的一侧有一片竹林,为村子带来些许的清凉。一片片农田、甘蔗地、茶地环绕在村子的周围。

二、峦村的社会文化空间：帕西傣与其他族群的联系

(一) 与傣族村寨的联系

1. 政治领域

峦村帕西傣的祖先来到勐海地区后,被划分为"滚恨召"(即官家的奴隶)中的外领因寨,作为土司兵的后备力量。[1]由于没有土地,峦村就利用祖先教给的制鞋手艺做起了鞋子,一部分出售给傣族,一部分作为劳役地租供奉给召勐(土司),以此免除其他负担。由于帕西傣祖先所做的几件大事,使他们的地位得到了较大的改变:一是修建金桥。峦村前有一条

---

[1] 参见马维良、李佳:《西双版纳傣族自治州"帕西傣"调查》,载云南省编辑组编:《云南回族社会历史调查(三)》,昆明:云南人民出版社,1986年12月,第53页。

第二章 对话的语境：峦村的自然、社会文化空间

流沙河，是内地商人从勐海进入缅甸景栋的必经之地。流沙河上的桥原为竹桥，每到雨季就被洪水冲垮，影响了帕西傣与附近傣族的通行。帕西傣的祖先想改变这种交通不便的状况，"在禀明召勐同意后，附近村寨头人前来协助，马哥头的儿子岩应龙主持施工，建成了一座全年通行的大木桥。这在当时傣族中是一件了不起的大事，傣族人民称之为金桥"[1]。岩应龙因而被任命为"叭牙西里伙喊"官衔，即大青树金桥头人。二是在景洪宣慰与勐海召勐战争中，峦村人参与打仗，峦村人在战争中凭借自己的机智、勇敢取得胜利，受到土司的嘉奖，从此地位得到了提升，分到一些土地，并取得了节日燃放土炮的特权（土炮是用铁制作而成，威力较大，燃放土炮需征得土司同意）。傣族节日只能放"高升"（即竹炮）。

中华人民共和国成立后，峦村在行政区划上隶属于西双版纳傣族自治州勐海县勐海乡曼短村委会峦村小组。村民自治是广大农民群众直接行使民主权利，依法办理自己的事情，实行自我管理、自我教育、自我服务的一项基本社会政治制度。村民自治的核心内容是"四个民主"，即民主选举、民主决策、民主管理、民主监督。故村委会由村民直接选举产生，主要任务是制定和监督执行村规民约、协助党和政府贯彻落实国家的法律政策，组织村办经济、维护本地治安、发展公共福利、乡村文化事业等。峦村村民除了要遵循国家的法律法规，同时要遵从村委会的村规民约。曼短村委会村规民约从教育、婚育、宗教事务、社会治安综合治理等方面对村民进行约束。

曼短村委会建立了农村公益事业建设"一事一议"制度。财务管理实行委托管理，定期开展村务公开，成立了民主理财小组，主要以粘贴公告、会议方式公开，公开项目有资金平衡表等。该村委会建有党支部10个，下设10个党小组，共有党员67人，少数民族党员67人，其中男党员54人、

---

[1] 参见马维良、李佳：《西双版纳傣族自治州"帕西傣"调查》，载云南省编辑组编：《云南回族社会历史调查（三）》，昆明：云南人民出版社，1986年12月，第52页。

女党员 13 人。村委会由支书、主任、副主任等组成，下设 13 个村民小组。该村建有团总支 1 个，团支部 10 个。

曼短村委会村规民约
第一章 教育

第一条：村民必须遵守《中华人民共和国义务教育法》《中华人民共和国教育法》和《扫除文盲工作条例》《云南省实施〈中华人民共和国义务教育法〉办法》，根据国家的有关规定，认真履行教育义务。

第二条：依照《中华人民共和国义务教育法》关于"父母或者其他监护人必须使适龄的子女或者被监护人按时入学，接受规定年限的义务教育"的规定，村民要积极支持"普九"工作，依法送子女或者被监护人按时入学，完成《中华人民共和国义务教育法》规定的义务教育年限，不得以各种借口让子女弃学。

第三条：因病、残疾或其他特殊情况需免学或缓学的适龄儿童必须由当地医院出具证明，由本人或监护人提出书面申请，经镇人民政府审核批准方可缓学或免学。

第四条：村民应根据学校的收费管理规定，按时足额交纳子女或者被监护人的书费和杂费。

第五条：村民应积极配合学校和教师做好子女或者被监护人的思想工作，监督子女或者被监护人认真学习，遵守学校的各项规章制度。

第六条：家长或者监护人对教育认识不足，松懈对子女或被监护人的管理，以致造成子女或被监护人间歇流动甚至辍学的，由村民小组对家长或监护人按每天 5 元的标准予以处罚，罚金归村民小组集体所有，失学达一学期以上的，由村委会根据《勐海镇普及九年义务教育实施方案》的有关规定给予 500—1000 元的罚款，并责令限期送子女或被监护人入学或复学，罚金归村委会集体所有，用于本村教育事业。

第七条：村民必须参加镇政府及其成人技术学校组织的扫盲教育、农业科技、法制宣传等方面的知识培训及各种会议。无故不参加的，由村民小组对其按每次培训每人10元的标准予以处罚。

第八条：村民小组对村民、家长或监护人监控不力，以致造成学生流失的，由村委会按学生流失实际数，每失学、辍学1名学生给予村民小组长每生5元的处罚。

第二章 婚姻与计划生育

第一条：村民必须严格遵守《中华人民共和国婚姻法》第七条"结婚年龄，男不得早于二十二周岁，女不得早于二十周岁"的规定。

第二条：村民申请婚姻登记时弄虚作假、骗取婚姻登记的，由村委会收回婚姻登记证件，并对当事人和提供假证件的分别处以500元的罚款。

第三条：未到法定结婚年龄的村民自行结婚形成违法婚姻的，或者符合结婚条件的村民未经结婚登记而形成事实婚姻的，其婚姻关系无效，不受法律保护。每人处以500—1000元的罚款。

第四条：禁止为不到法定婚龄的青年拴线，若违反规定，由村委会对拴线者和宗教主持人处以500元的处罚。

第五条：村民必须自觉遵守执行《中华人民共和国人口和计划生育法》《云南省计划生育条例》等法律法规，有计划地生育子女。

第六条：村民生育一孩条件：符合《婚姻法》规定，男不得早于22周岁，女不得早于20周岁，到婚姻登记管理机关领取《结婚证》后，怀孕2个月内到村委会申请生育一孩，村计生宣传员报镇计生办审核批准后，发给《生育证》方可生育。

第七条：村民生育二孩条件：按《云南省计划生育条例》规定，

生育间隔满四年的，本人先提出书面申请，报村委会审批后，由宣传员上报至镇计生办审核，再报县计生局审查批准后，发给《生育证》后方可生育。

第八条：村民再婚夫妇生育条件：《云南省计划生育条例》第二十一条明确规定，农业人口的再婚夫妻，一方为依法生育过两个子女的丧偶者，另一方为未生育过的，可以申请再生育一个子女，生育间隔必须在四年以上。

第九条：违反以下计划生育政策的由村委会根据有关法律、法规和规章的规定进行处罚。

1.早育：按《条例》第42条处理。夫妻双方分别处罚1000-3000元；

2.抢生：按《条例》第40条第一款处理。夫妻双方分别处罚500-2000元；

3.无证生育：符合政策生育未办证的（已领取结婚证和间隔年限已到）责令补办生育证（在1个月内办理）又不补办的，按《条例》第42条第二款处理，夫妻双方分别处罚200—1000元。

4.非婚生育：符合结婚条件，但未办结婚证，责令其1个月内补办结婚证和生育证。若不补办证的，按《条例》第42条第二款处理，夫妻双方分别处罚200—1000元。

5.有配偶者与其他人生育的按《条例》第41条处罚5000—10000元，并征收社会抚养费。

6.超生：当年超生一个的夫妻双方分别按头一年西双版纳州农民人均纯收入的5至8倍征收。超生两个的再乘以2，以此类推。

第十条：育龄村民必须自觉参加镇计划生育部门组织的人口与计划生育基础知识学习和培训，接受孕情查访和生殖健康检查。每少参加一次给予10元的经济处罚。

第十一条：生育后6个月内，夫妻双方未按自愿选择落实一项长

第二章 对话的语境：峦村的自然、社会文化空间

效避孕措施的，每推迟一个月，给予 10 元的经济处罚，计算到落实为止。

第十二条：育龄妇女未与村委会签订《流动人口计划生育协议》，离开户口所在地半年以上的，除补签协议外，给予 50 元的经济处罚；未申办《流动人口婚育证明》的育龄妇女，除补办证明外，给予 50 元的经济处罚。

第十三条：村民符合《云南省计划生育条例》生育规定，并提出生育申请，计划生育宣传员在接到申请后 15 天内，没有上报办理《生育证》，造成计划外怀孕、生育的；向村民乱收费的；或没有为村民办理出具《流动人口婚育证明》的，除及时补办证明外，由计生宣传员承担由此而造成的一切经济损失并接受相关部门的处罚。

第十四条：村民藏匿、包庇外来流动人口在自己家中非法同居的由村委会处 500—1000 元的处罚，违法生育的处 1000—3000 元的处罚。

第三章 宗教事务

第一条：各宗教活动场所、教职人员必须遵守《宗教活动场所管理条例》《云南省宗教活动场所管理规定》以及州委、州政府《关于加强新时期民族工作的决定》，依法开展各种宗教活动，防止和制止不法分子利用宗教和宗教活动制造混乱、违法犯罪，坚决抵制境外敌对势力利用宗教进行渗透。

第二条：宗教活动必须在法律和政策允许的范围内进行，任何人不得利用宗教反对党的领导和社会主义制度，危害国家的统一、社会稳定和民族团结，不得损害社会集体的利益，妨碍其他公民的合法权利。宗教活动不得宣扬带有迷信色彩的行为，不得强制他人信教，不得组织教徒进行迷信、邪教、闹事等非法活动。

第三条：各宗教活动场所管理小组必须按照国家有关规定管理场所建筑物、文物、古迹等，并接受城建、公安、消防、文物保护单位

的检查和指导。

第四条：如需对宗教活动场所的建筑复修、重建，开放新的活动场所（包括佛寺、清真寺、白塔、寺内建筑），事先必须向镇宗教管理办公室申报，并由镇宗教管理办公室报经县级以上主管部门批准后方能修建或开放。要修复、重建佛寺、塔群、白塔等一切宗教活动场所建筑物，要本着信教群众自愿捐款的原则，不得采取强迫压制等手段筹集资金。

第五条：必须坚持宗教与教育分离的原则，宗教不得干预教育的原则，不得强迫学生信仰宗教，不得强迫学生当和尚，不得以任何形式干扰、阻挠学校向学生进行科学文化教育。在寺僧人正在接受义务教育的，须按《教育法》的有关规定履行义务教育，不得擅自退学、旷课等，寺院管理员应做好督促、教育等工作。如在教学期间，寺院管理员擅自收留学生从事佛事活动，村委会对管理员处以500元处罚。

第六条：没有完成九年义务教育的男性少年儿童一律不得入寺当和尚，否则将处以佛寺负责人500元罚款，处以学生家长或监护人1000元罚款。

第七条：特殊情况下的佛寺如确需新招小和尚，须向镇宗教管理办申报计划，经镇宗教管理办公室核实，严格审批后，佛寺主持人方能按批准名额招收小和尚入寺。入寺当和尚人员必须具备的条件：

1. 本村佛寺因无和尚不能正常开展佛事活动。

2. 仅限于小学五、六年级学生。

3. 本人自愿。

4. 必须在批准当年学校放寒假期间举行升和尚仪式。

入寺当和尚的审批程序：

1. 由村小组提出申请，村委会签署意见报镇政府严格审核。

2. 镇政府根据该村实际审定新增和尚名额。

第二章　对话的语境：峦村的自然、社会文化空间

3. 批准后按规定要求举行升和尚仪式。不具备条件的一律不予审批，不按程序和要求举行升和尚活动的按第六条规定对相关人员进行处罚。

第八条：凡违反以上宗教活动管理规定的，情节轻微的，由镇宗教管理办公室予以劝阻、制止并对佛寺长老、监护人各处以500—1000元罚款，情节严重的交公安机关依法处理，构成犯罪的，移交司法机关追究刑事责任。

第四章　社会治安综合治理

第一条：加强社会治安综合治理，增强村民的安全感，确保一方平安。

第二条：深入开展"禁毒防艾"人民战争，增强村民的禁毒意识，知晓毒品的危害，使村民自觉遵守、自觉抵制吸、贩毒活动和行为。

第三条：坚决打击非法种植毒品原植物和制毒行为，从源头上根本禁绝毒品的危害。

第四条：积极宣传好国家艾滋病防治和"四免一关怀"与云南省"一办法、六工程"政策及禁毒防艾基本知识，确保村民的身心健康，做好本村吸毒人员监督帮教和艾滋病人的关爱活动。

第五条：结合精神文明建设和新农村建设，在村内积极开展"无毒村寨"和"平安村寨"创建活动，努力构建小康村、文明村、生态村、和谐村。

第五章　附则

第一条：因在实施《村规民约》或进行村民自治中，对村干部进行打击报复的，经查实按造成损失的5—10倍给予当事人处罚，情节严重的移交有关部门按《治安处罚条例》给予处罚，构成犯罪的移交

司法机关追究刑事责任。

第二条：对村干部进行打击报复，又无法查实的，所造成的损失由本村村民按户平均分担。

第三条：在实施过程中，可根据本村实际，增补制定相应条款，约束村民行为，促进村组管理。

第四条：该《村规民约》自2004年7月1日起实施。[1]

峦村小组的村民也有志于参加曼短村民委员会选举，但每个村民小组的村民都倾向于选举本村的候选人，一旦某个村的人口数较多，该村就可能在村委会大选中获胜。由于人口比例远远小于傣族，峦村很少能在选举中获胜，但村民中也曾有在村委会担任文书的。作为曼短村委会下的一个村小组，峦村的村小组长是由本村人自己投票选举出来的，选出来的村小组长都是办事公正、本身有一定的能力的。本村的村主任、会计由民主推选，虽然村主任、会计、支书三人每年只有600元的工资，150元的文具购置费，但他们都积极地为村民服务。村中有四名党员，会计岩望认为："党员必须是正直的，能为村中出力的。"

《中华人民共和国民族区域自治法》规定："民族自治地方的人民代表大会中，除实行区域自治的民族代表外，其他居住在本行政区域内的民族也应当有适当名额的代表。"根据2000年中国人口普查资料统计：西双版纳傣族自治州总人口为993397人，其中傣族人口289181人，回族人口3911人；勐海县总人口235657人，傣族人口70744人，回族人口1817人。回族可以说是以汉族和傣族为主的西双版纳傣族自治州内的"少数民族"，所以峦村也有个别经商较成功者被推选为中国人民政治协商会议勐海县委员会委员的。担任政协委员的村民，除了行使自身的权利与履行义务外，更积极地为村民谋取福利。如曾先后担任勐海县工商局城关工商所勐海县

---

[1] 曼短村委会村规民约由曼短村新农村指导员提供，2011年版。

个体协会城关分会委员、勐海县乡（镇）人民代表大会代表、勐海县勐海镇妇女代表大会代表、勐海县第十二届人民代表大会代表的村民玉香嫩，就积极地为改善村中条件进行呼吁，争取重修金桥的经费、提议降低小学的学费等。[1]

2. 经济领域

傣族主要从事农业，水稻种植历史悠久，《蛮书》中有"土俗养象以耕田"的记载。《勐海县志》民族卷中提到历史上傣族用水车提水灌田，不施肥，粮食亩产仅百余公斤。实行家庭联产承包责任制后，水稻栽培中引入科技手段，水稻亩产提高到了250—300千克。过去经济作物以茶樟为主，即在茶园中间种樟树。20世纪60年代起开辟新式茶园，植茶面积增加。80年代开始种植甘蔗，茶叶和甘蔗成为勐海傣族的主要经济作物。傣族每家每户都饲养牲畜，但形成产业的家庭较少。

回顾峦村的发展史，可以说是一部为生存而拼搏的历史。"帕西傣与傣族邻居在资源的利用中一直存在着分享、冲突、合作、依赖的关系。"[2] 峦村的祖先来到峦村，征得土司的同意后在此定居。同时，土司也提出条件：分给土地建房，但不分给田地，要缴纳土地税。峦村与傣族一起被编入火西、火扫等行政组织，耕种傣族封建领主的田地，承担劳役地租。后来，峦村的祖先开始租种附近傣勐寨的田进行耕种，也到傣族寨子帮工，替傣族栽秧、收割，换取谷子维持日常生活。峦村的祖先马武龙原来是个皮匠，会鞣制皮革、做鞋，他的儿子们学会了父亲做鞋的手艺，就利用做皮鞋和布鞋的技术，与傣族交换粮食或布匹。他们也把鞋作为贡品献给勐海的"召勐"，以此减免税负。制作牛皮鞋（牛皮鞋其实指的是牛皮底的鞋）的家

---

[1] 曾慧莲：《民族文化的多元发展与适应——以西双版纳傣族自治州勐海县曼峦回村"回傣"为例》，硕士学位论文，台湾政治大学民族学系，2004年，第125页。
[2] 马健雄：《广东南澳岛与云南"帕西傣"：历史文本的解读两例》，《云南师范大学学报》2002年第4期。

庭，通常是男的做鞋底，女的做鞋帮。制作鞋底的方法是将牛皮煮熟后，用石灰水浸泡一夜，之后点燃谷草熏牛皮，经过这样处理，牛皮变软了就可以用来做鞋，一张牛皮可做15—20双鞋。鞋帮即鞋面，是由妇女自己纺线织成的梭织布制作的。据现在村中一名76岁的老人回忆，在他年轻时，村里大部分人都从事手工制鞋业，将做好的鞋卖给傣族。许多傣族人都购买过帕西傣所做的牛皮鞋，以前只要一说做牛皮鞋那个村子，傣族就知道是峦村。当时，做牛皮鞋的收入大致如下：购买一张牛皮7元钱，鞋做好以后，大人穿的卖3元一双，小孩穿的卖1.5元一双，一双鞋最多可以赚2元钱。除了做牛皮鞋，峦村人还会做木底鞋，主要是在下雨的时候穿，价钱可以卖到八九元一双。牛皮鞋底非常牢固，但因为太过坚硬，穿着并不是很舒适。随着各种机器加工生产的鞋在市场上出现，峦村的手工制鞋业也慢慢地衰落了。

后来，一些经济条件开始好转的人家做起了茶叶生意和玉石生意。到第四代人时，村里一部分通过经商富裕起来的人买了一些田地。1956年西双版纳完成了土地改革，废除了封建领主土地所有制和封建等级。政府划出一部分土地给峦村，并给予贷款和生产工具等的扶持。由于分得的土地人均只有1亩多，他们开始在村寨后的景檬山上开荒种地。[1] 1958年时，生活极其贫困，峦村人只能到景洪讨饭，傣族们也将糯米饭等不沾油的食物拿给帕西傣吃。峦村人在那个时期被称为"穷回傣"。

在傣族地区民居建筑由竹木结构向砖瓦结构转化的过程中，峦村开始通过打砖来获取经济收入，并在很长一段时间内成为大家的主要收入来源。

后来，村民主要通过做茶叶生意、跑运输等获取收入。村民将到傣族村寨收购来的茶叶转卖到茶叶厂。同时，也通过帮傣族采摘茶叶获取收入。每年3、4月份，正是采摘春茶的好时节。由于附近傣族村寨种植了大量

---

[1] 参见马维良、李佳：《西双版纳傣族自治州"帕西傣"调查》，载云南省编辑组编《云南回族社会历史调查（三）》，昆明：云南人民出版社，1986年12月，第54页。

第二章　对话的语境：峦村的自然、社会文化空间

的茶树，大多数人家无法及时采摘春茶，于是，这些种植茶树的人家，就按照"采摘多少茶叶就按所卖的价格分一半给帮忙采茶的人"来支付报酬，峦村的许多妇女都到邻近傣族村寨采茶叶。2006—2007年，由于普洱茶被热炒，茶叶的价格飙升，峦村采茶的妇女每天能得到200元以上的收入。随着勐海茶业园区落户峦村附近，峦村的经济生活更与茶叶产生了息息相关的联系。妇女多到茶厂从事拣茶叶和包装茶叶的工作。

从勐海县城到峦村最主要的交通方式是乘坐县城的微型车，票价为2元，人满即走。2008年，峦村共有17辆微型车，专门从事客运。微型车上标识有"勐海—八公里"，更引人注目的是"峦村车队"的字样，途经的村寨都是傣族村寨，终点站是八公里大桥。这些车辆成为沿途傣族村寨进城的主要交通工具，同时也成为峦村许多家庭主要的经济来源。

（二）与其他回族群体的联系

1. 与另一个帕西傣村寨赛村的联系

在峦村帕西傣的生存空间内，除了与傣族紧密联系外，还与另外两个回族群体——距离峦村约4千米的赛村、距离峦村约8千米的县城回族群体有着密切联系。

峦村位于老昆洛公路旁，离县城约7千米。在公路边下车后，拐入公路左侧的一条道路，穿过流沙河上的金桥，就到了峦村。沿昆洛公路景洪方向往前1千米，是流沙河大桥（也称为八公里大桥），交通便利。赛村距县城约8千米，过去与县城相连的道路是土路，交通相对没有峦村方便。峦村与赛村相距约4千米，中间相隔了曼见、曼短、曼派、曼赛龙几个傣族村寨，有道路相连。两村在生活习俗、文化、与傣族的互动等方面基本相似。

赛村是杜文秀起义失败后由大理迁居在此的回族，并与傣族成婚，子孙后代不断繁衍而形成的。据傣文《傣泐史》记载：回民起义攻占了思茅地区的景谷勐戛、勐往土司辖地，当地傣族加入起义行列。傣历一二二四

年（1862），起义军将领王应科派出了一支400人的队伍进入西双版纳景洪，传达大元帅和杨大司马命令："若要社稷安宁，那么，即以象两头，及汉王所赐各勐印鉴一并缴给大元帅，大元帅特赐予新印，也不收任何费用。"当时宣慰刀正琮鉴于起义群众声势浩大，起义军在景洪纪律严明、受到傣族人民欢迎的情况，便接受了封号的铜印，并回赠杜文秀大元帅一头象。1872年滇西回民起义失败后，有几个大理回族逃到了西双版纳勐海地区。由于杜文秀起义时与傣族的友好关系，加上傣族人民也受清政府统治者的欺压，傣、回人民有着共同命运，所以勐海的"召勐"（土司）就把他们留下来在傣族聚居的曼赛旁边建竹楼住下来。这些大理回族娶傣族妇女为妻，保持了回族习俗，与傣族人民和睦相处而发展成了今天的赛村。[1]

据赛村村民介绍：他们的回族祖先到此定居后，娶了傣族女子，因为生活习俗不方便，就分家出来。由于傣族怕鬼，就让回族的房子建在傣族村子和他们的坟山之间。后来人口渐多，形成了今天的赛村。

从峦村与赛村的文化来看，两村独立形成，但又惊人相似，两个村都是回族与傣族通婚后逐渐形成的。双方的共同之处在于语言、服装、建筑、饮食等方面都具有浓郁的傣族特色，但信仰伊斯兰教，村中建有清真寺，除了过伊斯兰教的三大节日外，同样把春节视为重要的节日，在傣历新年时也与傣族一起庆祝。与峦村的通婚圈一样，赛村也经历了最初与傣族结婚，当人口发展到一定规模时，大量进行村内通婚和近亲通婚。同样由于了解到近亲通婚的危害并随着对外交往范围的扩大，又开始大量与傣族通婚。近年来，随着族内婚的逐渐打破，村民与傣族互娶互嫁者增多，也有一些赛村帕西傣女子嫁入傣寨，虽然大多数嫁给傣族的赛村村民不要求丈夫进教，但也坚持自己清真饮食的禁忌。两村也有一些不同之处：赛村没有独立建寨，与另一个傣族村寨一起形成了赛村，两村之间只有一条土沟，

---

[1] 马维良、李佳：《西双版纳傣族自治州"帕西傣"调查》，载云南省编辑组编《云南回族社会历史调查》（三），昆明：云南人民出版社，1986年12月，第52页。

第二章　对话的语境：峦村的自然、社会文化空间

构成一个并不明显的地理边界，两村互娶互嫁者较多。从某种程度上来说，赛村受傣族文化的影响也较深。峦村年轻女孩已经较少穿着傣装，而赛村的年轻女孩仍以穿着傣装为主；峦村妇女穿着的傣装一般以长袖为主；而赛村妇女在气候稍热时，则多穿着短袖、低领的傣装。过去赛村与县城只有土路相通，客运车辆不像峦村一样随到随走，交通不如峦村便利，对外交流也相对较少，故赛村说汉话的流利程度也不如峦村。峦村村民基本不会傣族的歌舞，而赛村则有村民把自己的孩子送到景洪曼听公园跳舞。由于峦村处于通往缅甸的交通线上，以前的回族马帮要从此经过，所以峦村在历史发展过程中，受到内地回族的关注较多。同时，峦村与赛村相比，经济也更为发达。

赛村土地相对较多，村民主要以农业为主，赛村大量种植甘蔗、茶叶、稻谷等。现在男人以做牛生意为主，在赛村旁边，有一个较大的牛市场，每天有大量的牛在此交易。赛村修建了一个肉类冷冻厂，将牛肉进行冷冻加工。赛村的清真寺规模与峦村差不多，建筑风格也与傣族建筑相差较大，清真寺叫拜楼与傣族村寨的缅寺紧挨在一起。峦村与赛村过去通婚者较多，因而峦村人在赛村几乎都有亲戚。两村在逢年过节、上新房、婚礼等仪式中，都会互相邀请对方参加。如举办圣纪节时，一个村子过节的时候，另一个村全村人都会去参加。

从族内通婚的偏好和避免近亲通婚的危害来看，两村生活习俗相近，应该成为结婚最好的选择。但事实上，近年来，峦村与赛村通婚者却只有几例。主要原因是：

（1）近年来两村经济发展的差异。赛村主要以从事农业为主，赛村妇女与峦村妇女相比，更多的时间忙于劳动。赛村妇女对笔者说，她们是农民，很少有时间出去玩。而峦村妇女多半只从事少量的农活，平时多到茶叶厂拣茶叶。相对而言，生活较为轻松。

（2）赛村帕西傣与周围傣族结婚年龄都较小，一般女性通常在十五六岁，男性在18岁左右即结婚，这与峦村普遍在20岁以上结婚有较大的差别。

（3）由于各种原因，两村曾经产生过一些摩擦和隔阂，导致峦村与赛

村关系恶化：峦村一名女子嫁入赛村后，因为丈夫有了婚外恋而离婚。在离婚过程中，由于对子女抚养权等方面未能达成共识，双方争吵很严重，一度让两个村寨都卷入其中。后来，经过法院判决，儿子判给了妻子，女儿判给了丈夫。

这次事件发生后，双方在节日时也不互相邀请，仅仅是在对方村寨有亲戚的人才会在婚丧嫁娶、宗教节日时互相邀请，这样的情况持续几年后才渐有好转。现在峦村人和赛村人都认为既然两村都是回族，且是"全国独一无二的帕西傣"，双方应该互相往来，互相帮助。因而，在圣纪节这样的节日里，双方大部分都会互相往来。

虽然以峦村作为调查重点，笔者也多次到赛村调查。第一次到赛村是2007年2月的元宵节。村中正在按惯例宴请县上有关领导，用广播放着傣语歌。赛村过圣纪节的时候，笔者再次来到赛村。赛村阿訇及其妻子在与笔者聊天中谈道："赛村是双重信仰（既信仰伊斯兰教，又信仰南传佛教）。"过去，有的人家还把自己的小孩送去当小和尚；娶了傣族媳妇的，跟着一起去赕佛。还经常有人在清真寺外面的大青树下点蜡条（傣族的一种祈福祭祀方式）。小孩生病了，有的人家还会带到缅寺去拴线。

但在清真寺帮忙的帕西傣妇女们则告诉笔者：尽管旁边村寨的缅寺与她们近在咫尺，但她们只在小时候进去玩过一次，此后就再也没进去过。她们从不会参与傣族的赕佛活动。只有村民中娶了傣族媳妇的人会有一些去参与赕佛。

赛村圣纪节

2008年1月14日，今天是赛村的圣纪节。每年峦村和赛村为了方便外来的客人，一般都把时间定在前后相继的几天。今年由于峦村、赛村和景洪清真寺过圣节的时间是连在一起的，大批在景洪过完圣纪节的客人又顺道来到了峦村和赛村。峦村的村民也有许多来赛村过节。

第二章 对话的语境：峦村的自然、社会文化空间

早上，当笔者来到赛村清真寺的门口，已有七八名身穿黑色长袍、戴粉色盖头的小女孩列队站在门口欢迎来自各地的穆斯林朋友，每当有客人走到清真寺门口，她们就朝客人说"色俩目而来酷目"。进入清真寺就座后，勐海县有关领导、景洪州伊斯兰协会等有关人士分别讲话后，就开始设宴招待客人。赛村招待客人的菜肴与峦村不完全一样，但都保留了云南内地回族的特色菜肴：凉鸡、凉片、红烧牛肉等，也有一些傣族风味的菜肴，如菜苔喃咪，红烧牛肉中也加入傣族常吃的酸笋。

吃完午饭后，客人们都到村寨四周游玩，或者在商人的摊点前购买盖头、经文CD等。到了下午2点，前来参与礼拜的人很多，除了外来客人外，赛村也有很多人参与，其中有10多名女性老人和8个小女孩。据笔者观察，参加礼拜的本村人数多过峦村。笔者问其中一名老年妇女是否每日礼拜，她否定了，并且补充说道："做得到就做，做不到就说做不到，不然就是欺骗安拉。"

2. 与勐海县城回族的联系

勐海回族人口主要聚居在县城、峦村、赛村、勐遮。县城回族有七八百人，主要来自红河沙甸和玉溪通海、峨山等地。1938年，沙甸回族实业家白耀明带领沙甸回族在车里南糯山成立制茶厂，在佛海成立纺纱厂，后来部分留居此地；另一部分是通海、峨山等地在此经商的回族。县城回族与峦村帕西傣有着密切的联系。双方遇到宗教节日时都会相互邀请。马维良在20世纪80年代所作的调查中就提道：1985年2月圣纪节，勐海县城回族发来请柬，邀请峦村、赛村全体回民同胞光临，共同庆祝节日。"两寨帕西傣接到请柬后，19日一早，男女老少穿着节日傣装，分乘17部手扶拖拉机前去参加圣纪节。在勐海城过完节后三天，两个'帕西傣'寨又集中到曼乱回再做一次'圣诞节'，以同样的请柬，恭请城里回族同胞来

45

寨子里共庆节日。"[1] 勐海县城回族经营的清真饮食业，给峦村帕西傣日常生活带来极大的便利。县城农贸市场每天都有新鲜的牛肉供应，也有宰好的鸡出售，也是峦村"回傣烧烤"原材料的来源。县城有多家清真米干店、饭馆，也给出门在外的峦村人提供了便利。从某种程度上说，这些清真饮食的存在，也使傣族对回族有了一个感性的认识。

勐海县城回族可以说是离帕西傣最近、关系最密切的回族群体。很长一段时间里，勐海县城回族以自己区别于帕西傣的"正宗"回族身份，在很多方面给予帕西傣指导和帮助。以前峦村过圣纪节时，县城的回族都要来教他们如何筹备食物和接待客人。县城回族告诉笔者："以前他们（峦村）只会做傣味的饮食，但过圣纪节时，大部分客人是内地来的，我们怕客人吃不习惯，都要来教他们做一些回族的传统菜。后来，他们学会怎么做，我们就不用再教他们了。"以前帕西傣由于害怕死亡和"鬼"，人死后，不敢"洗埋体"，也请勐海县城的阿訇和一些县城回族来洗。

勐海回族参加2008年1月峦村圣纪节

离过圣纪节还有一天，峦村清真寺来了一些县城的回族客人，他们是提早来帮忙的。其中有一人叫马礼昌，勐海县教育局退休，是峦村时任大管寺纳云信的表兄，其母为峦村人，他正在帮着峦村人书写"庆祝穆圣诞辰1438年"的横幅。还有一些籍贯是昭通、玉溪等地的勐海回族也提前来到峦村清真寺帮忙，他们来的目的还有"指导"峦村筹办节日。今年，勐海县城有9人去麦加朝觐（伊斯兰的五大功修"朝"功规定，凡穆斯林经济条件许可且身体健康者，一生至少去麦加朝觐一次。由于路途遥远、花费数万元，朝觐可以说是穆斯林人生的最高理想。朝觐者归来后，被称为"哈吉"。任何一家人都以家中

---

[1] 马维良、李佳：《西双版纳傣族自治州"帕西傣"调查》，载云南省编辑组编《云南回族社会历史调查（三）》，昆明：云南人民出版社，1986年12月，第55-56页。

第二章 对话的语境：峦村的自然、社会文化空间

有人朝觐而自豪）。

第二天，在峦村圣纪节上，这九位哈吉被邀请上台，峦村村民给他们戴上了花环。其中一位哈吉代表作了发言，这位哈吉是从峦村嫁到县城的帕西傣。

过圣纪节时，来自远方的客人都会自愿挂功德。功德钱要由专人收钱、开收据。以前峦村少有人识字，这个工作也是由县城回族来帮助完成。现在村里也有了一些文化水平较高的人，写功德榜和开收据的都是中专以上学历的峦村人来做。

县城回族不乏在政府里工作的，他们本着"天下回回是一家"的思想，对峦村帕西傣也给予了特别的关注。走出峦村到政府工作的帕西傣，因为居住于县城，通常也被村民当作"勐海回族"，如峦村帕西傣马玉琼女士，在工作后非常关心峦村。峦村以前没有小学，村民都到曼短小学上学。一名帕西傣中年妇女告诉笔者，当时在学校里，有些傣族小孩拿猪肉到桌子上划线，她和许多峦村小孩因此而辍学。后来马玉琼女士多方争取，政府在峦村建盖了小学，极大地方便了峦村的村民。

峦村帕西傣也有与县城回族结婚者，因此许多县城回族在峦村都有亲戚，彼此走动更为频繁。县城的回族对峦村的历史及形成过程都略知一二，他们认为：峦村的教门意识淡薄，但如同现在的回族年轻人一样（比如他们自己的子女），教门意识也较为淡薄。但"天下回族是一家"，双方应该经常互相往来。

3. 与其他地方回族的联系

空间联系的强度遵循"距离衰减"法则：即两地之间的距离越近，它们之间的联系越强；距离越远，则联系越弱。[1] 在实际的地理空间联系中，

---

[1] 赫维人、潘玉君：《新人文地理学》，北京：中国社会科学出版社，2002年4月，第267页。

相邻区域之间的联系远远大于远距离区域之间的联系。由于勐海地处边疆地区，帕西傣与其他回族群体的联系相对较少。

茶马古道是历史上西南地区以马帮作为主要交通工具的贸易通道，因主要通过马帮运送茶叶换取马匹、皮毛等而得名。根据出发位置的不同，分别有两条主要线路：滇藏茶马古道和川藏茶马古道。勐海是普洱茶的主要产地，也是著名的滇藏茶马古道的起点。

民国时期，随着勐海制茶业的崛起，以勐海为起点的茶马古道运输，有东西南北四条线路，东线由勐海镇往东经景洪至思茅（今普洱）；南线由勐海镇南下经打洛到达缅甸景栋；西线由勐海镇往西经澜沧、孟连出境到缅甸；北线由勐海镇经勐阿、勐往至思茅。之后，再往西北经景东、大理、丽江到西藏，或继续北上至昆明中转至西藏或香港等地。[1]峦村由于处在茶马古道的良好地理位置，使得他们对外交流频繁。

据峦村的家谱记载，峦村的前三代人，都与傣族结为夫妻。由于远离回族群体，帕西傣对回族文化的记忆已经模糊，唯一记得的就是不吃猪肉的禁忌。在这个过程中，使帕西傣的回族习俗得以保存的最关键的人物就是来往于峦村的回族马帮。"西双版纳在民国时期称车里，是历史上云南滇南、滇中和滇西三迤回汉各族马帮经商活动的主要地区，是云南马帮进入缅甸掸邦转往缅甸腹地及泰国的必经之道。"[2]峦村村口前流沙河上的竹桥一到雨季就被冲垮，"马哥头（赶马帮的商人）的儿子岩应龙主持施工，建成了一座全年通行的大木桥。在桥修通后，峦村成了从内地经勐海城到缅甸景栋的必经之地。马哥头的儿孙们除了在村里硝制皮革、做皮鞋方便群众外，还开马店，方便过往客商"[3]。来往的客商中，不乏内地的回族。对

---

1 陈红伟：《茶马古道的起点：西双版纳》，《广东茶叶》2007年第10期。
2 姚继德：《回族马帮与西南丝路网络——泰国北部云南穆斯林的个案研究》，博士学位论文，云南大学人类学系，2002年10月，第38页。
3 马维良、李佳：《西双版纳傣族自治州"帕西傣"调查》，载《云南回族社会历史调查（三）》，昆明：云南人民出版社，1986年12月，第52页。

第二章　对话的语境：峦村的自然、社会文化空间

于这个远离"亲人"的回族群体，过往的回族马帮都对其给予了较大的关注。"回族的风俗习惯，有的是马武龙教会的，有的是过路的回族马帮指点的。"[1] 过往的回族马帮中，还有一些人留在峦村担任阿訇，这些人对峦村回族习俗的保持起到了重要作用。"内地回族穆斯林从宗教的正统出发，一直不断地对帕西傣施加影响"，[2] 他们都有着明确的目标，要把帕西傣从傣族文化的深厚影响中拉回到正统的伊斯兰教道路上来。

峦村有记录的历任阿訇[3]

沙甸赶马到此的阿訇

沙甸来的马阿訇

桂阿訇，时间1年，赶马到此

一位眼睛看不见的阿訇，沙甸，时间1年

马尚美阿訇，沙甸，时间1年

马象真阿訇，峨山大白邑，1年多

马阿訇，沙甸，1年多，赶马至此

岩商，勐连，1年多

纳长寿，通海纳家营，3年多，在此上门，后回到老家，现任管寺纳云信之父

和锡行，通海，1年半

马和涂，通海古城，1至2年

某某（姓名不详），玉溪新平，1年不到的时间，"文化大革命"回去

---

1 马健雄：《广东南澳岛与云南"帕西傣"：历史文本的解读两例》，《云南师范大学学报》2002年第4期。

2 马健雄：《勐海帕西傣调查》，载云南省民族研究所编《民族学调查研究》，1996年1月，第39页。

3 该资料由峦村大管寺整理记录，因为时间久远，一些阿訇的姓名已记不清楚。

岩军拉，本村，半年

李明坤，昭通，1992-1999 年

马万云，青海，3 年，1999-2002 年

岩某，本村，2 年

马红和，澜沧扎吾寨，2006-2016 年

马长和，大理巍山小围埂村，2016 年至今

  从峦村所做的历任阿訇的记录不难看出，最早到此担任阿訇的都是赶马经过的内地回族，这些回族将伊斯兰教的相关知识教授给峦村人，使得峦村人能在远离回族群体的漫长过程中保持回族的生活习惯。

第三章　对话的主体：在回傣之间的"帕西傣"

一、帕西傣的名实之辨：客位与主位

峦村村民傣语自称和他称"帕西""帕西傣",汉语自称和他称"回傣""回族"。帕西傣的族群名称反映出的族群现象可以从主位和客位的角度来进行解析。主位的角度即帕西傣自己的看法,客位的角度涉及了几个不同的观察者：人类学家、国家和相邻的其他民族。

(一) 客位的角度

1. 人类学家

(1) "帕西"的释义

"帕西"是傣族对回族的称呼。"帕西"有不吃猪肉之意,在古傣语中含有"商人""经纪人"之意。[1] 也有学者认为"帕西"一词在古傣语中词义是"税"的意思。[2]

马超群在《云南回族的他称——"潘塞"、"潘西"和"帕西"辨析》一文中指出,历史上有不少云南回族马帮商人定居缅甸和泰国。缅族称云

---

[1] 马维良、李佳：《西双版纳傣族自治州"帕西傣"调查》,载《云南回族社会历史调查(三)》,昆明：云南人民出版社,1986年12月,第51页。
[2] 马健雄：《勐海帕西傣调查》,载云南省民族研究所编《民族学调查研究》,1996年1月,第35页。

文化的"对话":帕西傣的交往、交流、交融研究

南回族为"潘塞"(旧译"潘泰"),掸族称之为"潘西"。在国内,西双版纳傣族称回族为"帕西"。文章通过史料和词源考证,提出:"潘塞""潘西"和"帕西"原为印度、缅甸一带民间对穆斯林的泛称,尔后用以称呼云南回族,三者系同一名词,仅读音有微小差异;三者均由中世纪以来印度民间称呼波斯人的"帕尔西"一词演变而来。19世纪后期,缅甸沦为英国殖民地后,随着下缅甸的开发,更多的印度穆斯林涌入缅甸。印度对穆斯林的称呼自然在缅甸流传开来。另外,杜文秀领导的回民起义失败后,云南回族穆斯林进入缅甸谋生者也日益增多,其足迹遍及缅甸大小城镇,定居掸邦者尤多。侨居缅甸的云南穆斯林自称"回回"或"回民",但缅甸的缅族人称他们为"潘塞"(Panthei,英文译写为 Panthay,也有的译为"潘泰")。在我国缅语专家编的《汉缅大词典》中,"回族"一词注明缅语读为 Panthay(潘塞)或 Pathee(帕西)。[1]

云南大学姚继德教授通过各方考证,认为"潘塞"(Panthay)或"潘希"(Pansee)一词,最初是缅甸人和英国殖民官员对清末反清起义的云南回族穆斯林的称呼,后来才逐渐演变为对居缅云南回族侨胞的通称。"由于回族马帮是进入缅甸、泰国经商的主要力量,因此傣语(掸语)中的'帕西'一词在回族马帮所到之处流行开来,最终演变为缅甸各族人对各个历史时期进入缅甸的云南回族马帮商人和云南回族政治难民的通称。"[2]

从缅甸掸族与中国傣族的交往情况来看,双方存在着密切的联系。18世纪中叶,缅甸雍籍牙王朝建立后,不断侵夺中国傣族的土地,最终使得一大片傣族的土地及其居民沦于缅甸的控制之下,一部分中国傣族也就成为缅甸的掸族。[3]虽然境外傣族逐渐"缅化"成为今天的"掸族",其文化

---

[1] 马超群:《云南回族的他称——"潘塞"、"潘西"和"帕西"辨析》,《回族研究》2003年第3期。

[2] 姚继德:《云南回族向东南亚的迁徙》,《回族研究》2003年第2期。

[3] 何平:《从云南到阿萨姆——傣—泰历史再考与重构》,昆明:云南大学出版社,2001年5月,第365页。

第三章　对话的主体：在回傣之间的"帕西傣"

生活习俗也与中国境内的傣族有较大的差别。但由于勐海县地处中国与缅甸交界，加之傣族、掸族在族源上的同源关系，语言、宗教信仰的一致性，勐海傣族一直与缅甸掸族在经济文化方面有着密切的交往，"形成了经济上的互通有无、文化上的互通互动、族际间的密切往来的交往结构"[1]。

由于与缅甸相距不远，峦村人目前在缅甸定居者也不乏其人，如岩坎尖（依照峦村的家谱推断为第四代）在20世纪50年代是峦村头人，后定居缅甸景栋，1994年还回乡为父亲修坟立碑。峦村一村民曾在缅甸小勐拉开设餐厅，经营缅甸风味的清真食物；还有从缅甸嫁入峦村且通过履行"进教仪式"成为"帕西"的掸族妇女。如峦村中经营一家米干店的老板娘即是从缅甸嫁来的，并生下了两个女儿，而她们也经常回缅甸去探望娘家亲戚。从今天勐海人与缅甸人交往情况来推测，历史上缅语"帕西"一词传至勐海，确实无须太多难度。

（2）学术界对帕西傣族群名称的使用

自马维良在《云南回族社会历史调查（三）》中使用"帕西傣"一词以来，几乎所有的学术性论文都使用"帕西傣"一词来称呼这个居于西双版纳州的穆斯林群体。只有台湾政治大学民族学系硕士研究生曾慧莲的硕士学位论文全文使用了"回傣"这个称呼。对于使用"回傣"一词，她是这样解释的：第一，由于论文是汉文写作，用"回"取代从前学者所用"帕西"一词，将"帕西傣"译成"回傣"，且回族与傣族乃中国经过民族识别之后法定的少数民族称谓，使用"回傣"一词将比"帕西傣"更能够凸显回族研究的时代意义；第二，在"回傣"与"傣回"两个用法相比较之后，她发现"回傣"一词在当地傣族及其自身使用概率较"傣回"一词多，是一种习惯用法，而且使用时并无民族概念的意识形态。为了反映真实田野调查情况，因此使用"回傣"一词。另有一些学者把帕西傣与大理白族地

---

[1] 龚锐：《在异域与本土之间——中国西双版纳打洛镇傣族与缅甸掸族的跨境宗教文化交往》，《贵州民族研究》2006年第3期。

区的回族、中甸藏族地区的回族相提并论时,会把三个群体分别界定为"傣回""藏回""白回"族群。

(3)学术界对帕西傣的族属划分

自涂尔干与莫斯发表《原始分类》以来,关于分类的研究成为人类学研究的一个中心。[1]列维-斯特劳斯、玛丽·道格拉斯等学者指出了人类是区别现象等级和种类的分类动物,把无限复杂的经验世界归纳为数量有限的范畴。埃里克森认为族群分类也是与分类者要求有关的社会和文化的产物,它们对安排社会领域和创造关于相对其他范畴的标准认识有用,可被看作一种构成社会领域秩序的实践方式。然而,在很多情况下,很难把一些特定的族群认同归于一个人,这些人在维克多·特纳那里称为"两可间的人们",而玛丽·道格拉斯称他们为"族群异例",他们被看作"既不……也不"或者"两者都"。埃里克森认为这些群体最终可能有两种结果:一种是同化到主体群体中,另一种是虽然这些群体已经采取了一些 Y 的习惯,但他们仍然是或声称自己是 X。但在实际的社会环境中,"一个人被期望有一个族群认同的明确定义,假如一个人同时是部分通过相互参照定义的两个群体的一员,困难的处境难以避免"[2]。

从帕西傣的文化特征来看,有与傣族相似之处:语言、服饰、姓名、饮食口味、过去盛行的一些巫术活动等;又与回族具备共同的文化特征:禁食猪肉、举行伊斯兰教的宗教仪式和庆典;同时也存在既不与傣族相似,也不与回族相似的特征:过春节、丧葬方式、婚礼仪式等。由于帕西傣所具有的这种"既不……也不"或者"两者都"的特征,自学术界开始研究帕西傣以来,首先对它的族属存在争议。在这些研究中,大多数学者把帕

---

[1] [挪]T.H.埃里克森:《族群性与民族主义:人类学透视》,王亚文译,兰州:敦煌文艺出版社,2002年12月,第62页。

[2] [挪]T.H.埃里克森:《族群性与民族主义:人类学透视》,王亚文译,兰州:敦煌文艺出版社,2002年12月,第66页。

西傣划归为受傣族文化影响的回族,但也有少数把帕西傣划为傣族。最早对帕西傣进行调查的学者马维良,撰写了《西双版纳傣族自治州"帕西傣"调查》一文。尽管马维良认为"从自称、他称和实际生活中,已显示了这两个寨的群众从社会到宗教、文化习俗,都有着许多既不完全同于傣族,又不完全同于回族的特点"[1],但仍将该报告收录于1986年出版的《云南回族社会历史调查(三)》中,已可以看出他对帕西傣的族属是归为回族的。1989年出版的《云南回族史》中,引用马维良的调查资料,也再次将帕西傣划为回族。而马荣祖在《西双版纳的傣族穆斯林及其礼俗初探》一文中,把勐海两村的帕西傣,称为傣族穆斯林。同一时期,也有学者根据学术界对帕西傣所做的调查,均收录于回族的相关研究中,而断言"这些书刊文章的观点及所依据的调查资料证明了帕西傣族属为回族"[2]。

2. 国家

学者菅志翔认为:在社会关联的意义上讲,"民族"的实质是传统国家在现代化转型过程中对群体文化差异的一种"组",人们的"民族"身份处于传统族群身份和国民身份之间,并成为两者互动的媒介。民族是国家认定的范畴,而族群是地方实际运用的范畴,两者之间很少会发生冲突。

中国的民族识别工作是按照斯大林对民族的定义来进行的,即"民族是人们在历史上形成的一个有共同语言、共同地域、共同经济生活以及表现在共同文化上的共同心理素质的稳定的共同体。"[3]在中国的民族识别过程中,对于回族的识别主要是依据宗教信仰来进行的。

由于峦村宗教信仰显著区别于其他民族,在进行人口普查时,勐海县勐海镇当地进行调查的单位直接将全村人口全部登记为回族,即便村内人

---

[1] 马维良、李佳:《西双版纳傣族自治州"帕西傣"调查》,载《云南回族社会历史调查(三)》,昆明:云南人民出版社,1986年12月,第51页。
[2] 辛智:《关于云南"帕西傣"的族属问题》,《民族团结》1997年第4期。
[3] 林耀华:《民族学通论》(修订本),北京:中央民族大学出版社,1997年12月,第103页。

口中尚包括经由族际通婚关系而进入回傣二村的其他民族人口，也因为调查当时居住于回傣村内，直接被划入回族人口之中。[1] 村民谈到在进行人口普查或办理身份证时，政府相关人员询问村民的族别时，村民通常回答"回傣"，但得到的回答是"要么是傣族，要么是回族，没有回傣这个民族"。在二者只能选一的情况下，村民绝大多数选择了"回族"。

通过民族识别，帕西傣获得了法定的回族身份。回族身份的获得，使他们与勐海县城回族及其他地方的回族群体联系加强，族群意识也得以增强。

3. 其他族群眼中的"帕西傣"

（1）勐海回族：峦村是回族，但对宗教认识不深

勐海境内的回族有"帕西"（即回族）与"帕西傣"（回傣）之分。除聚居于峦村、赛村的帕西傣外，其余大多数回族为居住城镇的干部职工及个体工商户，他们分散居住，不成聚落，主要来自红河沙甸和玉溪通海、峨山等地。这些散居城镇的回族，操汉语，受傣族文化影响少，风俗习惯与内地回族完全相同，傣族称他们为"帕西"（Pashi 或 Pathi）。勐海回族是距离峦村最近的回族群体。目前，勐海回族主要经营清真餐饮业、在行政事业单位上班等。

帕西傣与县城回族有着密切往来，县城回族在峦村的发展中，也是维系帕西傣认同的一个重要群体。县城回族认为：帕西傣是回族，但是受到了傣族文化的影响，所以对宗教信仰认识不够深入。他们转而以自己的角度说："正如我们自己的子女一样，因为出外工作，很少接触回族，有时候在外面不方便，也就不那么认真（指的是饮食方面不遵循清真饮食的规定）。"

（2）邻近的傣族：峦村是回族

西双版纳州回族很少，在勐腊等地方的傣族几乎不了解回族或"帕

---

[1] 曾慧莲：《民族文化的多元发展与适应——以西双版纳傣族自治州勐海县曼峦回村"回傣"为例》，硕士学位论文，台湾政治大学民族学系，2004年，第94页。

第三章 对话的主体：在回傣之间的"帕西傣"

西"。但在勐海地区，无论在城市或乡村，几乎所有的人都知道本地有回族或"帕西"。傣族对帕西的了解，取决于双方村寨的地理位置、亲缘关系和交往程度。峦村周围分布的傣族村寨都知道峦村是回族，笔者曾经多次问傣族："你们知道峦村人吗？他们和你们一样吗？"他们回答："我们和他们（即峦村村民）不同，他们是回族，生活方式和我们不同，信的宗教也不同。"傣族对于峦村村民的了解最主要的就是：不吃猪肉，宰牲的方式也不同，双方不能一起吃饭。峦村村民基本上都到过缅寺，而傣族对清真寺存在敬畏之情，很多人从未进入过清真寺，并且知道进入清真寺不能吸烟、喝酒。笔者问过一些邻近村寨嫁入的傣族妇女："你以前知道峦村和你们不同吗？"她们说："小时候就听老人说他们是回族，不吃猪肉，和我们不同。"

可见，纵然一些学者曾经把帕西傣划为傣族，但在傣族看来，他们与帕西傣是完全不同的。

（3）其他回族：答案各不相同

历史上过往的回族马帮都认定帕西傣是回族。从峦村历任阿訇，不难看出，其中一些人选择在此留居以便能够对峦村进行伊斯兰教宗教知识的教导。从今天来看，云南其他地方的回族都把他们视为回族，只是"他们的一些习惯有违伊斯兰教"，所以应该帮助他们改正。

当然，也存在一些不同看法，认为帕西傣是傣族。

笔者有一次在景洪清真寺与坐寺阿訇的母亲谈起峦村人时，她说："峦村人是傣族。"她甚至认为回族是不能跟他们结婚的。

笔者在与澜沧阿訇聊天中，发现他经常使用"他们傣族"这样的字眼。在他看来，他们是"傣族"，所以对伊斯兰教宗教信仰认识不深。

（二）主位的角度：我是谁？

帕西傣到底是傣、是回，还是既回又傣？在我们生活的世界的规则中，往往认为非此即彼，不存在一种既此又彼的事物，即使有也被视为异类。

峦村人在这样的规则中，也不断地问自己，我到底是谁？我是傣族，还是回族或回傣？"在人类学的论述中，认同意味着与自己是一样和与自己不同"[1]。但菲奥纳·鲍伊也指出：没有"真正的我"，我的认同是通过我生活在世界中并与世界相互作用的经验中，不断地建构的。而同时，认同很少是单一的，它们经常受到质疑，成员的规则也会改变。[2]

1. 帕西傣对自己族称和族属的看法

峦村人对自己族群身份的认知，不断地受到外界影响而发生变化。"回傣"这个称呼是帕西傣使用汉语自称时最常使用的，当笔者询问村民："你们的民族是什么？"绝大多数人会用汉语告诉笔者"回傣"。但一些村民对自己的族称和族属也有不同的看法：

峦村老一辈中受过学校教育的知识分子：马玉琼，70岁（2008），与最先到峦村调查的学者马维良曾是同学。在她的介绍下，马维良到峦村做了调查。她认为，帕西傣的信仰是伊斯兰教，但风俗习惯是傣族的。从血缘构成来看，帕西傣群体回族血缘只占了不到百分之三十，而傣族血缘占到了百分之七十以上。不存在傣族影响帕西傣的情况，而是傣族把自己带来的生活习俗保留了下来。因此，帕西傣应该归为信仰伊斯兰教的傣族。而她之所以这么认为，是因为20世纪80年代，部分专家学者认为帕西傣是信仰伊斯兰教的傣族，她也认可了这种观点。

笔者在峦村圣纪节上遇到一位退休的男性教师，也认为帕西傣是属于信仰伊斯兰教的傣族。（事后得知，他与马玉琼女士是表兄妹，他也接受了当时专家的观点。）

村中有一个76岁的长者，一次笔者和他闲聊时，他很自然地谈起了

---

[1] [挪]T.H.埃里克森：《族群性与民族主义：人类学透视》，王亚文译，兰州：敦煌文艺出版社，2002年12月，第62页。

[2] [英]菲奥纳·鲍伊：《宗教人类学导论》，金泽、何其敏译，北京：中国人民大学出版社，2004年3月，第80-81页。

第三章 对话的主体：在回傣之间的"帕西傣"

峦村的历史，他说："我们的老祖宗是内地来的回族，后来与傣族女子结婚。我们称自己回傣，你们内地叫回族，我们都是一样的，只是叫法不同。"

某一次，笔者问村中一个小伙子，你们认为自己是回傣还是回族？他说："我们当然认为自己是回族，回傣是外面的人对我们的称呼。"（该小伙子曾在沙甸学习念经。）

一个年轻女孩说："我们用'回傣'称呼自己，是因为不忘'回爹傣妈'的历史，这样称呼是对两者都尊重的原因。"

2. 现代性背景下帕西傣的"自我反思"

"在高度现代性的时代，远距离外所发生的事件对近距离事件及对自我的亲密关系的影响，变得越来越普遍。"[1]个体由于身体的局限性，在某一时刻，都只能处于特定的时间和空间中。但在现代社会中，个体虽然仍然进行地方性的生活，但在许多方面都"表现出真正的全球化"。吉登斯把全球化定义为：世界范围内的社会关系的强化，这种关系以这样一种方式将彼此相距遥远的地域连接起来，即此地所发生的事件可能是由许多英里以外的异地事件引起，反之亦然。[2]地域性变革与跨越时空组合的社会联系的横向联系都是全球化的组成部分。在过去，大多数经验只能靠口耳相传和亲身经历。而现在，通过印刷传媒和电子传媒传递的经验，对族群的认同和社会关系发生了意义深远的影响。娱乐占据着峦村人日常生活中的重要内容，看电视、上网、唱卡拉OK、蹦的、打麻将、旅行都是他们喜欢的娱乐活动。年轻人也渴望着走出峦村，到外面的世界看一看。传统的控制正日益变得薄弱，而同时受地方性与全球性的共同影响的日常生活则被重构，个体或群体将越发面对多样性的生活方式的选择。"在现代性的后

---

[1] [英]安东尼·吉登斯：《现代性与自我认同》，赵旭东、方文译，北京：三联书店，1998年5月，第5页。
[2] [英]安东尼·吉登斯：《现代性的后果》，田禾译，南京：译林出版社，2000年7月，第56页。

传统秩序中，以及在新型媒体所传递的经验背景下，自我认同成了一种反思性地组织起来的活动。自我的反思性投射发生于经过抽象系统的过滤的多元选择的场景中。"[1]这样一来，原来峦村所面对的"我群"和"他群"，只是帕西傣与傣族之间的关系，而现在这个边界的架构却被打破。帕西傣的族群认同体现出在现代性背景下，受到回族群体、傣族群体、国家等方面的多重影响。

帕西傣铭记自己祖先的来源，保留祖先的宗教信仰，与傣族在生活习俗方面存在着明显的差别。但在日常生活中，出于工具主义的理性思考，使用傣族身份可以让他们获得优惠的待遇。斯蒂文·郝瑞在考察了三个被识别为彝族的群体在族群认同上的差异后，认为"由于原发性的族群情感和工具主义的考虑，族群认同与族群关系成为同一过程的伴生物"[2]，两者在决定人们的民族认同时，不仅都起作用，而且还相互影响。工具主义的动因可以引发长久休眠的民族情感，或者使过去强烈的认同意识淡薄或消失。民族情感也可以创造实际的利益。情境论者（或工具论者）强调族群认同的多重性，以及随情境（工具利益）变化的特征……"每一个自称都让他与一群人结为一个族群，但是要用哪一种自称，是视状况而定的。"[3]一个族群与人交往时，会用最小的共同认同来增加彼此最大的凝聚。埃里克森说："我们"的范畴可能根据情况扩展和缩小。也就是说：个人有许多身份和许多可能的认同，族群认同何时或如何变得最为适当是一个经验主义的问题。在埃里克森看来，族群身份和族群认同"在变迁的过程中有弹性"，即族群身份必须能为个人提供"有价值的东西"，同时，在某些情况

---

1 [英]安东尼·吉登斯：《现代性与自我认同》，赵旭东、方文译，北京：三联书店，1998年5月，第235页。
2 [美]斯蒂文·郝瑞著：《田野中的族群关系与民族认同——中国西南彝族社区考察研究》，巴莫阿依、曲木铁西译，南宁：广西人民出版社，2000年8月，第50页。
3 王明珂著：《华夏边缘——历史记忆与族群认同》，北京：社会科学文献出版社，2006年4月，第20页。

第三章 对话的主体：在回傣之间的"帕西傣"

下，族群认同是"支配族群从外界强加的"，作为该族群的成员们有时"并不想接受他们在群体中被安排的身份"。

帕西傣一直愿意接受"回"与"傣"相结合的身份，这与笔者曾经同样进行过田野调查的大理洱源县操白语的回族（一些学者把勐海县的帕西傣称为"傣回"，而把操白语的回族称为"白回"）很不一样。在"白回"地区，笔者曾经问过他们："你们知道自己被称为白回吗？"他们回答："我们知道有这样的称呼，但是我们认为自己是回族，而不是白回。"

"在与世隔绝的孤立群体中，是不会产生族群认同的"[1]，族群认同是在族群互动的基础上发展起来的，认同产生的基本条件是要有差异，有了差异、对比，"才会产生将自己归类和划界的认同感"。任何族群的认同都是通过一系列的文化要素表现出来，族群认同以文化认同为基础，共同的历史记忆和遭遇也是认同的基础要件。

在民族识别前，帕西傣不用去考虑自己的族属是什么，因为"属于"什么并未对他们的生活产生重要的影响，而世居于此的傣族也都知道他们是"帕西"，知道他们不吃猪肉。吉登斯指出：所有的自我发展都有赖于对他人适当反应的把握；与所有他人都"不同的"个体，便没有反思性地发展出一种一致性自我认同的机会。"在传统的碎片进一步被抛弃之后，自我的反思性投射越是开放和越是一般化。"[2] 在《现代性与自我认同》一书中，吉登斯把自我认同总结为一种反思性的成就，他说："在一种当地性的以及全球化的范围内，自我认同的叙述在与迅速变化着的社会生活情景的关系中被形塑、修正和被反思性地保持下来[3]。"自我认同是一个连续的过程，它涉及过去的经验和对未来的设想。

---

1 周大鸣：《论族群与族群关系》，《广西民族学院学报（哲学社会科学版）》2001年第2期。
2 ［英］安东尼·吉登斯：《现代性与自我认同》，赵旭东、方文译，王铭铭校，北京：三联书店，1998年5月，第237页。
3 ［英］安东尼·吉登斯：《现代性与自我认同》，赵旭东、方文译，王铭铭校，北京：三联书店，1998年5月，第253页。

文化的"对话"：帕西傣的交往、交流、交融研究

峦村与赛村村民傣语自称和他称为"帕西""帕西傣"，汉语自称和他称为"回傣""回族"。当一个人或一族群使用多种不同自称时，每一个称谓所涵括与排除的人群范围都可能有所不同。[1]汉语称呼的出现应该是在"经过民族识别，回族与傣族成为法定少数民族的称呼之后"，而且20世纪50年代之后，"当地人与外界接触频繁，使用汉语概率较高，使用汉语名称的机会也增多"[2]。西双版纳州使用汉语的人，都以"回傣""傣回""傣回回"来称呼他们。峦村老清真寺的名字"帕西傣回清真寺"就具有了各种语境混合的意味。

（1）称呼"帕西"或回族

在传统社会中，大多数民族地区按照自己传统的风俗和生活方式而生存，较少受到国家行政机构的干预。中国的民族识别工作开展以后，民族则纳入了国家管理的范畴。吉登斯指出：在现代社会形态中，国家与市民社会作为相联的转换过程得到了共同发展。[3]在民族识别之后，帕西傣获得了法定的民族身份"回族"，从而强化了民族认同，增强了民族的内部凝聚力。

斯蒂文·郝瑞在中国西南地区彝族社区考察后，认为把族群维系在一起，使一个族群与别的族群相区别开来，最重要的是依靠文化和亲属关系来界定的。从文化方面来看，通常两个相邻的群体在文化上并没有多大的差异，对于族群而言，成员内部具有什么样的共同特征、本族群与其他族群有什么不同的特点并不是最重要的，群体认同集中在成员认为重要的那些特定的文化特征上，即使这些文化特征可能只是整个文化中微不足道的

---

1 王明珂：《华夏边缘——历史记忆与族群认同》，北京：社会科学文献出版社，2006年4月，第50页。
2 曾慧莲：《民族文化的多元发展与适应——以西双版纳傣族自治州勐海县曼峦回村"回傣"为例》，硕士学位论文，台湾政治大学民族学系，2004年，第85页。
3 ［英］安东尼·吉登斯：《现代性与自我认同》，赵旭东、方文译，王铭铭校，北京：三联书店，1998年5月，第177页。

第三章 对话的主体：在回傣之间的"帕西傣"

一部分。他进一步指出，人口占少数的群体在大量移入人口占多数的群体的习俗和观念时，没有被同化的原因就在于：他们的群体认同附着在特定的文化特征上，也即文化标识上，这些文化标识把群体内部联系在一起，而与其他群体相区别开来。[1]从亲属关系来看，通常把群体成员联系在一起的要么是共同的血缘关系，要么是内部的联姻关系，或者双方兼而有之。在某些时候，群体内婚是群体认同的重要因素，共同的血缘关系由于群体内部的联姻关系而得以加强。峦村从第四代人开始，为了保持血统的纯洁，而选择进行族内婚，几代人的族内通婚让村民对于"帕西"的身份认同得以强化。

随着国家少数民族区域自治法规的制定和实施，少数民族的利益得到了充分的反映和保障，少数民族的民族自豪感大大增强，少数民族地区的民族文化得以大力发展。如一些地方通过旅游业的开发，促进了社区的对外开放与交流。斯蒂文·郝瑞指出：地方社区的开放给表达认同以更大的自由，使得两类民族性的分类更加接近。一类是过去在地方语境中运作的分类，另一类是过去在国家语境中作为行政管理工具运作的分类。一方面，在少数民族地区，除了民族干部、民族精英以外的大众，通过教育、各种媒体、外出旅游等途径，更多地接触到国家的语境，他们感受到在这个语境中，民族才是更大类别的群体；另一方面，越来越多的少数民族展示和表达自己的族群意识与认同，从客位出发的以国家为语境的民族分类系统已经渐渐转向主位的视野，国家的民族理念与地方的族群理念渐渐相融合。在这样的背景下，"开始了一场把各族群关于民族分类的旧话语与国家关于民族类别的新话语结合在一起的少数民族文化复兴运动"[2]。

---

[1] [美]斯蒂文·郝瑞：《田野中的族群关系与民族认同——中国西南彝族社区考察研究》，巴莫阿依、曲木铁西译，南宁：广西人民出版社，2000年8月，第111页。
[2] [美]斯蒂文·郝瑞：《田野中的族群关系与民族认同——中国西南彝族社区考察研究》，巴莫阿依、曲木铁西译，南宁：广西人民出版社，2000年8月，第23页。

文化的"对话"：帕西傣的交往、交流、交融研究

而帕西傣正是在国家民族概念的语境下及与外界沟通交流不断增加的情况下，从帕西或帕西傣这样一种相对独特的族群身份，转而与云南内地大部分回族尽量保持一致。

由于帕西傣具有傣族与回族的特征，他们也可能利用这种模糊性作为一种有利条件。当处理他们与回族的关系时，他们强调自己的回族身份，称自己是回族，这是一种与其他回族相认同的表达方式之一。在笔者田野调查期间，因为笔者是回族，他们常常在笔者面前强调他们的回族认同。如谈话中，他们常说"我们回族"，他们把"他们"与笔者这个来自内地的回族划归到了同一群体中。峦村人已经习惯了类似笔者这样的"搞研究"的人的到来，甚至于笔者可以感觉到他们很清楚笔者想观察些什么，所以笔者常常感觉到一种被"反观察"的目光。一次村民上新房的时候，笔者看到包括大管寺在内的老人在一起饮酒谈笑。当笔者的目光投过去的时候，很快就有人注意到了，村民岩旺对笔者说："我经常劝他们少喝点酒。"

"族群认同感包含着族内认同感和族外认异感。"[1]族内认同感既有可能由文化上的相似性和共同的历史来源引起，也有可能由功利性目的引起。

村民的回族身份，也使他们受到其他地方回族的关注。如一些外地回族，不但资助村民出外念经，还经常到村中来进行伊斯兰教教义的宣讲等。村民在与笔者的言谈中，常常用各种方式彰显自己的回族身份。例如，一个中年男子和笔者讲起他的父亲时，他既没有使用"父亲"，也没有使用"爸爸"，而使用的是"da"，因为"da"是云南许多地方的回族称呼父亲的专有名词。

峦村村民过去在介绍自己的族称时，称自己为帕西傣，但这往往被政府工作人员反驳，说要么就是回族，要么就是傣族，没有"回傣"这样的民族。于是，峦村人在办理身份证和某些需要填写族称的场合，就选择傣

---

[1] 中南民族大学民族学与社会学学院:《族群与族际交流》,北京:民族出版社,2003年3月,第91页。

第三章　对话的主体：在回傣之间的"帕西傣"

族或回族来填写。在调查期间，笔者曾看过一些村民的身份证，身份证上基本都写回族。

（2）称呼"帕西傣"

"作为全球化的一个结果，文化也正在迅速地消逝，基于多样性和差异性的多元文化主义似乎正受到全球趋同性的威胁。"[1]"现代化似乎已经导致了世界范围内的那些少数民族群体最为直接认同的文化特征的衰败"[2]。因此，在现代社会中，"族群差别被积极地鼓励"，人们"不仅被给予'拥有一种文化'的权力，而且在多数情况下无论是否愿意他们被迫积极地用一种族群标志装饰自己"[3]。

峦村和赛村的帕西傣因其特殊的文化形态受到来自社会各界的关注。笔者第一次到峦村的时候，无须多做解释，他们大多已经知道笔者的来意，笔者所住的人家跟村民介绍笔者的时候都说笔者是来搞"研究"的，一听说笔者是来搞研究的，就有许多人问笔者"是从台湾来的吗"，然后就会和笔者说起曾慧莲和冯瑜[4]来此调查的事情。还有一些人家曾经接待过一大批来自云南大学的学生，她们也会跟笔者谈起那些学生在她们家里居住期间双方结下的深厚友谊。在笔者第三次去峦村的时候，她们很自然地跟笔者提起"前一段时间，也有搞研究的人来过我们村，其中一些是外国人，他们还跟我们一起学傣语"。峦村人更不无自豪地说："别人都说我们是国宝，全国只有我们两个村的人是'回傣'。"峦村人对外来人士来他们村进

1　[英]C.W.沃特森：《多元文化主义》，叶兴艺译，长春：吉林人民出版社，2005年1月，第70页。

2　[英]C.W.沃特森：《多元文化主义》，叶兴艺译，长春：吉林人民出版社，2005年1月，第68页。

3　[挪]T.H.埃里克森：《族群性与民族主义：人类学透视》，王亚文译，兰州：敦煌文艺出版社，2002年12月，第151页。

4　曾慧莲和冯瑜曾经一起去峦村做过调查，调查之后，二人各自以峦村为基础完成了硕士学位论文，因为曾慧莲曾经资助峦村的一个小女孩上学，并且曾在硕士学位论文完成之后，再次到峦村看望峦村村民，村民对她印象深刻。

行调查研究已经习以为常，他们更觉得这是一种骄傲和自豪。峦村人因此发现了保持"帕西傣"的称号对他们的有利之处。

文化展示是宣扬自己文化的一个较好的途径。"文化展示与旅游业发展有着内在的联系：游客们想参观色彩斑斓的民族服装和丰富多彩的风俗习惯，地方的人们既想赚钱又想展示他们自己引以自豪的文化。因此，民族特色作为一项商品通过服饰、舞蹈、歌曲以及节日获得了新生命。"[1]峦村人曾经开办"回傣民俗村"来对外大张旗鼓地展示自己的文化，这种文化展示既是帕西傣的一种内在自我肯定，也是一种外在身份展示。

（3）模糊"帕西"，彰显"傣"的意义

当峦村村民与傣族交往时，他们强调他们的傣族特征或者说不刻意强调自己的回族身份。一些村民对笔者说："我们与傣族在一起的时候，也说自己是傣族。"

一个在县城工作的村民曾经谈起自己的表弟考中学时因为填为回族而没被录取（因勐海县民中及景洪州民中都没有回族食堂，故学校有可能不录取"回族"），所以一直以来她都把自己的族称填写为傣族。走上工作岗位后，她坚持把自己的族称填为"回傣"，填为"回傣"的结果就是她既能享受国家规定的回族应该享受的待遇，也能得到傣族应该享受的一些优待政策。

埃里克森说：人们由于现代化变得更加相似，但他们同时也变得更加不同，而族群性是这种不同的一个重要的表现。相似和不同、包含与排斥、同质和分裂间的自相矛盾是现代社会族群的一个基本过程。"帕西傣"这个族群名称，是回族与傣族文化融合、交流的反映；"回傣"则反映出帕西傣与汉族和内地回族等民族的交流与合作；从"回傣"到"回族"，从客观上反映了20世纪50年代的民族识别工作（在民族识别工作中，峦村

---

[1] ［美］斯蒂文·郝瑞：《田野中的族群关系与民族认同——中国西南彝族社区考察研究》，巴莫阿依、曲木铁西译，南宁：广西人民出版社，2000年8月，第278页。

第三章 对话的主体：在回傣之间的"帕西傣"

与赛村因与其他傣族的明显区别而识别为回族）；同时，也是在现代性背景中，民族认同感强化的表现。

埃里克森将族群性定义为"表示自我认为是或别人认为是存在文化差异的那些群体间相互关系的方面"[1]，他指出：族群都具有或多或少的独立性，但族群是与"接触和相互关系"联系在一起，是在与别的族群成员的接触中被感知的。帕西傣在历史发展过程中伴随着与傣族的密切交往和回族对其的"教导"关系。傣族随时与其比较，得出帕西傣与傣族不同的结论；而云南其他地方的回族也随时与他们进行比较，发现双方存在的差异，就通过各种方式力图让他们跟其他的回族一样。在与傣族日常生活的频繁接触和与回族逐渐增加的接触中，帕西傣倾向于与其他回族变得更相似的同时，更加注意起他们与傣族的差别。

斯蒂文·郝瑞认为中国的民族，是20世纪50年代民族识别时，把民间的族群聚拢而形成的群体。无论当时民族识别的依据如何，各民族都已成为民族与区域政策中的一个个真实的统一体，过去没有认同的民族，如今都已在某种程度上发展出了认同。因此，他断言：在任何社会制度下，族群性的真实本质是三类界定者与两类关系相混合的产物。族群的界定者包括族群成员自身、邻近族群成员和国家三类；他认为，在参与界定族群的三类团体中，国家掌握着民族识别及资源配置的最终决定权，因而拥有特权地位。同时，族群之间的关系也规定族群的性质，族群之间的关系可划分为族群内在结构方面的特征与族群之间外在关系上的相互交往。

帕西傣的自我认同受到了来自国家、民族学家、其他族群的影响：国家把他们界定为回族，帕西傣取得了作为回族应该享受的待遇；民族学家将帕西傣族群界定为回族。让帕西傣进一步明确了回族的身份。其他回族群体把帕西傣当作回族，并随时期望能够改正帕西傣不符合伊斯兰教教义

---

[1] ［挪］T.H.埃里克森：《族群性与民族主义：人类学透视》，王亚文译，兰州：敦煌文艺出版社，2002年12月，第4页。

教规的做法，使得帕西傣长久以来能够保持显著区别于南传佛教的伊斯兰教信仰，维系着自身的认同。

二、帕西傣的物质文化

（一）帕西傣的建筑

1. 民居

帕西傣的民居随着时代的发展、经济条件的改善，经历了竹木建筑、砖房、楼房等几个不同的发展阶段。在新旧民居中，帕西傣的民居都与傣族民居存在着相似而又不同之处：二者相似之处在于都经历了建筑用料的变化，帕西傣的房顶与傣族"人"字形的屋顶相似；不同之处在于傣族房屋底层不住人，因为在傣族的居住观中，认为住在底层是危险的，会得病遭灾。从自然条件来说，西双版纳地区潮湿、炎热、昆虫多，而傣族一般选择地势平坦靠近河流的地区建村筑寨，从防虫、防水、防潮的角度来看，干栏式建筑都有优势，也就形成了居住的定式。而帕西傣的民居底层住人。

第一代建筑：竹木及土坯建筑。傣族原来住的是干栏式建筑。建筑用料主要用竹子，茅草做屋顶。房屋的底层架空，第二层住人，第二层有开敞空间——晒台、半开敞空间——廊和室内空间三种不同用途的场所。室内分为两间，一间较大，用于日常活动，一间较小，用作卧室。[1] 起初，帕西傣的住屋也以木、竹、茅草作为主要的建筑材料，柱子用木料，屋顶用茅草覆盖，其余用竹子。傣族的民居一般是楼上住人，底层不住人，用于圈养牲畜、摆放粮食、堆放柴火等。而帕西傣的房屋底层住人，家畜圈养在房屋外的一侧。

---

[1] 施维琳：《西双版纳傣族新旧民居及其文化差异》，《华中建筑》1998年第4期。

第三章　对话的主体：在回傣之间的"帕西傣"

20世纪80年代，马维良在调查中观察到：帕西傣的房子是直接建筑在地面上的。因而房屋四周是土坯墙，房子内部分三间、五间不等，中间一间是中堂，用于接待客人和家庭议事。中堂墙上有的人家挂有阿位伯文古兰经艺术字。室内陈设简单，仅有桌子和竹木小凳子，有的也摆设收音机、收录机或电视机。有的人家中屋有火塘，既可生火取暖，又可做厨房。堂屋左右分隔成小间，用作家庭成员的卧室。[1]

第二代建筑：砖房、砖楼。20世纪80年代以来，土瓦砖房成了傣族的主要建筑形式。除了建筑用料改变外，式样还基本保持原来的干栏式。原来的木柱改为用砖砌，仍然是四面无遮挡，下层养家畜。峦村这一时期的房屋也改为以砖房为主，但有两种形态：一种是两层楼的瓦房，另一种是一层的瓦房，两层的同样是建筑在地面上，不同于傣族的"干栏式"，但屋顶仍然保留了傣族"人"字形的屋顶，二楼留出一块晒台，用来晒粮食。一层楼的砖房也是建筑在地面，但房顶的式样则是简单的"坡形"。

第三代建筑：楼房。20世纪90年代以来，富裕起来的傣族建盖了新式的小洋楼，一般是两层的平房，干栏式建筑的痕迹已逐渐消失，只有部分人家还在房顶上加盖了原来"人"字形的屋顶。随着峦村经济的发展，部分村民也盖起了两层楼的小洋楼。新式楼房的外墙贴以白色或粉色的瓷砖，庭院一侧有伙房、厨房、卫生间，在角落里专门辟出一块地方关牛或鸡，庭院中种有果树或四季盛开的叶子花。屋内以瓷砖铺地，家具、电器一应俱全。房屋结构多为一楼有一间客厅和两个卧室；二楼也有一个中堂和几间卧室。峦村新式楼房的居住格局是：一楼住老人和孩子，中年夫妇住二楼。屋内有木制沙发、茶几、电视柜、彩电、饮水机、冰箱等。客厅一侧贴上大幅的风景画或伊斯兰历与农历对照的日历画，也有的悬挂经字画。许多人家还在门上贴有清真言，即"万物非主，唯有真主"。峦村的新一代建筑都建

---

[1] 参见马维良、李佳：《西双版纳傣族自治州"帕西傣"调查》，载云南省编辑组编《云南回族社会历史调查（三）》，昆明：云南人民出版社，1986年12月，第57页。

盖了卫生间。在建盖卫生间时，要遵循蹲位不能朝向清真寺方向的规定。

峦村与其他傣族村寨不同之处还在于：傣族村寨皆建有寨门，而峦村没有寨门，但是村民认为村口的金桥就充当了他们村寨的寨门。

2. 清真寺

清真寺是一个回族社区的"灵魂"。原来，峦村清真寺的外观和傣族的缅寺很接近，后来受到外来阿訇的反对。峦村于1994年建盖成了规模较大、使用时间较长的清真寺。当时的清真寺是阿拉伯风格与汉族建筑风格相结合的特征，与回族地区传统的清真寺风格相似。整个清真寺的颜色以白色为主，屋顶为豆沙色的琉璃瓦。清真寺主体建筑是两层楼，一楼为教室，二楼为礼拜大殿。整座房屋墙体为白色，门和窗户都用瓷砖镶贴为穹形，正门的穹形顶上写着"峦村清真寺"几个大字，穹形用黄色的瓷砖镶贴而成，在窗与窗之间都写有大大的经文，与大殿相连的是约有五层楼高的叫拜楼，高高耸立的叫拜楼楼顶是阿拉伯式的穹顶。清真寺大殿内陈设简单，铺有地毯供人们礼拜之用，大殿正中凸出一个部分，中间用绿色瓷砖镶贴出一圈拱形门的样子，在门中间挂有一把黑底镶有金色经文和花边的扇子作为装饰。院内种有果木和花草。

2016年，峦村拆除了使用了20多年的清真寺，建造新的清真寺。2018年3月，清真寺建设完成。峦村举行了清真寺落成典礼。新的清真寺参考了傣式建筑的风格：一楼悬空，二楼为礼拜大殿，房顶类似傣族缅寺风格，两侧有高耸的叫拜楼。整个建筑色彩明快简洁，屋顶为金黄色，墙体为白色。

3. 金桥

建筑不仅是满足人类各种需要的物质载体，更是一个国家或民族文化、宗教、心理、审美、经济、政治等方面的综合反映，各民族受自然环境及文化传统的影响，形成了各自不同的建筑风格。通过研究各民族的建筑，从某种程度上就能分析该民族的文化和精神。峦村于2003年建造的连接

第三章　对话的主体：在回傣之间的"帕西傣"

老昆洛公路及村寨的金桥是"帕西"与"傣"完美结合的象征。

金桥桥头和桥尾分别用八根方形的柱子，隔成三道"门"的样子，中间的"大门"供人通行，两侧的"小门"处建有石凳供路人休息。桥的一侧靠近公路一边建造为类似傣族缅寺的造型，柱子上方的顶上用三个上细下粗的塔形作为装饰，和许多傣族村寨的寨门相似。傣族的寨门或缅寺都喜欢使用陶制的瓦饰，房屋正中的塔形称为"帕萨"，是天庭的象征，孔雀等装饰物称为"贺"，意思是"地之顶，天之界"。金桥靠近村子的一边是飞檐翘脚的传统建筑风格，以豆沙色为主色调。桥顶上各有两只美丽的绿孔雀图案。作为一种特殊的视觉符号系统，"建筑现象可能是最能直接表达文化的本质而又没有欺骗性的符号表达方式"[1]。而桥作为建筑中的一种，其实用价值是连接此岸与彼岸，便利人们生活和出行的设施。"在桥的这种实际功用的基础上，形成了桥的基本的象征意义：它是两个不同世界及其象征或意义间的媒介、通路和中转之所。"[2]

金桥由勐海县交通局设计，桥的形状是村民的意见，他们认为这样方能体现峦村"回爹傣妈"的历史。

（二）帕西傣的服饰

1. 日常生活中的服饰

帕西傣的服饰与傣族基本一致：过去，男子穿无领或对襟小袖短衫，下穿深色长裤，用白绸、红绸或白蓝布包头。男子一般喜欢文身、包金牙。现在，峦村男子的服装与傣族一样，早已与汉族的无异，中老年男子多穿衬衫、夹克、西裤，青年男子多穿牛仔、T恤，青年人已少有文身和包金牙者。男子到清真寺礼拜和在宗教节日时戴上礼拜帽。妇女仍以穿傣族服

---

[1] 苟志效、陈创生：《从符号的观点看——一种关于社会文化现象的符号学阐释》，广州：广东人民出版社，2003年8月，第76页。
[2] 苟志效、陈创生：《从符号的观点看——一种关于社会文化现象的符号学阐释》，广州：广东人民出版社，2003年8月，第183页。

装为主，但又呈现出多样化的形态：老年妇女上身多穿对襟或斜襟衣，下着长筒裙，服装颜色以蓝黑为主，若天气冷时，则在身上加一件开衫毛衣，用白毛巾包裹头部，耳朵上有大大的耳洞，能戴进约5毫米的金属体；中青年妇女也以穿傣装为主，上身多为斜襟、对襟衣，天冷的时候外穿一件开衫或圆领毛衣，下身为筒裙，一般是颜色稍深但有花纹的布料做成，用方巾包头，在节日的时候则穿上色彩鲜艳的盛装；年轻女孩子尤其是读过书的，则通常穿牛仔裤、T恤等现代服装，只在过节或喜庆的日子，如傣历新年，她们才穿上漂亮的傣装去赶摆。

2. 节日中的服饰

在节日和喜庆的日子，妇女们通常穿上盛装。盛装通常是颜色鲜艳、上下装用同样布料做成的傣装。帕西傣与傣族一样，把年龄相同或相近者称为"老庚"。傣族妇女在节日等重大场合时，以老庚集体穿着一模一样的服装为美。帕西傣的中青年妇女，也按照年龄相近的划分为一组组，即傣族所谓的"老庚"。老庚们在节日、仪式时通常一起行动，这些一起行动的人经常相约一起缝制一模一样的傣装，在节日的时候一起穿着。每逢婚娶、节日时，一组组八九个衣着相同、年龄相仿的女性，就成为节日中一道道亮丽的风景线。在出席重要场合如迎亲等时，帕西傣妇女还在腰间系上宽宽的银腰带，戴上金项链和金耳环。平时，村中少有女性戴盖头，但在主麻日，去清真寺参加集体礼拜的老年人，女性都戴上盖头，男性都戴上白色礼拜帽。妇女们在过伊斯兰教的节日或到清真寺礼拜时，戴上回族的盖头以示庄重。盖头的颜色选择也跟年龄相对应，年长者戴白色或黑色的盖头，中青年则通常选择装饰有花纹、亮片等色彩艳丽的盖头。春节、圣纪节、傣历新年是峦村最重要的三个节日，村民根据节日的不同选择合适的衣着。在圣纪节，妇女们穿上漂亮的傣装，戴上漂亮的盖头。和她们喜欢色彩鲜艳的傣装一样，她们也倾向于购买装饰有亮片的和质地发光的盖头。年轻女子在圣纪节还是穿她们平时常穿的汉装，但她们也相约自己的老庚，戴上同样颜色和款式的盖头。傣历年的时候，老庚们相约一起购买相同的布料，裁剪成漂亮的傣装，一起穿着去"赶摆"，这个时候就连平时喜欢穿汉装的年轻女孩，也相约一起穿上傣装。春节的时候，她们按自己平时喜好来着装，或者是傣装，或者是汉装。男子们除了在圣纪节、礼拜时戴上象征穆斯林身份的小白帽，其他时候都以T恤、衬衫等为主。

"节日的新衣"

全世界的女性都是爱美的。帕西傣也不例外，圣纪节、傣历年、春节等重要时节，女性都要缝制新衣，以示隆重。2007年2月10日，岩应旺的母亲带笔者去景洪过圣纪节。去的前几天，她就将布料拿到村中会缝制傣装的妇女处。节日这天，她穿上新衣服、打扮一番后，才出门。若峦村过圣纪节，缝制漂亮的新傣装更是女性村民的大事。年轻的女性觉得村里的缝纫店不能缝制新式的傣装，通常选择到县城缝制。

春节即将到来，年轻女子们计划缝制新的傣装。因"老庚"们喜欢穿同一款式的傣装，故需要一起到县城选购布料，并挑选款式。笔者随她们一起前往，在眼花缭乱的布料市场经过一番精挑细选，她们选中了大家都喜欢的布料，拿到裁缝店缝制傣装。据说，该傣装店在傣历年时，一天要做上千套傣装才能满足市场需求。制作一套傣装，只需要三四十分钟，量过尺寸后，村民们就在周边农贸市场购物，直到傣装制作完工。

（三）帕西傣的饮食

1. 日常饮食

峦村帕西傣日常饮食严格遵循回族的饮食习惯，即禁食猪肉、自死物、血液和有犬齿且猎食其他动物的、不反刍的猛兽，同时也禁食自死的及诵

文化的"对话":帕西傣的交往、交流、交融研究

非真主之名而宰的一切动物。[1] 肉类以牛肉、鸡肉、鱼肉为主,宰牛、鸡等时,严格按照回族的习惯宰,请阿訇或会念经的老人念过"台思米"(即经文"以普慈特慈的真主的名义")后宰。由于勐海县城居住有大量的回族,并经营着各种各样的饮食业,村民在日常生活中都可以随时购买到"清真"的牛肉和鸡肉。如遇到圣纪节等肉类需求量较大的节日时,就自己宰。峦村村民的日常饮食习俗多受傣族影响,平时以大米为主食,中老年人喜食糯米。在节日或遇有婚丧嫁娶之时,以糯米团作为主食招待客人。

过去,帕西傣是一日两餐,在家用碗筷,赶集、打柴、下山,便把煮好的饭用一个竹盒装着,另一个竹盒盛菜,食用时席地而坐,将饭捏成团,两指挟菜而食。主食为糙米饭,副食有豆类及蔬菜,有的人还吃鳝鱼、螺、蚌、螃蟹、青苔等。[2] 近年来,为了适应跑运输和到茶厂上班的作息时间,峦村改为一日三餐。大部分村民是在村口由本村的一位妇女经营的米干店吃米线或米干(一种用米制作的像面条一样薄、细的食品,其他地方也称"卷粉")作为早餐,吃完早餐后,大家就开始自己的工作。农忙季节或外出在茶叶厂上班的妇女,通常从家里带上米饭和腌菜作为午餐。辛苦一天后,妇女们会为家人准备丰盛的晚餐。

帕西傣抽烟、喝酒的禁忌观念不强。过去在生活中嗜好喝酒,有的人每餐饭都要喝几口,遇到节日时更要痛饮。后来,随着阿訇的强烈制止,帕西傣喝酒有了节制,日常生活中已经较少喝酒。尤其是村中陆续从外念经归来的年轻人,都能遵守不抽烟、不喝酒的禁忌。一名嫁入峦村的傣族女子,说到她选择嫁给一个帕西傣的重要原因:傣族爱喝酒,有的喝酒以后会有一些不良行为。而回族喝得较少,尤其是她丈夫从不喝酒。回族到清真寺不喝酒、不抽烟,而傣族到缅寺照样抽烟、喝酒。与傣族在日常生活中嗜酒相比,帕西傣主要是在喜庆场合,如婚礼、上新房时喝酒,但

---

[1] 《古兰经》中规定:禁戒吃自死物、血液、猪肉、以及诵非真主之名而宰的动物。
[2] 马维良:《云南回族历史与文化研究》,昆明:云南大学出版社,1999年5月,第124页。

第三章 对话的主体：在回傣之间的"帕西傣"

他们严格遵守进入清真寺不得抽烟、喝酒的规定。

帕西傣的饮食风格既有回族特色，又带有浓厚的傣族风味。日常生活中他们最爱吃的就是腌菜。大多数人家都开辟有少量的菜地，白菜最大的用途就是洗净、晒干后，加入各种调味料揉匀后制作腌菜。每户人家的院子里都放着几个大坛子装腌菜。帕西傣也爱制作牛干巴来日常食用，因为天气较为炎热，牛干巴的制作方式与云南内地回族在腊月里将牛肉腌制15天以上不同，通常他们是把牛肉切成细长的小块，将盐等调味料在牛肉上涂抹揉匀，腌制几天后取出晒干，即可储存较长时间。食用前，将牛干巴切成片，用油煎炸食用。许多人家都会在村前的流沙河中放一个篓子打捞鱼虾，打捞上来的鱼虾就成为村民家中的一道美味。老年人常采用傣族的蒸、舂、烘、烤等烹调方式，并常做一些烤鱼、剁生、鱼酱等傣族风味食物。而年轻人更倾向于用炒、煮的方式制作菜肴。日常生活中，帕西傣喜欢饮茶。每天早上，妇女们把茶叶枝在火上烘烤一下，放入茶壶中加满水煮，茶水煮开后就成为供一家人一天饮用的饮料。这种茶水因为枝叶用火烤过，有一股淡淡的焦香味。

峦村的清真"回傣烧烤"已经小有名气。峦村曾经全村人集资在村旁公路边开办了一个"回傣民俗村"，傣味烧烤是其中的一个经营项目。后来，回傣民俗村停开了，但村民发现经营清真烧烤是一个赚钱的好路子，于是陆续有村民在公路边经营烧烤，品种有烤鸡、烤鱼、烤牛干巴等烧烤类菜品，也有酸笋煮鱼等傣家名菜。烧烤的制作方法与傣族一致：用香茅草将鸡、鱼等捆住，用竹片夹紧，放到火上不停翻转烘烤，待香味溢出时，就可以食用了。在老昆洛公路、新昆洛公路、曼尾缅寺旁都可以见到写有清真"回傣烧烤"的摊点，由于味道好，甚至吸引了景洪等地的食客专程前来品尝。2008年，峦村村民开有9家烧烤店。随着勐海工业园区在峦村旁的兴建，村民又陆续在村子里和村子周围经营多家傣味烧烤，清真"傣味烧烤"不但成为认识峦村的一张"名片"，更成为帕西傣日常生活中的一种饮食方式：家中有客人来，可以去购买烧烤招待客人；到傣族朋友家里玩耍，傣族也可以用清真"回傣烧烤"招待帕西傣朋友。

2. 岁时节令饮食

帕西傣的节日饮食与日常饮食相比，更加丰富多彩。

（1）春节特色饮食

每年春节，家家户户必备的食物包括冬瓜糖、米花糖、糯米粑粑；拜年时招待客人食用汤圆。

冬瓜糖：将冬瓜去皮去籽后切成薄片放入大盆中，用石灰水浸泡一天。当冬瓜片变硬后，把用石灰水浸泡的冬瓜冲洗干净，晾晒片刻后，放到一口大锅里煮，煮得差不多时，放入半块砖一样大的红糖，和冬瓜片一起煮。当冬瓜的颜色慢慢变得和木瓜一样时，再往锅里放入白糖，直到冬瓜片里的水煮干为止，冬瓜糖就做好了。

米花糖：先制作爆米花。将铁锅烧热，放入糯米的谷子，翻炒片刻，用盖子盖上，不一会儿，谷子噼里啪啦地在锅里爆开了，揭开盖子，爆糯米花做好了。之后，在柴火上放上一口小锅，放入半块红糖，待红糖在高温下融化成足够黏稠的液体时，用筷子蘸一滴，滴在冷水里，如果滴入水中呈晶体状时，就可以了。将事先爆好的米花放在簸箕里，将红糖汁浇在米花上，用筷子搅动，待糖与米花粘在一起时，用手将米花捏成圆球状，米花糖就做好了。

糯米苏麻粑粑：傣族称为"毫吉阿"。制作方法是把蒸熟的糯米饭趁热舀到舂里和黑色的苏麻一起舂，直到把米舂碎成黏的米团，将舂碎的米团分成小块，做成一个一个粑粑。用剩下的面做两个最大的粑粑，叫作月亮粑粑，是给初一早上最早来敲门的小孩。糯米苏麻粑粑可以趁热食用，也可以冷却后在火上烤热或切成薄片用油炸吃。

初一的时候，村民要吃凉鸡和牛舌，这种饮食口味和内地回族较相似。

第三章　对话的主体：在回傣之间的"帕西傣"

（2）傣历新年的特色饮食

傣历新年时，他们也要做傣族的"粑粑"（毫诺索）应应景。做法是用糯米面加上黑芝麻、白糖、红糖、花生加水拌匀，用芭蕉叶包成长方形，放到蒸锅里蒸熟即可食用。过去，这是傣族在傣历新年吃的食物，故又称泼水粑粑。傣族认为"吃了毫诺索，人就长一岁了。"[1] 现在，毫诺索是傣族日常生活中较普遍的一种食物，并专门有人做好以后出售。帕西傣只在傣历新年时吃毫诺索。

过去，帕西傣也过端午节，端午节时也要做汉族爱吃的粽子。

3. 宗教庆典中的饮食

峦村每周五的主麻聚礼结束时，去参加聚礼的人轮流由一人"传"（"传"的意思就是依次分发）油香、糕点和水果。油香是回族传统的食品，制作方法是用温红糖水和面粉，揉匀、擀成圆形后，放入油锅里炸至外表焦黄。炸油香非常讲究，一般由年长、有经验的人来掌锅，并且要洗大小净，下锅时要念"太思米"，并在油锅旁放一碗冷水，以防没洗大净的人进入，吃时要用手撕着吃。一般在节日、丧葬、追悼死者时都要炸油香，炸好的油香要送清真寺请阿訇和前来礼拜的人品尝，其余馈赠亲友、邻居和自己食用。峦村在主麻日结束礼拜时，大家站在清真寺的庭院里排成一列，当日做了油香的人依次分发，其余人双手接过。"主麻油香"是出散"乜贴"的方式之一。"乜贴"即"举意"。至此，主麻聚礼结束。

峦村在不同的节庆仪式中，招待客人的饮食也略有不同。在人生礼仪、上新房等仪式中，饮食较为简单，一般是两碗炒末肉（切碎的牛肉）、煮牛排骨、凉拌粉丝、剁生（具有傣族风味的食品，用生牛肉加姜、蒜、辣椒、花椒、芫荽等剁成肉酱，用生卷心菜包裹生食。年青一代并不是很喜欢吃剁生，所以在仪式中，通常用"改良过"的剁生：即把剁生煮熟后招待客

---

[1] 云南省民族事务委员会：《傣族文化大观》，昆明：云南民族出版社，1999年9月，第109页。

人）、炸虾片等；而在圣纪节等宗教节日时，则保留了云南内地回族招待客人的主要菜式：凉鸡、凉片、红烧牛肉等，菜肴也比平时更加丰富。据勐海县城回族介绍：以前帕西傣村寨过圣纪节，他们都要来教帕西傣做菜，因为他们担心帕西傣做出的饭菜口味，客人们不喜欢吃。现在峦村在圣纪节的时候招待客人的菜肴与云南内地回族菜肴大体相同，但也保留了具有傣族风味的番茄喃咪等傣味菜肴（番茄喃咪是将番茄洗净以后，放入锅里煮熟，待番茄稍微冷却，放入芫荽、蒜苗叶子，再将干辣椒在柴火上烤熟，用手揉碎后放入番茄中，不停地搅拌，直到番茄搅拌成汁）。

（四）帕西傣的经济

峦村人均土地拥有数不到 1 亩。由于土地稀少，峦村在一百多年的历史中，经历了做牛皮鞋生意、茶叶生意、跑运输、打砖几个阶段。现在，村里的经济收入以跑运输（客运和货运）、做茶叶生意、经营饮食业（回傣烧烤、回傣餐厅、米干店）为主，中青年妇女大多数到茶厂上班。

1. 定居初期的经济生活

峦村祖先初到勐海时，没有土地，只能靠制鞋手艺维持生计。马维良教授提道：当时，傣族农村还是以物换物，他们只好以鞋换傣族的粮食为生，或以鞋换傣族织的布，再做布鞋出售。同时也以鞋作为贡品献给勐海"召勐"，召勐也就免了他们各种负担。另外，还做些小生意，来往于勐海城和附近寨子之间，以维持生活。随着人口的增长，他们还租附近傣勐寨的田种，由于租重，收 10 箩要交 4.5 箩，吃不饱，只好到附近寨子帮工，给人家栽秋、收割，换取一部分谷子生活。另外，发挥回族擅长养牛马的特长，利用寨后的檬蒙山养牛养马。除自己家吃外，还以壮牛与傣族交换小牛、老牛来饲养。老人们说，"解放"（指解放军）来以前，我们老实穷了，租田种，有的年份天旱虫灾，收成不好，交了租，吃不饱，只好去景洪讨饭。傣家人摆了菜饭叫"老咪淘"（老大妈）进来吃，因隔口，怕傣族菜饭沾

第三章　对话的主体：在回傣之间的"帕西傣"

了猪油不敢吃，只要有茶水下糯米饭就高兴了。是"解放"来了，政府救济，帮助我们发展生产，生活才逐渐好起来。[1]

2．交通运输业

20世纪90年代初，为了增加收入，部分村民想通过跑运输挣钱，却没有足够的购车款。村民岩某回忆：当年，他们到通海等地，一家一户去问，有没有要出售的旧车。后来终于用自己可接受的价格，买到了旧的货车，开始跑起了运输。他们开着旧货车，跑遍了全省各地。拉货到昭通等地时，没有带御寒的衣服，被冻得浑身哆嗦。50多岁的村民回忆起当初跑运输的艰辛，仍然记忆犹新。之后，慢慢地挣到钱后，才将旧车换成了新车。

随着村民与外界的交流增加，交通不便也带来了许多问题。于是有村民购置了面包车，跑起了勐海县城到八公里的专线客运。客运车辆的开通，方便了县城到八公里沿线村民的出行。于是，越来越多的村民加入客运的行列中来。车辆原停放在县城百货商场旁，后改为停放在农贸市场外。车辆按照先后顺序停放，无固定发车时间，客满就走，根据客人乘坐距离的远近，收取2—5元不等的费用。后来，还陆续开通了勐海到南糯山及勐海到勐岗等地的客运线路。随着车辆数量增加，客运竞争也加剧了。同时，一些村民购买安全性能低的二手车或因无证驾驶、超速超载、乱停乱放被罚款、查扣车辆等情况时有出现。为了规范车辆管理，发展壮大集体经济，增加村民收入，峦村于2006年成立了车队，发展客运经济，取得了很大效益。目前，车队共有司机44人，车辆44辆，下设队长一名，副队长一名，会计一名，安全管理员一名，固定资产达200多万元。[2] 车队对车辆和司机的管理主要体现在：负责申请开通线路，制定车辆的安全管理制度，对车辆和司机进行安全监督。同时，也收取管理费用：每条线路1万元，每年

---

[1] 参见马维良、李佳：《西双版纳傣族自治州"帕西傣"调查》，载云南省编辑组编《云南回族社会历史调查（三）》，昆明：云南人民出版社，1986年12月，第53页。
[2] 2011年1月数据。

管理费用1000元。因为沿线村民交通出行需求的增加（随着经济和茶叶贸易的不断发展，有部分村民需搭乘车辆到茶厂上班；村里的小孩也有许多在县城的幼儿园或小学就读，都需要乘坐客运车辆），车队的车辆和线路越来越多，其他村的村民也有加入客运运输中来的。

峦村车队平时严格按照国务院、公安部、交通部及政府行管部门的各项政策、法规、规定和"预防为主，综合治理"的方针，加强车队及机动车驾驶员的管理。截至目前，峦村车队已连续五年实现了"零事故、零投诉、零纠纷"，被州县运政部门评为"3A"车队。

峦村车队每年客货运经济收入近44万元，除去车队日常管理、保养、维护、检修外，其他收入全部纳入村集体账户，用于该村的村寨建设。比如，峦村车队每年都根据村里实际情况拿出一定比例的资金改善道路、环境及老弱病残的生活。在圣纪节及民族节日期间，峦村车队还主动免费承担起接送任务，为村内外广大群众提供了方便。

3. 旅游业：特色旅游度假村

随着大众旅游时代的到来，游客数量也呈上升趋势。西双版纳作为老牌的旅游景区，以其热带雨林景观、傣家风情吸引着众多的游客。"中缅边境一日游"是众多到西双版纳旅游的游客不会错过的游览线路。峦村村外的昆洛公路是通往缅甸边境小勐拉的必经之路，因此峦村在景洪到打洛旅游线路上的特殊便利位置日显突出。20世纪90年代末期，为了增加村民收入，带领峦村全体村民快速致富，峦村在深度挖掘并考证自身特色后，积极向勐海县旅游局申报旅游景点项目，准备建设"回傣"特色旅游度假村。

经过州县旅游局的审批，峦村小组拿到了红头文件，分别是"西旅字（1998）101号和海旅发（1999）第4号、海旅发（1999）第21号"，并向勐海县中国工商银行贷款125万元投资兴建特色旅游度假村，经过一年多的奋斗，总耗资300多万元（其中村民集资约15万元），占地约120亩的"回傣民俗村"旅游景点终于建成。景点位于昆洛公路旁，金桥入口处，彼时，

第三章 对话的主体：在回傣之间的"帕西傣"

该景点的旅游定点餐厅也是勐海县境内唯一获得旅游定点（A）资格的餐厅。该餐厅集休闲、购物、就餐为一体，具备回傣民情和回傣饮食两大特色。为了打造"回傣"旅游度假村的特色和高质量的服务，该旅游定点餐厅的管理人员和服务人员得到了正规的强化培训，该旅游定点餐厅经勐海县旅游局报西双版纳州旅游局同意后，于1999年3月5日正式启用。勐海县旅游局也严格按照《西双版纳州旅游定点管理暂行办法》加强该定点餐厅的监督和管理。

为了扩大"回傣民俗村"的影响力，峦村修建了横跨流沙河的进村大桥——"金桥"，并在大桥的两头分别修建了不同风格的标志性建筑大门，靠近公路一侧是傣式建筑风格，靠近村子一侧是内地传统古建筑风格，象征"回爹傣妈"。穿过桥就可以进入村子。

"回傣民俗村"主要经营傣味的清真饮食，如菠萝饭、粽子、烧烤等，并请附近村寨的傣族来进行歌舞表演，同时出售民族工艺品。当时，峦村的许多小姑娘都到餐厅做服务员，甚至一些老年人也到餐厅制作具有傣家风味的饮食。"回傣民俗村"曾作为旅游局指定的旅游团必到点，当时生意兴隆，每天来往的客人堪称人山人海。并且由于地处县城八公里处，交通方便，地理位置优越，刚开始营业的时候尤其是前几个月，"回傣"特色旅游定点餐厅的生意非常火爆，特色的回傣烧烤，特色的清真食品，令广大游客大饱口福，回味无穷。每天的游客及来就餐的客人络绎不绝，客人得提前去订餐，要不然连就餐的机会都没有。

然而，好景不长，"回傣民俗村"很快就倒闭了，倒闭的原因主要是：

第一，西双版纳州旅游定点线路的变更，尤其是西线线路的改变是导致"回傣民俗村"无法经营下去的主要原因。因为原来从景洪经勐海到打洛的旅游定点线上，是直接经过"回傣民俗村"的。但后来随着景洪到勐海的高速公路建成（即现在的214国道），抛开了"回傣民俗村"这个必到点，直接绕过靠近峦村原来的公路，把它远远地甩在了一边，使它成为一个交通线上的死角。这使得经过该村的车流量和客流量迅速减少；再加上高速公路的通车，让景洪经勐海再到打洛旅游景点的时间缩短，"回傣民俗村"这个必到点已失去了现实意义和优势，因为随着旅行团的游客往返时间缩短，也就没有必要在这个旅游定点餐厅来用餐。由于旅行社带团游客量的迅速减少，使得"回傣民俗村"一下子失去了所有的游客量，加上没有散客来光顾餐厅，生意惨淡，加上还欠银行100多万的贷款，入不敷出，又缺乏周转资金，也就无法再经营下去了。

第二，景洪到打洛的旅游景点终点站打洛口岸被国家封关，导致从景洪到打洛的旅游西线线路中断，这是导致"回傣民俗村"及旅游定点餐厅迅速破产的客观原因。因为新建的景洪到勐海的高速公路建成通车，车流量和客流量急剧下降，再加上打洛口岸的封关，旅游景点西线线路的中断，再也没有随团来旅游的游客，这就无异于雪上加霜，使得本来就无法经营下去的"回傣民俗村"一下子就陷入了绝境。

第三，峦村为了打造"回傣民俗村"，村民小组集体向勐海县中国工商银行贷款125万元，并把所有资金都投在了度假村的建设上，当面临经营困难时，又缺乏周转资金，且没有更好的扭转被动局面的弥补措施，银行贷款还要按期限偿还，而此时峦村小组已经没有了实际经济偿还能力，也就不能按照贷款合同约定按时向勐海县中国工商银行还贷款，被勐海县中国工商银行告上法庭。法院做出判决，把"回傣民俗村"旅游定点餐厅查封了。由于失去了唯一可以获取收入来源的旅游定点餐厅，峦村小组也就再也没有任何能力来经营该度假村了，这是导致"回傣民俗村"迅速破产的直接原因。[1]

村民的钱白白投进去，不但没有收回，还因峦村无力偿还银行的巨额

---

[1] 关于峦村回傣民俗村失败原因的分析，主要是来源于曼短村委会新农村指导员。2011年村委会在相关报告中称由于欠款一直未偿还，曼短村委会希望国家在划拨清偿农村集体债务方面的资金时能够给予峦村最大优惠和支持。

第三章 对话的主体：在回傣之间的"帕西傣"

贷款，原来民俗村所在地被银行租给别人开茶厂，银行每年收取20万元的租金。因为上次投资的失败，村里的人现在对集体搞投资，仍然心有余悸。

4. 餐饮业

虽然民俗村没有成功经营下来，但它却成为峦村经济发展中的一件大事。受旅游点经营的启发，峦村人开始经营清真的傣味烧烤，写有"回傣烧烤"牌子的烧烤摊在公路上成为帕西傣的一个新标识。前来品尝回傣烧烤的客人络绎不绝，甚至有景洪的顾客专门驱车前来，回傣烧烤也成为峦村一个新的收入来源。烧烤店主要是由妇女来经营的，多为母女、姐妹等。最开始经营傣味烧烤的村民主要集中在老昆洛公路和新昆洛公路旁、八公里处及曼短佛寺等地，也会在傣历新年时去"赶摆"场上摆摊经营烧烤。后来在勐海县城甚至景洪告庄西双景等地都开起了回傣烧烤店。

由于村子周边茶厂增加以及勐海工业园区建成并投入运营，经营清真傣味食馆的村民更多了，村子里以及工业园区周围都陆续开起了多家回傣烧烤店。客人来自本村村民（村民有亲朋来时，也会购买傣味烧烤回家给客人吃）、经过的路人以及附近茶叶厂上班的员工，也不乏远方的客人专为美味而来。经营回傣烧烤的村民每天早上6点多就去县城购买鸡、牛肉（县城有专营清真牛肉和鸡肉的铺面）、蔬菜等回来清洗，10点多开始营业。村民回傣烧烤店的主要菜式有火烧大锤手撕干巴（选用上好黄牛肉腌制后，晒干，用柴火烤熟后，用锤锤成丝状），以及香茅草烤鱼、烤鸡、酸笋煮鱼、油炸牛皮、柠檬牛肚等，主食为蒸糯米饭、菠萝饭、手抓饭等。

由于峦村村民以运输、茶叶厂上班为主，村民的饮食方式也是一日三餐的形式：早餐有的在家自己煮食糯米饭，但更多的选择出外就餐。因此，峦村也就出现了专营米干的米干店，原来只有一家，在清真寺旁边，几乎所有不在家吃早餐的村民都是在此吃米干。由于工业园区的建立，吃早点的客人增加，峦村的早点店也随之增加，并且为了满足来自天南地北的客人的口味，早点店除了传统的米线、米干外，也开始卖糯米饭、馒头、包子等。

5. 茶叶生意

西双版纳由于得天独厚的自然条件成为普洱茶的重要产地。勐海是国际公认的世界茶树原产地之一和普洱茶发详地之一，也是滇藏茶马古道的源头，有"普洱茶第一县"的美誉。随着普洱茶在世界范围内知名度的扩大，勐海地区陆续建立了许多茶厂。从勐海县城出发至峦村的公路两侧，茶厂林立。峦村读了初中没有继续求学的女孩、中青年妇女多在附近茶厂上班。工作性质较为简单，主要是拣茶叶（把从外收购来的茶叶拣出草梗等杂物或者把茶叶按等级、品种进行分类）、包茶叶等，工资按件计算，即以所拣茶叶或所包装的茶叶数量来计算，每月算下来，有2000-3000元的收入。每年春节的时候，茶厂老板还给长期在茶厂上班的村民几百元到几千元不等的红包。

勐海作为著名的普洱茶产区，在邻近的思茅将市名改为"普洱"后，西双版纳勐海县也意识到了打响普洱茶知名度的重要性。勐海开始以"中国普洱茶第一县""中国普洱茶知名品牌示范区"作为自己的定位。并提出了建设勐海工业园区的思路。勐海工业园区于2004年底开始规划建设，是云南省8个省级特色产业园区之一。

2007年，政府开始实施工业园区的建设计划，准备将勐海所有茶厂迁到此地。工业园区位于勐海县城8千米处，国道214线旁，流沙河北岸，规划面积7平方千米，位于勐海镇曼尾、曼短村委会辖区内。从其实际地理位置看，紧邻峦村坟山旁。由于建盖工业园区，峦村大量土地被政府征用，政府征地补偿村民的费用为：茶叶地、甘蔗地7000元一亩，田地17000元一亩，征地范围为曼见、曼短、曼赛龙、峦村四个村子，其中曼见、曼短、峦村三个村的土地几乎全部被征用。对于是否要卖地，峦村召开了多次大大小小的会议，有的人主张卖，而有的人不主张卖。主张卖的人认为：峦村目前的经济形式多样，经商、跑运输的收入大大高过从事农业。通过卖地，一次性得到很多的征地补偿，可以用于建盖房屋或用来做

第三章　对话的主体：在回傣之间的"帕西傣"

生意，这样的话，卖地是件好事；但也有的人认为：农民以土地为本，没有土地，以后的生存如何保障？马玉琼女士对峦村的历史较为了解，她认为峦村的土地是当年祖先们通过几代人的努力才获得的，轻易就把土地卖了，非常让人痛心。尽管各方意见不一，但是由于大多数人同意卖地，峦村最终同意政府的征地计划。在这一次征地中，最多的人家有70亩茶地、2亩田地被征用，获得了50多万的补偿。茶叶地被征用，峦村人只留有了少量的田地，他们将变成没有土地的农民。但政府在征地时，签订了协议：以后工业园区建盖好后，将优先招聘被征地的农民进工厂上班。

工业园区的建盖，是峦村发展史上的一件重大事情：由于征地获得了较高的土地补贴，峦村人大量建盖了新房，直接导致了峦村老式砖瓦房的消失，在2008年到2010年的时间里，全村陆续把原来的房子拆除，重新建盖了新房。

2010年底，工业园区部分开发建设完工，部分企业开始入驻，主要以云麻产品，茶叶加工和其他农村产品加工为主。勐海工业园2017年有58户企业入园，其中有42户为茶企，如云南中吉号茶业有限公司、勐海县方圆茶业有限公司、勐海中瑞茶厂、勐海县国皓茶业有限公司、勐海国际两制茶都旅游开发有限公司、云南勐海牧工商茶叶进出口有限公司、勐海金达摩茶业有限公司、勐海华熙茶业有限公司、勐海福安隆茶叶有限公司、勐海今大福茶业有限公司、勐海茶山缘茶业有限公司等。

工业园区的建盖，使得峦村的经济生活与茶叶更分不开了。除了经营饮食业的妇女，几乎所有的中青年妇女都到茶叶厂上班，一些原来从事交通运输业的男性在竞争加剧后，也转而到茶厂从事茶叶生产、加工或经营管理工作。其中还有部分人家到茶叶产地收取茶叶转卖给茶厂，从中获取利益。工业园区的迅速发展，也进一步促进了峦村饮食业和交通业的发展。

此外，工业园区南侧还准备建设一个普洱茶特色小镇，规划定位为集茶叶生产加工、茶文化体验、休闲度假、民俗体验、餐饮娱乐为一体的茶文化与旅游休闲相结合为主题的特色小镇。而在此规划中，特别提到了区内世界唯一的"回傣"特色文化，峦村未来的变化和发展值得期待。

三、帕西傣的制度文化

（一）家庭

峦村最基本的社会组织是家庭，78个家庭成为整个村寨的组成部分。[1]由于嫁到峦村或到峦村上门的男女大部分都进教，所以峦村就主要由帕西傣组成。村里也有一些没有进教的人，但他们在村内也遵循帕西傣的生活习俗。帕西傣以小家庭的形式居住。子女成婚后，大多数人家就会分家，老人和其中一个子女居住。由于过去实行计划生育政策，村民基本上每家都是两个孩子。如果孩子是一男一女，老人就和儿子一起生活，如果孩子均为男孩或者均为女孩，就和其中一个孩子生活。

（二）亲戚

亲戚在共同的经济生活中互相帮助。过去傣族地区尚未实行计划生育政策，峦村人的兄弟姐妹普遍较多，由家庭延伸而来产生了许多亲戚。由于长期的近亲通婚、本村通婚，许多人家的亲戚还是以帕西傣为主。在筹备结婚、丧葬、节日、上新房、念经等重大活动时，亲戚是主要的帮手。虽然峦村只有70多户人家，但亲戚尤其是同村的亲戚对他们来说是非常重要的。

春节的食物主要是每户人家自己筹备，但亲戚间也互相帮助。如制作爆米花、舂粑粑等，通常是女主人和她的姐妹们一起来完成的。村民出外买菜或水果等，也会帮亲戚带回一些。过春节的时候，大人们要给自己亲

---

[1] 2018年峦村的户数。

第三章 对话的主体：在回傣之间的"帕西傣"

戚家的小孩压岁钱。初一的大清早，小孩们就会跑到自己的叔叔、伯伯家要红包，而大人们也早早准备好。遇到上新房、筹备婚礼、念经，需要筹备招待客人的饮食时，通常提前告知亲戚，请亲戚来帮忙，而亲戚们也会放下自己手中的事前来帮忙。

通过婚姻的缔结，亲戚的圈子扩展得更广。在峦村，姻亲的关系非常密切。亲家间经常走动，也经常在经济活动中合作。如村中有两户人家结为亲家后，男方和女方的父母往来密切，不但经常相约一起出外游玩，双方的母亲如果出外遇到好看的布料都会为对方买上一匹做傣装。近年来，随着嫁娶傣族的人数增多，帕西傣的傣族亲戚慢慢增多。在帕西傣的春节、傣族的傣历年、上新房、结婚、满月等重大日子，双方都会互相邀请做客。正如费孝通先生对亲属关系所做的比喻，亲属关系就像把一块石头丢在水里，以石子为圆心，往外推出一圈圈的波纹，波纹所推及的地方就会发生联系。从生育和婚姻所结成的网络，可以一直推出去，包括无穷的人，过去的、现在的和未来的人。这个网络就像一个蜘蛛网，每一个人都有一个以自己为中心而布出去的亲属关系的网，但没有一个网所罩住的人是完全相同的。

（三）老庚

帕西傣与傣族一样，都把年龄相近的人称为老庚。到 10 多岁的时候，帕西傣青年男女有了谈情说爱的自由，同龄男子可以结伴邀约年轻女孩一起玩耍，女子也结伴与其玩耍。遇到傣历年这样人多又热闹的时节，年轻男性老庚们在赶摆场上与另一群年轻女子尽情嬉戏，直到各自有了自己钟意的对象，就变成双双约会。如果老庚已经各自成家，他们也会带上自己的伴侣共同出外娱乐、玩耍。女性老庚们都喜欢购置相同的服装，在某些重大场合，如结婚、傣历年、圣纪节等相约穿同样的服装。无论多少人的场合，只要凭借服装，就可以把老庚组区分出来。

峦村人在生活中与傣族交往密切。从进入学校读书开始，他（她）们就自然而然结识和自己同龄的傣族朋友，双方若关系相处融洽，这种老庚关系就可能持续一辈子。之后，在经济生活中也可能结交关系好的傣族老庚。峦村与傣族村寨相邻，田地、茶叶地也与傣族村寨相邻。通常下地劳动时，就有可能与傣族相识，并闲话家常。随着周围茶厂渐渐增多，许多峦村人与其他村寨的傣族进入茶叶厂工作，彼此在工作中相识。而从事经商、运输的峦村男性则有可能结交更多的傣族朋友。

帕西傣的傣族老庚

村民玉香应有一个小学同学，傣族，现在县城幼儿园做教师，她与峦村20岁上下的女孩也成了"老庚"关系。双方之间经常在一起玩耍。春节的时候她提前几天就来到峦村，并在玉香应的娘家居住。她笑称自己是半个"帕西傣"，她的家里也置办了一套干净的锅碗供她的帕西傣朋友去玩的时候做饭吃。

纳云信，帕西傣，峦村大管寺。笔者在一次参加傣族婚礼的过程中，几个傣族老人听说笔者是回族，从峦村来，就提到纳云信管寺，称他们与纳云信是老庚，彼此关系很好，并说回族是一个很好相处的民族。

峦村村民岩应扁与曼短村傣族女子玉罕累成婚。在婚礼上，帕西傣通常会邀请傣族歌手来唱歌助兴。傣族歌曲音律简单，内容由歌手即兴发挥，可以是祝福的，也可以是叙事的，也可以是调侃某个听众的，歌手演唱时，常引得听众或是会心一笑，或是捧腹大笑。有的歌手是主人出钱邀请来演唱的，有的是与主人关系较好的朋友。岩应扁的母亲有几个关系较好的傣族老庚，是她以前的同学。在岩应扁的婚礼上，受岩应扁母亲的邀请，她们欣然前来唱歌助兴，不收取任何费用。

（四）村寨共同体

从行政区划来看，峦村隶属于曼短村委会下的一个村小组，村小组长

第三章 对话的主体：在回傣之间的"帕西傣"

是由本村人自己投票选举出来的，选出来的村小组长都是办事公正、本身有一定能力的。本村的村长、会计由民主推选，村长、会计、文书三人每年只有600元的工资，150元的文具购置费。现在村中有四名党员，会计岩望认为："党员必须是正直的，能为村中出力的。"他曾经有入党的机会，但他认为入党必须起带头作用，自己离党员的要求还有一定距离，所以没有入党。

自从峦村的祖先、来自大理的回族在此定居以来，通过人口的不断繁衍，峦村发展为现在的一个规模不小的村寨。每当重大节日或遇到重大事件时，村寨就形成一个共同体，以整体的形式发挥功效。峦村人在周围傣族的心目中比较团结。人生礼仪、集体的宗教活动，更成为使他们团结起来的核心。

峦村每年要过伊斯兰教的三个节日：开斋节、古尔邦节、圣纪节。三个节日是峦村共同参与的节日。峦村寺管会按门牌号将村子划分成几个小组，十户人家分为一个小组。这几个小组通常在节日时发生作用。每年的圣纪节是峦村的一个重要节日，会有来自各地的回族参与，除了主持节日仪式外，还必须负责客人的接待工作，主要是饮食和住宿方面。峦村按照划分出来的小组，每年轮流负责节日的主要工作，如节日的筹备和物资的采买。其余每家也有分工不等的任务，节日当天，每家每户把自己家的桌椅板凳、碗筷拿到清真寺庭院里，每家都有人在自己的桌子边负责给坐该桌的客人添饭、续水等，等客人吃完离席后，负责打扫和清洗碗筷。

每当遇到村中修路、垫石头等大事件时，每家都要派人去参加，不去的人家必须交纳100元。村中若有人死亡，全村每家都必须有人去挖坟。

村中的车队虽然日常忙于载客赚钱，但村民若嫁娶时需要用车，车队也会免费承担起接亲、送亲的重任。

结婚时帮助迎亲、送亲的车队

2007年2月8日,村中分别有一男一女结婚。峦村女子玉应罕因与傣族男子岩温合成婚,峦村男子岩应扁与曼短村傣族女子玉罕累成婚。中午1点多,新郎家门口陆续开来20多辆车。有豪华的轿车、越野车,但最多的是平时运载客人往返县城和八公里大桥的微型车。原来只要村里有喜事,村中的客运车辆就会放弃赚钱的机会,到举行婚礼的人家帮助接亲、送亲。

当村里有人生病时,对于其他村民来说,探望、慰问是人之常情,也是一种礼节。

村民发生车祸后

2007年2月,村民玉映香与她的丈夫、女儿一同返回丈夫的老家曲靖罗平过春节,不料在离家一小时车程的地方遭遇车祸。她遭遇车祸的事迅速在村里传开了。她在当地养伤,直到4月才返回。她返回的当天,笔者去看她。走到她家,发现她院子里坐满了人,都是来看望她的。来看望她的人有她的傣族同学和朋友,但更多的是峦村的村民。大家坐在一起聊天,询问她受伤的情况以及现在的恢复情况。末了,每个来看望她的人都塞给她50-100不等的钱,虽然她再三推辞,但大家还是把这个钱硬塞给她。

整个村寨通过集体举行节庆仪式,婚丧嫁娶中的互助以及日常生活中的互相帮助等,使村寨凝聚为一个紧密的共同体。

(五) 村寨中的组织和权威人物

1. 寺管会

1993年,中国伊斯兰教第六次全国代表会议通过了《清真寺民主管理

第三章　对话的主体：在回傣之间的"帕西傣"

试行办法》，"寺管会"（"清真寺民主管理委员会"）即按此组织并实施管理。[1] 寺管会的主要职责是管理清真寺的宗教事务，如聘请阿訇、宗教事务的收支管理、组织宗教节日等。峦村的寺管会由大管寺、副管寺、管寺、会计、出纳组成。

峦村圣纪节就是由大管寺带领寺管会的成员来组织安排的。寺管会的工作除了举办时间的安排、安排当年当值的人家进行节日的筹备外，还包括节日前悬挂条幅、搭设会台、节日当天发言和安排宾客就餐等。寺管会的组成人员多为村中德高望重的老人，时任大管寺纳云信已经担任该职多年。峦村的寺管会除了管理峦村的宗教事务外，还参与峦村许多政治、经济方面的决策活动。在调查期间，笔者就多次看到大管寺与村长、会计在一起讨论一些行政事务，如峦村被政府征地修建茶叶工业园区，峦村多次做了民主讨论，而大管寺的意见也起到很关键的作用。

甚至在村民结婚的时候，大管寺也作为峦村有权威的老人去参与迎亲，并在其中担任了重要的作用：负责与傣族新娘一方的长辈商谈聘礼事宜等。大管寺因而也与附近的傣族有很深的交情，同年龄的傣族都把他当作他们的老庚。

2. 召旺

召旺（召曼）用汉语直译是寨主之意，即"主管寨子的人"[2]。傣族村寨中的召旺负责祭祀家神、寨神和寨心，是村寨的世袭祭师。峦村现任村长的父亲即是村里的召旺，也是世袭的，是由他的父辈传给他的，以后也将传给他的儿子或孙子。峦村不举行祭寨神、寨心等活动。但是，每当村民要出门远行时，都会拿上米和几块钱去村中担任召旺的老人家中，他会在家里为即将出远门的人祈求平安。村民结婚时，也会将宰好准备宴请客

---

[1] 秦惠彬主编：《中国伊斯兰教基础知识》，北京：宗教文化出版社，1999年1月，第111页。
[2] 高发元主编：《云南民族村寨调查：傣族——勐海勐遮乡曼刚寨》，昆明：云南大学出版社，2001年4月，第102页。

人的牛肉拿一些给召旺，让他为新婚的人祈求吉利。村民认为召旺全家的"教门"都很好：他和他的妻子都坚持礼主麻，孙女还到沙甸教育基金会学习念经，并在返回村中后，到清真寺教授峦村幼儿念经。作为会念经的老人之一，每当村民上新房、念经，召旺都与阿訇一起替村民念经。如在村民的上新房仪式中，虽然念诵古兰经是在村民中"穿衣"的阿訇带领下进行，但最后撒米花等活动是由召旺完成的。

3. 阿訇

阿訇，意为"教师""学者"。担任阿訇的条件是：受过专门经学教育，并"穿衣"[1]；懂得伊斯兰教的基本教义和教法，能诵读、通晓《古兰经》。回族聚居区的清真寺都聘请阿訇，阿訇的职责是主持宗教事务、教授经文和带领穆斯林从事宗教活动等。自峦村有清真寺以来，就不断地有外来的回族到峦村担任阿訇。在峦村清真寺担任阿訇者，除一人为本村村民外，其余都是外来的回族。由于以前峦村会念古兰经者很少，阿訇在生活中占据着很重要的作用。随着一些外地穆斯林团体的赞助，一些年轻的村民走出了峦村，来到沙甸、通海等经济条件较好、"教门"好的地方念经，其中一些还"穿衣"；有的还在学习念经的过程中，认识了其他地方的回族，并一同返回峦村后结为夫妇。故峦村现在也不乏"穿衣"阿訇，但这些"穿衣"阿訇都从事着其他行业，只在村民有需求的时候来念经。

4. 贺少（伙子头）、贺冒（妇女主任）

伙子头：村里还有一个能说会道、风趣幽默的中年男子担任伙子头，他主要负责管理或安排年轻男子们的集体事务，如在春节前，搭秋千就是由他带领男青年一起完成的。

妇女主任：村民玉香嫩则负责管理村中妇女或女孩的一些集体活动，

---

[1] "穿衣"是在清真寺念经的学生毕业取得阿訇资格。

如组织三八妇女节等。玉香嫩在昆洛公路边、峦村入口处开了一家回傣餐厅。因为经商成功，她被选为勐海县人大代表。当选为人大代表后，她积极为村民谋取福利，如争取资金重新修建金桥等。遇到集体活动，妇女们也少不了她的号召和指挥。在峦村金桥落成典礼中，她带领峦村妇女一起为上台表演者呐喊，将文艺演出活动一次次推向高潮。

5. 老年协会

峦村将原来的社房拆迁后新建了两层楼的社房，并成立了老年协会，40多岁、子女已经成婚的人都可以加入老年协会，老年协会组织老年人们进行娱乐活动，妇女们平时排练一些舞蹈，还应邀去一些傣族村寨演出，得到的酬劳就作为大家共同的财产，用于娱乐之用。

四、帕西傣的精神文化

（一）帕西傣的教育

1. 国民教育

帕西傣身处傣族包围之中，日常生活中交流的对象主要是傣族，傣语成为他们日常生活中的主要语言。如果与汉族和内地回族等其他民族交流时，则使用汉语。在宗教生活中使用阿拉伯语。

过去，峦村有的人家把小孩送到附近的傣族寨子去学习傣文，老一辈的帕西傣傣语说的比汉语流利，大部分人不会书写汉字，但许多人会写傣文，他们在日常生活中使用傣族文字记事、记账等。由于有较好的傣语基础，帕西傣青年中曾有人考入云南民族学院民族语文系西双版纳"傣泐"语专业，毕业后在州上从事傣文翻译工作。[1]

---

1 马维良：《云南回族历史与文化研究》，昆明：云南大学出版社，1999年5月，第124页。

峦村以前没有小学，村民都到附近的曼短小学上学，学校实行傣语、汉语双语教育。帕西傣学童与傣族学童学习汉语和傣语两种文字。现在村中曾经上过学的中老年人都会一些傣族文字。村中的一些中年妇女回忆：当时去学校读了很短一段时间，因为傣族男孩子经常欺负她们，她们就不愿意再去学校了。后来马玉琼女士多方争取，政府在峦村建盖了小学，极大地方便了峦村的村民。1984年，在峦村村头的小山坡上建盖起了有三间平房的小学，有一个老师。由于师资力量不足，所以两年才招收一次学生，因此，峦村年纪相差几岁的村民通常都是同班同学。学生在村小学只上到四年级。五六年级则转到勐海乡小学。勐海乡小学在离勐海县城还有几千米的地方。因此，对于峦村学童而言，非常不方便。周一至周五，峦村的学生都在学校住宿。通常峦村的学童都安排在同一班级，同一班级也有傣族、汉族学生。学校没有清真食堂，为了解决饮食问题，峦村学生每星期从家中带米交给学校食堂，由学校统一煮熟，菜则由学生自己从家中带家长准备好的牛干巴、腌菜等。

由于种种原因，峦村小学于2005年被撤销了，峦村的学童又只能到曼短村小学就读。许多学童骑自行车或走路到学校上课，中午也返回家中吃过饭再去上学。

小学毕业后，学生们大多升入勐海县民族中学读书，也有少数辍学或到景洪等地的中学就读的。峦村人认为，因为县民中没有回族食堂，所以如果把族别填为回族，则学校会不录取他们。于是他们在填族别时，都把自己填为傣族，所以学校的老师大多不知道他们是回族。由于县民族中学没有清真食堂，学生的饮食问题依旧无法解决。许多孩子每个星期从家里带上腌制的牛干巴、酸腌菜、糯米团作为自己的三餐，不少人认为这样的饮食结构或多或少地影响了孩子们的学习成绩。2006年，笔者第一次到峦村做调查时，一群正在勐海民中读初中的十四五岁的女孩子告诉笔者：她们住在一间宿舍，每天早上两三点钟就轮流到教室煮饭。因为饮食不方便，

第三章 对话的主体：在回傣之间的"帕西傣"

一年后笔者得知，其中大部分学生在初中毕业后都未继续读书，只有一个女孩子到昆明某中专继续求学。

大学毕业的玉映香（毕业于原云南广播电视大学法律专业）曾谈到峦村教育发展滞后的原因，其中之一是因为饮食受到制约。她讲述了当年求学的艰辛：当时县城的中学没有回族食堂，每天必须自己料理三餐。到了读大学时，一年级在学校分校安宁的楸木园读，因为没有回族食堂，也不能买到回族食物，她自己做了一年的饭。直到二年级来到昆明，她才得以到学校旁边的民族大学的回族食堂打饭吃。她的表妹曾在景洪师范读书，也经历了三年自己做饭吃的情境。她认为读书要取得好成绩，必须能吃苦，在她看来，"吃苦"也就是要面对饮食不便带来的种种问题。峦村一些出外工作者也认为牛干巴、酸腌菜、糯米团作为三餐的饮食结构或多或少地影响了孩子们的学习成绩。

近年来，随着对外交流的增加，年轻的父母认识到知识水平不高带来的各种问题，开始重视孩子的教育。许多幼儿在牙牙学语时，父母就有意教孩子学习汉语。峦村三岁以上的幼儿，都送到县城的幼儿园。因为峦村在该幼儿园就读者较多，该幼儿园专门为峦村的孩子们准备清真饮食，并有车辆每天早上8点到村头的米干店门口接送，下午4点半又把幼儿送回米干店门口。年轻的父母认为：在村子里，小孩不容易学会汉话，去幼儿园里，有老师教，并且和小朋友接触，更容易学会说汉话，以后到了学校学习起来也更容易；另外，父母都有自己的事情要做，虽然幼儿园每月要收取几百元的生活费，但父母因此有更多的时间从事运输或别的生意。把小孩送到幼儿园学习汉语的成效是很显著的，过去没上幼儿园的小孩一般要到小学才慢慢学会说汉语；而现在许多小孩三四岁时，已能讲较为流利的汉语。年轻的父母们对于小孩能否读好的小学、中学，进而是否能考上大学，非常重视。他们认为：虽然近年来，经济发达了，大家的收入都不少。但是他们挣的都是辛苦钱，希望自己的子女以后能考上大学，找到好工作，不再像他们那么辛苦。

2. 经学教育

到峦村担任教职的阿訇，都尽量尊重学生接受国民教育的权利，不让学习文化知识和学习经文发生冲突。学校的老师也认为如果学生在放学完成作业后去接受经学教育，他们也不反对。但是，如果阿訇要让学龄儿童辍学去学习经文，老师则会强烈反对。一位宁夏来的阿訇曾经要安排三个孩子去西安学习经文，他认为回族应该以学习伊斯兰文化为主要任务，峦村应该重视宗教教育；而学校老师则认为接受教育既是一种权利，更是一种义务，文化知识对将来踏入社会有更大的帮助。阿訇和学校老师分别找学生的家长进行谈话，最后学生家长权衡再三，认为孩子年纪尚小，难以自行照顾生活起居，将孩子留在村里继续接受学校教育。[1]

20世纪80年代末以来，由于沙甸教育基金会及部分回族企业家自愿出钱资助峦村青年接受经学教育，峦村相继有10多个青年到内蒙古呼和浩特清真寺、通海纳家营清真寺、沙甸清真寺接受经学教育。去学习的青年有的学成毕业回到峦村，有的则"穿衣"成为阿訇。去学习的青年在学习期间能够与来自全国各地的回族相识，有的因而与其他地方的回族相恋，并一同回到峦村。因此，峦村青年一代中接受过经学教育的人数逐渐增多，已经能够与村中的长者一道，参与到帮助村民宰鸡、念经等活动中。

村民岩某是峦村"穿衣"后回到峦村清真寺担任教职的第一个阿訇。

在岩某担任教职期间，清真寺开设了两个念经班，两个班各有10个左右的学生，一个班为小学一年级的学生，由岩某阿訇教学，另一个班为3-5岁的幼儿，由另外一个从沙甸大寺接受过经学教育的女性村民玉香应带领学习经文。由于岩某是本村人，与村民在思想、语言上都能够互相理解和沟通，也清楚多年在峦村形成的习俗不是一朝一夕即能改变。"他认

---

[1] 曾慧莲：《民族文化的多元发展与适应——以西双版纳傣族自治州勐海县曼峦回村"回傣"为例》，硕士学位论文，台湾政治大学民族学系，2004年，第62页。

第三章　对话的主体：在回傣之间的"帕西傣"

为：峦村的宗教受到南传佛教的影响已经是既定事实，希望在短期内革除所有不符合伊斯兰教规范的部分，不但困难，而且容易引起反弹的情绪。因此必须借由长时期对宗教信仰的认识与积累，致力于孩子的经堂教育，培养峦村下一代孩子对伊斯兰宗教文化的认识及对宗教的虔诚信仰。"[1]

岩某阿訇学成归来，成为本村的阿訇，这对村民来说是一件非常高兴的事情。然而，岩某阿訇还没来得及对峦村的宗教教育带来深远影响的时候，一件意想不到的事情发生了：2005年，岩某的妻子忽然到寺管会去举报岩某吸毒。事后，他被强制戒毒，且不再担任教职。岩某的事情在村中引起了轩然大波。峦村清真寺重新请了一个来自澜沧的阿訇担任教职。

2006年5月，笔者第一次进入峦村做调查，清真寺正在修补外部墙面瓷砖，主麻和经堂教育也停止了。一天，笔者在清真寺和马阿訇闲聊，进来一批人，是一出外当兵转业后在蒙自工作、并在蒙自娶妻的村民，带领他曾经的战友一家（沙甸人），趁五一的时候到峦村玩耍。当他们得知笔者是来此做调查的，便邀请笔者跟他们一起去吃烧烤。吃烧烤的过程中，嫁给峦村人的蒙自妇女，提到岩某的事，她认为由于岩某吸毒的事，让峦村人"心灰意冷"，极大地影响了峦村人的宗教热情。

在随后将近三年的时间里，笔者在对峦村的调查过程中发现当时这位妇女的断言非常正确，峦村从过去几年的"宗教复振"时期又转入了一个低潮期。自此以后，峦村的经学教育基本停止了。随着与巍山小围埂村村民"亲戚"关系的建立，峦村的宗教生活又进入了一个新的阶段。

（二）帕西傣的娱乐方式

回族先民带来了具有浓郁的波斯、阿拉伯风格的西域乐舞。唐代时，回族乐舞与中国汉族舞蹈艺术融合，形成了别具特色的舞蹈。但是，清代以后，伊斯兰教的一些教派，不主张"观戏听歌唱歌跳舞"，妨碍了回族

---

[1] 曾慧莲：《民族文化的多元发展与适应——以西双版纳傣族自治州勐海县曼峦回村"回傣"为例》，硕士学位论文，台湾政治大学民族学系，2004年，第86页。

乐舞的发展。云南回族已基本没有自己的歌舞。相比其他民族而言，回族在日常生活中较缺少娱乐活动，节日都是以肃穆的宗教活动和聚餐为主。帕西傣虽然在很多方面受到傣族影响，上新房、举行婚礼时，也常请傣族"赞哈"（傣族歌手）来唱歌助兴。但是，与傣族女子个个能歌善舞相比，帕西傣妇女会跳傣族舞蹈者较少，一些年轻姑娘会跳傣族舞，都是在学校里由傣族老师教会的。峦村也有个别会唱"赞哈调"的，这些人一般都是嫁入峦村的傣族妇女。但男子大多都会用短笛吹奏傣家乐曲。帕西傣虽然较少唱歌、跳舞，但他们基本上都喜欢听傣语歌。在平时的生活中，老年人喜欢听"赞哈"唱的传统傣语歌（歌手所唱的歌曲有程式化的祝福歌、祈祷歌、固定本子的叙事长歌等，歌手也常根据现场情况即兴创作歌曲。节奏简单，缺乏变化，但其曲调与唱词语调联系密切）。峦村在有喜庆活动时，请傣族歌手来唱歌，主要演唱的就是"赞哈调"。由于"赞哈"的唱词主要是老傣文，峦村的许多年轻人并不能完全听懂歌的内容。相比较而言，年轻人更喜欢听汉语流行歌曲。除此以外，傣族流行歌手岩罕建[1]的歌曲也是他们最喜欢的。在家里、在车上，他们经常用影碟机放上自己喜欢的歌曲。

在2003年峦村金桥建成典礼上，峦村妇女第一次在公开场合跳起了舞蹈：舞蹈与傣族舞蹈轻缓柔美的动作相似，但又把回族的洗小净、礼拜等动作编入进去。这个节目是请勐海歌舞团的老师来教的，去沙甸念过经的村民玉香应让老师编入了礼拜动作。表演舞蹈时，年轻女孩们都戴上白色的盖头，穿上白色的长衫，和神秘、肃穆的背景音乐相配合。由于这个舞蹈很有特色，后来，村民还应邀到县城及一些傣族村寨进行了好几次

---

1 岩罕建是一个年轻的傣族歌手，他的歌都是自己作曲、作词，采用通俗歌曲的曲调，以傣语演唱，演唱歌曲如《采茶姑娘》等，歌词内容以爱情为主，但又有浓郁的傣族风情。他的个人唱片已经发行了多张，成为傣族中家喻户晓的明星。在赶摆活动中，举办赶摆的村寨都以请岩罕建来演唱为荣。

第三章　对话的主体：在回傣之间的"帕西傣"

表演。

近年来，老年协会中年满50岁的"老年"妇女组织了文艺队，在闲暇之时学习跳傣族舞蹈，并应邀到一些村寨演出。

傣族在傣历新年时最主要的娱乐活动之一是放高升。制作方法是先用火药和硝制成若干小筒推进器，然后捆上一根七八米长的竹竿。放射时，燃着导火线，待火药产生爆炸时，小筒推进器便往上冲，随即将长竹竿带上天空。这项运动主要是比赛制作高升技术和放射高升技术。[1] 峦村在举行赶摆之时，也放射了数量极多的高升。但由于没有制作高升的技术，制作和放射都是请傣族来完成的。

除此以外，帕西傣过去的娱乐方式还有丢包、荡秋千等。丢包是傣族盛行的一种娱乐方式，一群男青年和一群女青年相约到空旷的地方，各排成一排相对而站，间距大概10米，丢包开始，你丢我接。在丢和接的过程中，男女互相观察，寻找钟意的对象，这是傣族寻找恋人的一种方式。过去，帕西傣青年常和傣族异性相约一起丢包。现在，丢包这种娱乐方式已经渐渐消失。在村民相约过三八妇女节时，他们在公园里玩起了丢包游戏。每年春节，峦村最主要的娱乐方式是荡秋千。除夕早上，峦村青年在"伙子头"的带领下搭秋千，初一吃过早饭后，青年和小孩就排着队去荡秋千。随着新兴娱乐方式的增多，荡秋千已经不再是村民热衷的娱乐方式，但搭秋千的热情依旧未减，每年照旧在过年的时候搭秋千，并把搭秋千当成一件大事来做。初一的时候，主要是小孩去荡秋千。

近年来，随着经济的发展，新兴的事物不断传播到傣族地区。和傣族一样，娱乐活动占据着峦村人日常生活中的重要分量，看电视、上网、唱卡拉OK、蹦的、打麻将、泡温泉、旅行都是他们喜欢的娱乐活动。

电视在峦村已经普及。每天劳作之余，大家都会打开电视看看，节目

---

[1] 云南省民族事务委员会：《傣族文化大观》，昆明：云南民族出版社，1999年9月，第139页。

内容以观看连续剧为主，新闻和科普类节目看得较少。峦村近年来在结婚及村寨的重大节日时都请人拍摄录像，刻录成光盘。偶尔，他们也把这些碟片拿出来播放给客人看或全家一起欣赏。

傍晚，吃过晚饭后，一群群年轻人通常约上另外一群年龄相仿的傣族异性去县城蹦的和唱卡拉 OK。在网络开始盛行的年代，上网也成为峦村青年认识外界的一个途径，青年们有空就会到城里的网吧上网，通过网络聊天工具如腾讯 QQ 等，他们也结识了来自天南地北的朋友。而随着智能手机的普及，峦村的年轻人认识和了解外面的世界，结识更多的新朋友，变得更为容易。

遇到节假日，年轻人们也会相约骑着摩托车到中缅边境处的打洛、勐宋瀑布等地玩耍，有的还约上同伴到昆明、大理、丽江等地游玩。

除了过传统节日外，近年来他们也过一些现代节日：如已婚妇女过三八妇女节，年轻人在 2 月 14 日过情人节。

峦村女性欢度"三八妇女节"

2006 年峦村第一次组织成年女性过三八妇女节。该村已婚妇女按年龄分成几批去过节。村民玉香应是 3 月 10 日去的，她们这一批有二三十人，包括清真寺的师母，年纪都是 20 多到 30 多岁的，她们穿着统一的服装：白底有银色亮片做成的傣装，发型都是在右边梳一个髻，左边戴上一朵花。大家分别坐上两辆中巴车，在车上一路欢声笑语。其中一个母亲是傣族的年轻女子，擅长唱歌，在同伴"水、水、水"的鼓动声中唱起了傣语歌。到了景洪她们去公园里划了船，坐了缆车，又到民族风情园观看节目，并且与傣族演员们一起跳舞。之后，他们一起在景洪的花卉园里翩翩起舞，丢沙包，玩丢手绢，输了的人要唱歌或学猫叫；她们还邀请在公园里面的游客与她们一起玩老鹰捉小鸡的游戏。大家都玩得非常开心，直到晚上一起吃饭后才结束活动，返回峦村。

第三章　对话的主体：在回傣之间的"帕西傣"

五、帕西傣的姓名

大多数帕西傣有三个名字：一个汉名，多用马姓；一个经名（按照伊斯兰教教规，小孩出生三天后，由阿訇所取，一般男子用圣人的名字，女子则用圣人的妻子及女儿的名字）；帕西傣日常称呼中主要使用傣名，与傣族女子称为"玉某某"、男子称为"岩某某"一致，这些名字是小孩出生后到傣族佛寺请佛爷所取。而佛爷主要是根据小孩的出生时间来选择合适的名字。帕西傣认为取名字很重要，如果取得不好，小孩就容易生病、哭闹。

现在年轻人取傣名已不像原来非要请佛爷来取，有的父母在小孩出生前，就已经想好了孩子的名字。如一对年轻夫妇，佛爷给他们的小孩取的名字为"玉应的"，他们却按照父母的名字各取一字，为孩子取名为"玉香旺"。

村民的汉名主要是在出外时使用。以一个村民为例，傣名：岩应旺（也是日常生活中使用最多的名字），汉名：马海东（这个名字是他去沙甸念经和出外打工时所使用的名字），经名：易卜拉欣，这是出生后由阿訇所取，在宗教活动中使用的名字。笔者曾问过他为什么出外时要用马海东这个名字？他告诉笔者这样是让人知道他是回族，能尊重他的饮食习俗和宗教信仰。其妻傣名为玉香应，去沙甸学习念经时，使用汉名"马小娟"，这也是为了能与内地的回族"听起来"比较一致。据村民介绍，他们的汉语名字，有的是阿訇帮他们取的。

村民的名字除了以上几种情况，每个家庭又有一些自己的特点：

村中有一个男性村民在外当兵，转业到蒙自工作，并在蒙自娶了一位汉族女子为妻。在汉族社会，子女随父姓是理所当然的事，于是该村民把"岩"当姓，为自己的女儿取名为岩欣。

过去，也有一些其他地方的回族或汉族男子来峦村上门，这些人本来姓纳、马或郭等，他们与帕西傣女子结合后，所生子女有的跟父亲姓汉姓，有的则仍然使用傣名。到第三代后，基本上又改为使用傣名称呼。如村中的大管寺，其父亲是纳长寿阿訇，为他取名为纳云信，但日常生活中，许多人包括傣族都是直呼其名，称他为"云信"。而他的子女依然沿用了傣族的取名习俗，不再跟随他姓"纳"。

近年来，年青一代中，与到此上门的回族或汉族男子结婚后生下的孩子，则普遍不取傣名，而直接把自己孩子的名字用男方的姓加名来称呼，如曲靖回族丁姓男子与帕西傣女子玉燕结婚后，为自己的小孩取名为丁健，没有傣名，村民也都以丁健来称呼这个小孩。

第四章 对话的过程：帕西傣的形成过程

一、峦村的历史：文献与集体记忆

（一）文献中关于峦村的历史

据《勐海县志》记载："回傣主要由滇西迁入。同治十一年（1872）大理回族商人马武龙等人运盐至曼将，见平坝宽广肥沃，即请傣族头人帕雅捧岱至勐海城向土司献盐三驮，要求在勐海建寨定居。经土司同意马氏在今峦村建寨。"[1]

据马维良、李佳的《西双版纳自治州"帕西傣"调查》，关于峦村的历史是："200多年前，由大理巍山县一个姓马的回族马哥头（赶马帮的商人）马武龙做生意进入思茅、普洱及西双版纳地区。当时，正是清朝嘉庆道光年间，杜文秀起义前，社会动乱，马哥头在半路上因被土匪抢劫回不了家乡，流落至勐海。向勐海召勐（土司）送了仅剩下的三驮盐，要求在流沙河边住下。土司召牙昆同意他住下，但提出必须遵守三个条件：第一，要安分守己，尊重傣家风俗习惯，傣家也尊重回族风俗习惯；第二，大小事要服从召勐，听从官家使唤；第三，要与傣族妇女结婚。马哥头接受了

---

[1] 云南省勐海县地方志编纂委员会：《勐海县志》，昆明：云南人民出版社，1997年12月，第138页。

这些条件。召勐就召集了曼养坎头人叭龙伍和鲊龙西，命他们在荒凉的小山包给马哥头划一片土地，盖了竹房住下。马哥头与附近曼养坎寨头人的女儿玉温结了婚，生了四个儿子、两个姑娘。"[1]遵循男女婚配只准娶进、不准嫁出的规矩。四个儿子发展成四个大家族，繁衍至今。

勐海当地的傣文文献对峦村历史的记述是这样的："傣历一一八八年（1826），大理回族商人马哥头、马海清、马青龙运盐至曼降，见平坝广阔肥沃，即请傣族头人帕雅捧岱至勐海城向土司献盐三驮，要求在勐海定居。土司收下礼物，令马氏在今峦村土地建寨。称马哥头者与傣族头人之女玉温成婚，生下4男2女，一直遵守穆斯林教规。"[2]

学者马健雄记述了村民关于峦村历史的讲述："满清'红白旗'打仗的时候，有弟兄两个宾川人，哥哥叫马武龙，弟弟不知其名。他们原在大理做事，后因打仗混乱，两人从大理逃出，过普洱，到了磨黑。他们一路上带着猪肉，是为了让人知道自己不是回民，以免被害。两人在磨黑装扮成赶马驮盐的商人，到了勐海流沙河。弟兄俩把驮来的两驮盐送给召勐做礼物，召勐才同意了他们在现在的峦村，这个当时非常荒凉的河边山岗上居住下来的请求。弟弟不久后回大理了，马武龙留下来，娶曼降寨的一个傣族姑娘为妻，后来生了儿子岩罕。"[3]

马武龙的儿子岩罕后来也与傣族女子结婚，生下4男2女，长子名叫马金安。马健雄在整理峦村的墓碑时，发现马金安先后娶妻两房，他的两个妻子一个出生于1864年，一个出生于1877年，因此他认为"这与'帕西傣'的祖先在大理政权失败后（1872）逃到勐海的说法是无法吻合的，

---

1 马维良、李佳：《西双版纳傣族自治州"帕西傣"调查》，载云南省编辑组编《云南回族社会历史调查（三）》，昆明：云南人民出版社，1986年12月，第51—52页。

2 马占伦：《云南回族苗族百村社会经济调查》，昆明：云南民族出版社，1997年11月，第381页。

3 马健雄：《社区认同的塑造：以勐海"帕西傣"社区为例》，《云南民族学院学报》2001年第6期。

第四章　对话的过程：帕西傣的形成过程

倒是傣文文献中所述的系'道光年间经商而来'的马哥头的故事更'合理'一些"[1]。笔者在峦村坟山也看到了这几块墓碑，马金安的两个妻子埋葬在他墓地的左右两侧，墓碑上用大祖婆和小祖婆来称呼她们，大祖婆叫玉罕甩（1864—1968），小祖婆叫玉坚（1877—1933），此墓碑为玉坚居住在缅甸景栋的儿子1994年回村所立。从时间来看，峦村直到第三代人出生的时间才是杜文秀起义的时间。因此墓碑所记载的时间与一些文献所记载的帕西傣祖先是在杜文秀起义后到此的不符。

然而，曾慧莲在调查中，又得出了不同的观点。她在2003年到峦村进行调查时，峦村传至了村民认可的第八代。她认为若峦村第一代人是1826年前后到达的，并且已经是成年人；按其后代平均20岁结婚，应该已经不止传了八代。所以，她推算帕西傣的祖先还是1870年前后到达勐海较为合理。

(二) 峦村村民的"集体记忆"

族群对他们自己的历史的了解在族群认同的形成中有着重要的意义，过去的解释和客观历史之间也许是有差异的，通常族群的历史并"不是一种过去的产物"，而是"对现实要求的一种反应"。对于起源的共同信念在凝聚一个族群上非常重要。这种共同的信念，也就是一种"集体记忆"。哈布瓦赫指出，"集体记忆不是一个既定的概念，而是一个社会建构的概念。"[2]

据峦村村民介绍：峦村坟山旁原有一块碑，写有祖先的来源等，但后来被推倒打碎。其中一块被拿到鱼塘边，当成磨刀石使用，日子久了，石头上残存的字也被磨去。村民关于峦村的历史，有许多种说法。但其中普遍被村民认可的说法是：峦村的祖先是大理的马武龙。杜文秀起义失败后，

---

[1] 马健雄：《社区认同的塑造：以勐海"帕西傣"社区为例》，《云南民族学院学报》2001年第6期。
[2] [法] 莫里斯·哈布瓦赫著：《论集体记忆》，毕然、郭金华译，上海：上海人民出版社，2002年10月，第39页。

马武龙逃难到西双版纳勐海县,被这里的优美环境所吸引,于是向傣族土司献了三驮盐,获准在此居住,后与当地傣族女子结婚生子,世代沿袭下来。

村民先后有两人整理出了峦村的家谱,一个是村中的岩嫩老人与勐海政协委员一起完成的家谱;一个是妇女干部马玉琼整理出的家谱。两份家谱存在着一些差异,马玉琼家谱记载的第一代人叫马存南。

"一个族群的形成,是在特定的社会经济情境中,一些人以共同族源来凝聚彼此,遗忘与现实人群无关的过去(结构性失忆),并强调共同的起源记忆与特定族称并排除异己,建立并保持族群边界。"[1] 几百年过去了,峦村的村民遗忘了许多祖先在此生活的细节,但他们对于自己的祖先是回族以及如何到此却有很深刻的记忆。

虽然帕西傣流传的祖先来此的版本有所差异,对祖先的姓名记述也各有不同,大多数村民认为他们的祖先叫马武龙,但有的村民说是来自大理宾川,有的村民认为来自大理巍山;而根据村中退休的妇女干部马玉琼的家谱来看,峦村的祖先叫马存南,是从巍山而来。但不论是他们的先祖经商途经此地,被此地优美的环境所吸引而留下,还是他们的祖先在杜文秀起义后受到迫害逃于此地,村民无论老幼妇孺,几乎每一个人都能清楚地说出自己的祖先是来自大理的回族,与傣族妇女结婚后繁衍出这数百人的村落。他们对祖先记忆的主动性和积极性,令人印象深刻。几乎可以想象:峦村人一定是经常面临着祖先是哪里来的人这样的提问,而他们在反复地回答着。"记忆需要来自集体源泉的养料持续不断地滋养,并且是由社会和道德的支柱来维持的。……记忆也需要他人。"[2] 通过这些不停再现的记

---

1 王明珂:《华夏边缘:历史记忆与族群认同》,北京:社会科学文献出版社,2006年4月,第55页。
2 [法] 莫里斯·哈布瓦赫:《论集体记忆》,毕然、郭金华译,上海:上海人民出版社,2002年10月,第60页。

第四章　对话的过程：帕西傣的形成过程

忆，峦村的认同感得以长存并不断被强化。"共同的历史记忆的遭遇是族群认同的基础要素……这种历史记忆具有凝聚族内人和区分族外人的重要意义。"[1]

（三）峦村村民的"认祖归宗"

峦村人一直像一个流浪在外的孩子，远离故乡多年，却始终惦念着那没有见过、却魂牵梦绕的故乡。2005年，为了寻根溯源，峦村人派出8位代表到大理、宾川、巍山等地寻根。但当时都没有明确的结果，他们遗憾地返回峦村。峦村的来访也在大理这些回族村寨中掀起了一定的波澜。大理的回族没有想到，远在西双版纳，竟然有这样一个回族群体，自称有可能是他们的后代。而且，他们在被傣族包围的环境中，还能保持回族的习俗。后来，巍山县永建镇小围埂村的村民通过查阅家谱，认为峦村祖先就是来自该村，两村至此彼此认定为亲属关系。

"欢迎回家"

2008年1月，峦村举行了一年一度的圣纪节。这一年到峦村参加圣纪节的人非常多，其中有一部分客人非常特殊：他们是来自巍山小围埂村的回族同胞，而他们此行，是来和他们的后人"帕西傣"相认的。据说，2005年，峦村派代表去大理各地寻找祖先来源地之后，小围埂村人通过翻阅家谱，找到了峦村人提到的祖先名字（据峦村村民介绍：当时的马姓祖先娶了傣族女子生下孩子后，因为无法适应傣族生活，最终返回了家乡大理）。所以巍山小围埂村村民认定峦村是自己离开家乡多年的亲人。

小围埂村的村民在圣纪节期间到村寨里各个地方走访。他们来到峦村的第一件事就是到峦村的祖坟上念经。此外，峦村清真寺的马阿

---

[1] 中南民族大学民族学与社会学学院编：《族群与族际交流》，北京：民族出版社，2003年3月，第23页。

文化的"对话"：帕西傣的交往、交流、交融研究

訇给小围埂村人讲起一件事：不久前，峦村一村民家中被盗走了9万元，虽已经报告公安局立案侦查，但暂时未果。因为盗贼进入家中后，并没有太过翻动的痕迹，故村民认为是熟人所为。一气之下，该村民找到了清真寺的马阿訇，要马阿訇做一个"歹都哇"，让偷钱的人眼瞎、腿瘸。马阿訇认为这样的做法是有违教规的，断然拒绝了他。但该村民却对马阿訇没有做这样的事耿耿于怀。小围埂村人听后反响很激烈，他们认为这是岩某对教义教规缺乏了解的表现。因此，他们立刻到了岩某家，去对岩某进行说服教育，让他了解这样做从伊斯兰教的角度来说是不对和不应该的。

圣纪节结束了，双方约定以后要多来往，并各自赠送了礼物，留下了联系方式。小围埂村的村民亲切地握着峦村村民的手说："欢迎回家。"

在圣纪节初步相认后，当年2月份小围埂村人再次来到峦村，并将认亲事件在2011年1月出版的《小围埂村志》中做了记载。村志中写道："2008年2月5日，在小围埂第十届清真寺管理委员会主任马文举的带领下，小围埂人马品章等一行十多人到达西双版纳勐海峦村，并就其祖先是'小围埂人'一事，访问了清真寺大管事纳云信阿訇。"[1] 而按照书中的记载，峦村老人告诉小围埂村村民的历史则是以另一个版本中的"马金安"当作第一代祖先。书中所写的历史是由当时的大管寺纳云信讲述的："经常听村中老人说，我们的祖先名叫'叭科罕'（傣语音），是蒙化小围埂人马金安，1850年出生，1916年归真。清军围攻小围埂时，马金安（当地人及后人称之为马大锅头）刚好23岁。因他当时正好到边疆一带赶马，从而躲过了清军的这次大屠杀。当他听说小围埂村子已经被毁，家人也全部被害，已经回不了家，就流亡在了西双版纳勐海一带。马金安的马帮驮的大部分东

---

[1] 小围埂清真寺民主管理委员会编：《小围埂村志》，昆明：云南出版集团公司，2011年1月，第181页。

108

第四章　对话的过程：帕西傣的形成过程

西是盐巴。因为盐巴在当时是十分紧缺的物资，他就把自己马帮驮着的盐巴送给了当地的一个傣族头人（土司）。作为交换物，这位傣族土司就把河边一片芦苇地送给了马金安。马金安由此变卖了自己的部分牲畜，在芦苇地上建马店经营。此时，当地傣族土司与另外一位土司发生了争斗，情况十分危急。马金安听说后，就将自己马帮带来的一枚小钢炮拿了出来，炮轰了对方阵地，帮助当地土司打败了对手。当地土司十分高兴，将两位当地傣家女奖赏给马金安做老婆，后来被称为大祖婆（玉罕甩）和小祖婆（玉坚）。马金安就此落籍到了曼峦。马金安归真前，向后人交代道：无论到了哪一代，只要有条件，一定要回到蒙化小围埂寻根问祖。我是蒙化小围埂人，我的村子很大，村子北面有两棵千年大树，大东门也有两棵大树。"[1]

从书中的记载可看出，所有的叙述来源于村民（大管寺纳云信）的讲述，而此讲述与其他记述里的马金安是该村第二代人相悖。对于两村相认，笔者在为峦村村民高兴的同时，也产生了一定的质疑：即仅凭一个名字，小围埂村究竟是如何确认峦村村民是自己的后人的？何况在笔者所收集的资料中，关于祖先的名字就有好几个。于是，笔者反复询问了峦村的村民和小围埂村的村民。峦村村民告诉笔者，小围埂村是通过翻阅家谱确定两村的关系的；而问小围埂村，则回答是峦村人告诉他们，其祖先来自小围埂村。

小围埂村是清朝杜文秀发动反清起义之地。姚继德教授对大理地区的回族马帮是这样记载的："大理地区回族马帮商帮……以巍山县永建乡回族马帮（俗称'蒙化马帮'）规模最大，资本最为雄厚……巍山的回族马帮商贸活动发端于明代，清代曾达首次高潮，杜文秀建立以大理古城为帅府的滇西回民革命政权期间，'蒙化马帮'曾是大理政权北通四川，南达缅甸、泰国，西抵西藏，进行通商贸易，获取社会生活和战略急需物资的

---
[1] 小围埂清真寺民主管理委员会编：《小围埂村志》，昆明：云南出版集团公司，2011年1月，第181–182页。

主要力量。"[1]从这里推断，峦村的祖先是巍山人有极大的可能。但是，当笔者想从小围埂村的家谱中来查询两者的亲缘关系时，却没有收获。因此，笔者认为峦村祖先是否来自小围埂村仍然值得考证。

虽然如此，两村经过正式的"认亲"，峦村被记录在了《小围埂村志》中，自此以后，巍山小围埂村的回族同胞把峦村当作失散多年的亲人，在多方面给予了特别关注，并强势地参与到峦村的生活当中来。

峦村当时的马阿訇来自澜沧，收入每月只有几百元，其妻与村民一起到周边的茶叶厂拣茶叶。随着孩子渐渐长大，已经难以维持生活。2018年，澜沧来的阿訇不愿再担任峦村坐寺阿訇时，小围埂村派出了该村的一名村民到峦村担任阿訇，并由该村来支付阿訇的主要费用，而峦村仅只是支付少量的费用和米等生活物资。在小围埂村的村民担任峦村阿訇后，两村架起了一个桥梁，联系更为紧密。每年两村举办圣纪节时，都会互相邀请对方参加，并且彼此都会派出村中的权威人士（如村长、管寺等）以及由自愿前往的村民组成的浩浩荡荡的队伍，并在来自五湖四海的回族同胞面前，宣称彼此的亲缘关系。

在峦村拆除原有清真寺、修建新的清真寺过程中，小围埂村都给予了大量财力和物力的帮助。同时，对峦村的宗教生活也给予了一定指引。

二、对话的三个阶段：以通婚圈的变化为中心

（一）开放式对话：大量与傣族通婚
1. 进入傣族地区、大量与傣族通婚

---

[1] 姚继德：《云南回族马帮的组织与分布》，《回族研究》2002年第2期。

第四章 对话的过程：帕西傣的形成过程

（1）与傣族通婚成为繁衍子孙后代的唯一选择

无论对个体或族群而言，最基本的就是解决生存的问题。根据峦村的历史来看，其祖先是因为杜文秀起义失败后逃至此地或赶马至此被土匪抢劫来到这里的，最初要解决的就是如何生存下去的问题。改善经济条件和婚娶、繁衍后代，都成为最基本的问题。在这个时候，娶傣族女子是土司提出的允许他们居住的条件之一。同时，远离回族聚居的群体，面对人口众多的傣族群体，娶傣族女子也成为他们唯一的可能。

根据马玉琼所做的家谱：峦村第一代人叫马存南，他同曼垒村头人的女儿玉应叫结为夫妻，生有2个孩子：岩应龙、岩腊。岩应龙学名马武龙，经名耳学。在岩应龙10多岁的时候，其父离开峦村回到大理老家。岩应龙20岁时与曼养坎头人之女玉洪香结婚，两人共生有7个孩子。7个孩子中的老大岩罗先后娶了2个老婆，大老婆是曼见村玉坎甩，两人共生育了12个孩子，6男6女；小老婆名叫玉尖，两人共生育了9个孩子，7男2女。岩罗的大女儿与曼尾头人的儿子岩叫生育了一男三女4个孩子。可见帕西傣的前三代人都是与傣族结婚。

（2）娶傣族妇女是与傣族人民友好关系的表现

莫斯说：两个人类群体如果相遇，要么相互避开，要么相互猜忌、挑战、争斗，要么就得彼此善待。"要么是彻底的信任，要么是完全的怀疑；或者是缴下他的武器、解除他的巫术，或者是送给他一切——从一丝客气直到送出女儿和财物。正是在这种状态中，人们放弃了矜持，相互给予并回报。"[1]

威廉斯对把妇女作为礼物是这样看待的："婚姻中姑娘的交换与其他交换步调一致。未婚女子可谓最高等级的礼物。同样要求互报，而且交易目的也是一样，即把婚约群体用相互限制和协力共处的纽带结合在一起。……

---

1 [法]马塞尔·莫斯著：《礼物》，汲喆译，上海：上海人民出版社，2002年6月，第208页。

不同群体通过婚姻认可这一纽带而联合在一起，通过互报服务来保持这种纽带，群体之间的行为规范受到尊重，而且是亲善友好的。"[1]C.A.格雷戈里指出族群外婚意味着结婚时新家的建立，包含着男子或妇女空间的变换，因此在不同的族群之间建立起了礼物债，把接受妇女的一方束缚在债务网之中，而送出妇女的一方占了直接优势。帕西傣的回族祖先来到勐海后，与傣族妇女结婚生下子女。其子女再与傣族结婚，并且依靠"只进不出"的通婚规则，使得峦村的人口不断增加。同时，婚姻关系的缔结，也让帕西傣与傣族的关系变得密切。周边几乎每个傣族村寨都有村民嫁或娶帕西傣，让傣族对这个与他们不同的外来群体，了解逐渐加深，也能包容和理解帕西傣不同于傣族的文化习俗。

（3）与傣族头人结为亲家，提高社会地位

"由于族群生存的需要，通婚圈往往被赋予了浓重的功利色彩……外地移入族群为了赢得当地的定居权，往往与当地的强势族群联姻，从而稳固自己在移居地的地位，以谋求发展。"[2]从马玉琼的家谱中可以看出：峦村前三代祖先分别与曼垒头人之女、曼养坎头人之女、曼见头人之女成婚，[3]这三个村寨在地理位置上都与峦村相邻，显然，这样的婚姻并不是偶然，作为来到傣族地区的"客籍人群"，傣族土司为了表示与来到此地的回族的友好关系，在帕西傣祖先向他们送了"盐"之后，他们把自己的女儿"送"给了对方，这无疑是一种"最高等级的礼物"，通过婚姻纽带将两个群体紧密地联系在一起。帕西与傣族头人结为亲家，也让他们在某种程度上提高了社会地位。

---

1 转引自[英]C.A.格雷戈里著：《礼物与商品》，姚继德、杜杉杉、郭锐译，昆明：云南大学出版社，2001年8月，第71页。
2 宋德剑：《潮客族群互动与文化认同——丰顺县留隍镇九河村的实记分析》，《汕头大学学报（人文社会科学版）》2004年第4期。
3 马玉琼家谱对个别婚配对象标注了来源，其中尤其注明了哪些是头人的女儿或儿子，当然不能排除这是一种刻意夸耀祖先身份的行为。

第四章　对话的过程：帕西傣的形成过程

2．族际通婚带来的文化变迁

（1）回族文化在傣族地区的适应过程

帕西傣祖先娶进了傣族妇女，傣族妇女慢慢地把自己的文化带入了回族家庭：讲傣语、穿傣装、吃傣族风味的饮食，受南传佛教影响的行为方式，而帕西傣的祖先——来自大理的回族，也要在可以接受的范围内坚持自己的信仰：禁食猪肉，坚持礼拜。在这个过程中，双方要互相适应对方的文化。来到傣族地区，学习说傣话是与傣族交往的根本和基础。

> 峦村有一男子是从曲靖罗平到峦村上门的汉族，当笔者和他们在一起时，他及他的妻子都说汉话。他来峦村六七年，由于平时丈母娘一家在和他说话时都尽量说汉话，所以他至今仍不会说傣话。他曾和笔者感慨：当其他一群人都在说傣语时，他感到一种无比的孤独感。这也和笔者在田野调查中的感受一样，由于未能学会说傣语，时时需要别人进行翻译。当你身边的每一个人都说的是你听不懂的语言时，由于同"族"带来的亲近感转眼被不同"语"的陌生感代替。这名男子的女儿由于在峦村长大，日常生活也是使用傣语，但他则经常要求自己的女儿用汉语说话。

可以想象，第一代帕西傣的祖先与傣族女子结婚后生下的孩子，在大环境的影响下，自然而然地学会了说傣语，并且入乡随俗，穿上了傣装的服装。据此，我们是否可以假设：名叫马武龙（或马存南等等）的祖先在孩子10多岁时离开峦村，回到大理后，独自将孩子抚养长大的母亲，在孩子结婚生下下一代时，也依照了傣族习俗不再让孙子随父姓，而是将男孩称为岩某某，女孩称为玉某某。

峦村的祖先与傣族妇女结婚后，与傣族结为亲戚，与傣族结交朋友，傣族朋友在傣历新年、上新房等活动中，都来邀请他们参加。

文化的"对话"：帕西傣的交往、交流、交融研究

在与傣族联姻的过程中，帕西傣也通过自己不断的努力，使社会地位慢慢改变。通过马武龙的儿子带领村民修建金桥，参与景洪宣慰与勐海召勐的战争，并帮助勐海召勐取得胜利等大事件。可以看出，峦村从原来没有社会地位的外来群体，逐渐成为傣族社会的一员，得到傣族的认可和接纳。

（2）傣族文化与回族文化的交融

作为两种完全不同的文化体系，当伊斯兰教与南传佛教相遇时，必然会发生冲突、对抗，随着傣族女子嫁入回族家庭，冲突和对抗自然而然也在家庭内部发生了。

傣族女子嫁入峦村后，离开了她原来所在的傣族社会。虽然她可能经常会回娘家看望父母，她原来的家庭也还记得她曾在这个家以及与家人一同生活、一起举行宗教活动、一起过傣族节日的情形。但当她来到一个新的环境中，为了适应与原来完全不同的家人、邻居，她会慢慢忘记不在身边的亲人，新的事物、新的风俗习惯会成为她意识中的主要部分。当然，她与亲人血肉相连的种种记忆会铭刻在她的脑海里，但她却不得不把这些记忆与现在家庭强加给她的观念和传统统一起来。对于娶进傣族女子的峦村家庭，从长辈到她的丈夫，不但要适应一个新的人进入家庭的事实，更要体谅这个与他们原来家人不同的人的种种行为，并且要在适当的时候提醒和教导她应该做的和不应该做的，直到这个傣族女子已经适应并且自觉地遵守和维护峦村及这个家庭固有的规则。

在对子女的抚养过程中，由于妇女与孩子接触的机会更多，孩子自然也习得了母亲的语言。身处傣族包围的地区，傣语更是与周围傣族交往的前提条件。由于峦村人多以做生意为主，也不可避免地面对许多汉族和内地回族群体，他们在大量使用傣语的过程中，也需要学习汉语，这使得峦村人说汉语的水平比其他傣族村寨高。

然而，傣族妇女在原来家庭中受到的文化和宗教熏陶，并不会立刻消失，也会在不知不觉中涌现。加之峦村本就远离回族主体社会，对回族的

习俗了解有限。于是，最容易记住的就是坚守饮食习俗，而其他东西都在强势的傣族文化氛围中慢慢淡忘。

3."只进不出"婚姻得以实现的条件分析

伊斯兰教禁止与外教通婚的规定，使得回族普遍具有同族通婚的倾向。古兰经中也提出若外族皈信伊斯兰教，则可以与之结婚。在大量与傣族通婚的过程中，帕西傣的祖先制定了男女婚配只准娶进、不准嫁出的规矩，过去还把这样的规定写进了村规民约中。也许他们不能选择通婚的对象，但是他们可以选择坚持自己的信仰。

土司召牙昆同意帕西傣在流沙河边住下，但提出要与傣族妇女结婚。由于生活习俗不同，帕西傣与傣族结婚，无论娶或嫁，都要求对方到帕西傣村寨居住。傣族能够接受这种婚后居住模式，主要是因为这并不与傣族社会的文化习俗相违背。

傣族有名无姓，无家谱记录，死后不垒坟，这种淡漠的血缘家族观念，使傣族家庭没有以男性子嗣来传宗接代、令宗族兴旺的思想。[1]在傣族社会中，娶进媳妇和招赘男子都称为"上门"，他们说的"上门"主要指是否离开原来的家。没有实行计划生育以前，傣族普遍有多个子女，父母一般与其中一个子女一起生活，其他的子女或嫁出，或入赘，或独立门户自己生活。实行计划生育政策后，大多数傣族家庭只有两个子女。若两个孩子都是男孩，通常留一个娶进媳妇，另一个去"上门"；若两个孩子都是女孩，通常嫁出一个，另外一个须找男子入赘；若子女为一男一女，则一般是女子嫁出，男子留在家中。有的家庭只有一个孩子，则不管是男孩、女孩都要留在父母身边，娶进媳妇或招赘男子上门，以便将来能够赡养老人。如果双方都为独生子女，那么可以是女方嫁入男方家，但是男方必须负责赡养女方的父母。"上门"或"入赘"在傣族社会是很普遍的现象。上门

---

[1] 郭山：《南传佛教文化与傣族传统生育观》，《云南民族大学学报（哲学社会科学版）》2008年第2期。

女婿的地位和儿子的地位几乎是一样的，因为整个傣族社会还是一个以男性为权力主体的社会，女婿无论在家里还是在家外都是这个家庭的代表性人物。[1]

傣族男女青年结婚，男方必须到女方家居住一段时间。在女方家居住的时间长短，根据双方的家庭情况决定。有的是短期居住，在女方家居住，替女方家劳动，时间从几个月到几年都有；有的是长期居住，即男方入赘到女方家，而入赘又分为与女方父母共同生活或在女方所在的村寨另立门户生活两种。与女方父母共同生活者，男方享有财产继承权。上门女婿如果在"从妻居"规定的期限未满提出离婚者，要罚酒席，宴请村寨头人、女方家属。如果要求提前回去，要赔偿一定的钱财。[2]时至今日，上门习俗在傣族地区仍然盛行。故与峦村青年相恋的傣族及其家庭，并不把到峦村"入赘"当作难题。

（二）封闭式对话：大量进行族内婚、村内通婚

马玉琼家谱最大的优点是对近亲婚配情况、个别婚配对象的来源进行了标注。从家谱中可以看出：峦村的前三代人都和傣族通婚，渐渐扩大族群规模。第四代开始出现了本村内的通婚现象，并且此时也有部分帕西傣与通海等地的回族结为夫妇。到第五代时，峦村村内通婚已经较为普遍，并且大量出现了近亲通婚，而在这些近亲通婚的夫妇中有许多是堂兄妹通婚、表兄妹通婚。这一时期盛行族内婚的主要原因：一是因为大量回族人口进入勐海地区；二是帕西傣的人口发展到了一定规模，提倡同族通婚，就成为避免同化的最大保障。有学者认为，最先进入中国的阿拉伯人和波斯人曾经大量与汉族通婚，但后来又主要进行族内通婚，族外婚转变为族

---

[1] 高发元：《云南民族村寨调查，傣族——勐海勐遮乡曼刚寨》，昆明：云南大学出版社，2001年4月，第132页。
[2] 云南省民族事务委员会：《傣族文化大观》，昆明：云南民族出版社，1999年9月，第139页。

第四章 对话的过程：帕西傣的形成过程

内婚是回族形成的一个标志性符号。族内婚与回族的族群意识和族群认同的强化分不开，而族群认同和族群意识的强化是在特定的历史环境和族群间的互动过程中发展起来的。[1]

清朝末年至民国初年，随着思茅、普洱、西双版纳商业、贸易的发展，勐海成为普洱茶六大茶山的茶叶集散地，通海、玉溪、峨山等地回族马帮进入西双版纳后，许多人在西双版纳住下来，有的就在两个"帕西傣"寨住下，与帕西傣或傣族妇女婚配。[2]从马玉琼的家谱中可以看出：岩应龙的儿子岩罗，与大老婆玉坎甩所生的孩子中：玉香暖与来自峨山的马相真结婚；玉佬与来自新平的回族结婚；玉拉与峨山回族马中培结婚后生下三男二女，而这些子女基本又都与来自上海、武汉、沙甸等地的回族结婚。由于茶叶生意兴隆，20世纪20至40年代，许多回族到勐海县城开设茶庄，如资料所记载的：当时开设茶庄的回族有苏兴元（1928年开设）、马鼎臣（蒙自，1930年开设）、纳成方（通海，1936年开设）、马国成、马文华兄弟等。[3]1938年，沙甸回族白耀明率沙甸回民到南峤办农场，在车里南糯山成立制茶厂，在佛海成立纺纱厂，[4]许多回族跟随他来到勐海。这一时期，帕西傣得以接触到了大量的回族。中国回族普遍有深厚的民族情感，每到一个地方，如果遇到回族就会感到格外的亲切。在遥远的西双版纳地区，在靠近边境的地方，峦村和赛村两个群体的存在，自然会受到特别的关注。沙甸、玉溪、通海、峨山等地，属于回族数量较多、较集中，且对宗教规范遵循较好的地方，来自这些地方的回族觉得有义务要帮助同是回族却不

---

[1] 杨德亮：《婚姻制度·族群意识·文化认同——回族内婚姻制的历史成因和文化内涵》，《西北第二民族学院学报》2005年第1期。

[2] 马维良、李佳：《西双版纳傣族自治州"帕西傣"调查》，载云南省编辑组《云南回族社会历史调查（三）》，昆明：云南人民出版社，1986年12月，第52页。

[3] 中国人民政治协商会议云南省勐海县委员会文史资料委员会：《勐海文史资料》（第一辑），1990年12月，第113—114页。

[4] 云南省勐海县地方志编纂委员会：《勐海县志》，昆明：云南人民出版社，1997年10月，第138页。

太知晓宗教规范的帕西傣，他们也觉得有义务劝说峦村人与回族结婚。从峦村走出去的马玉琼女士，现在70多岁，其父是来自峨山大白邑的回族，与她的母亲（峦村帕西傣）玉香暖结婚。据她回忆：她的父亲临死前叮嘱她的母亲，要让她读书、念经（她的父亲认为在回族社会里，"经书两全"才是最高的人生理想），并且一定要找回族结婚。后来，马玉琼出外读书，到县妇联工作。她说年轻时有许多条件好的汉族、傣族男子喜欢她，都被她断然拒绝了。她听从父亲的话，坚持要找一个回族。后来，她与同是回族的马双关结婚。

这一时期，与回族结婚已成为帕西傣的共识。马玉琼的家谱中反映出了这一倾向：除了与来自峨山、通海、新平、勐海县城等地方的回族、赛村的帕西傣通婚，以及部分与傣族的通婚外，同村通婚成为峦村最多的婚配情况。

（三）新的开放式对话

1. 通婚圈的扩大

（1）因族内婚导致体质下降而打开通婚圈

从第四代人开始，峦村人口数量渐渐增加，为了保持民族的"纯洁"，他们普遍实行族内婚，由于整个勐海地区的回族人口屈指可数，族内婚的范围就多局限在本村。与本村人通婚，不可避免地出现了大量的近亲通婚情况。长期的近亲通婚，导致他们体质下降、身高普遍偏矮。马玉琼到民族学院学习后，感觉到峦村人近几十年来身体健康方面的问题，或许是由于近亲通婚的影响。马玉琼觉得再这样下去，回傣有可能因为近亲通婚而使整个族群陷入毁灭，于是她专门请人对峦村进行了体质调查，后来出版的《云南基诺族帕西傣体质调查》一书，收录了这次体检的调查报告。由于体质调查组是马玉琼带领去的，村民都积极配合体检，所以才留下了对今天来说非常珍贵的资料。该调查文章在开篇也提到了这次体检的原因："该族内干部在新婚姻法启发下反映由于血统较近通婚健康情况下降，要

第四章　对话的过程：帕西傣的形成过程

求检查。调查时间1980年10月。"[1]

云南省少数民族体质调查研究协作组于1980年对峦村与赛村近亲通婚的情况做了调查。全村271人中的203人接受了体质检查，结果显示：村中的第四代男性身高在161厘米以上，第五代、第六代的男性平均身高只有158厘米，女性则不超过150厘米。而且健康状况不良，普遍存在一些遗传性疾病。调查组把峦村人口按照四大家系来划分以进行疾病分析。调查组采用的方法，既使用医学手段进行检查，检查内容为"1. 询问病史及家族史，女性包括月经史、分娩史、子女存活及死亡情况等；2. 检查一般情况及身高体重；3. 全身体检，胸部视诊、听、叩诊，肝脾部触诊，及四肢检查，皮肤重点检查指纹，趾纹只做了个别检查，有无畸形，对个体病例摄相片；4. 血片及染色体培养"[2]，同时也采取了组织老人座谈、回忆过去情况及对婚配情况进行统计的方法。

当时，村中的婚配情况为：

现存人口中已婚配者92对，其中近亲婚配者29对（占比31.52%），为避免统计重复，近亲婚配只以男方计算。在近亲婚配的29对中，有两例女方结婚两次均为近亲婚配，故实际近亲婚配对数为31对次（占比33.70%）。其中，近亲婚配的具体情况为：表兄妹婚配者9对（其中姨表兄妹结婚2对），堂兄妹婚配7对，侄姑婚配7对，侄叔婚配3对，舅侄婚配4对，侄与姨婚配1对。在50岁以上的老人中由外地来上门的有8对，20—50岁的有5对，其他48对也都有远亲血缘的婚配关系。由外寨迁入的16人中有4对夫妇无近亲婚配关系。[3]

---

[1] 《帕西傣一支系家谱调查报告》，载骆毅、彭林、易淑君主编：《云南基诺族帕西傣体质调查》，昆明：云南民族出版社，1989年11月，第117页。
[2] 《帕西傣一支系家谱调查报告》，载骆毅、彭林、易淑君主编：《云南基诺族帕西傣体质调查》，昆明：云南民族出版社，1989年11月，第118页。
[3] 《帕西傣一支系家谱调查报告》，载骆毅、彭林、易淑君主编：《云南基诺族帕西傣体质调查》，昆明：云南民族出版社，1989年11月，第119页。

调查的结果显示：

①儿童及新生儿死亡率高

在检查的203人中，中华人民共和国成立后出生的150人，占73.89%，其中20岁以下的106人，占52.22%，如加上中华人民共和国成立后死亡的新生儿及小孩47人，中华人民共和国成立后总出生人口197人，其中儿童及新生儿死亡47人，占出生人口的23.86%。

②身高一代比一代矮

第四代现存的男性3人身高均在161–163厘米以上，而第五、六代的成年人身高仅158厘米，女性身高不到150厘米，只有与外族通婚的2个第六代异姓身高达176厘米，绝大部分均不能达平均标准的身高体重。

③发现的疾病及异常情况

初步诊断为先天性心脏病者6人，其中2人于生后不久因紫绀严重而死亡，4例中有2例儿童于哭啼时发紫，心区可明显听到收缩杂音；1例已14岁，身材短小，行动较快或用重力即出现紫绀，左第二肋及第三肋胸骨柄处有滚动舒张期杂音；1例自觉心悸，无风湿病史而心区杂音明显。至于在追诉病史中还有新生儿生下即青紫而死者未统计在内。

高血压及主动脉瘤患者在胸骨柄以上见到明显搏动及舒张期杂音，血压高200/105，水冲脉，同时又有心衰症状，另2例高血压无明显自觉症状。

肺心病3人均系年过60的老人，其中2人已有明显心衰症状。

贫血为本组检查对象中比较普遍存在的症状。

痴呆有3例，为第6代儿童，其中一例为5岁女孩，有明显的颈蹼，乳距宽，对外界的反应迟钝，高104厘米，重17公斤，肛查无子宫，其父母为侄儿与姨婚配。其弟现有两岁半，有明显的肋缘外翻及贫血。另2例痴呆见于两姐弟，两人行步蹒跚，走路时易于跌倒。

在四大家系的Ⅰ家系（调查组将峦村人口按家谱分的四大家系来展开调查，四大家系分别用Ⅰ、Ⅱ、Ⅲ、Ⅳ来表示）中，据诉有一男孩生长发

第四章 对话的过程：帕西傣的形成过程

育迟缓，到5岁还不会行走，智力低下，每天自己吃手指及口唇，直到把十个手指和嘴唇都吃完，口水很多，将胸部浸烂，5岁时死亡，据此症状推定为Lesh Nyhan氏高尿酸代谢综合征，据文献报道一般在生后第一年死亡，而此小孩活到5岁。其父岩银死于瘫痪（进行性肌萎缩），外祖父母为近亲婚配，其母所生子女11人，仅活5人，其中生下不久即死3人，患有软骨病1岁多不能坐最终死亡1人。男性瘫痪3人均系I家子孙，其中有2人已死亡，1例即上述高尿酸代谢综合征父岩银，自40多岁开始下肢肌肉萎缩而死。现在还存活的系17岁男孩，13岁开始脚痛不会走路，肌肉逐渐萎缩，卧床不能动，身长142厘米，胸部前后扁平（横径25厘米，前后径15厘米），胸围70.5厘米，骨盆小，两下肢萎缩，小腿（踝上）围14.5厘米，膝下17厘米，大腿围仅17厘米，其父母虽不是近亲婚配，但仍为本寨内通婚。

此外还有疝、小耳、六指并存以及子宫发育不良（幼稚子宫）、桡侧箕弓形纹的病例。

调查组得出的结论为："'帕西傣'支系普遍存在着近亲婚配，健康水平显著下降，身高、体重均低于正常水平，并有明显的遗传病如痴呆，地中海贫血，进行性肌萎缩，先天性紫绀，吐纳氏综合征等，并发现罕见的代谢性遗传病高尿酸代谢综合征。由皮纹分析弓形纹高达13.30%，高于文献报告。"[1]

经过马玉琼的呼吁和这次体质调查，村民逐渐认识到近亲通婚的弊病，近亲通婚乃至同村通婚在青年中已渐渐减少。与傣族或其他民族通婚已经是常见之事。马玉琼女士每次回村，都会询问村中男女青年的婚配情况，如果有近亲联姻的倾向，会遭到马女士的强烈反对。因为马女士是出外工作的妇女干部，她说的话村民通常都会听。

---

[1]《帕西傣一支系家谱调查报告》，载骆毅、彭林、易淑君主编：《云南基诺族帕西傣体质调查》，昆明：云南民族出版社，1989年11月，第117—129页。

（2）社会交往的扩大

随着与外界交流机会增多，峦村青年与傣族交往的机会越发增多。峦村夫妻中，有的是小学或初中同学，有的是出外玩耍时认识的。一个男青年曾经跟笔者说过："傣族都有一群男青年去约一群女青年出外玩耍的习惯。可是在我们村，都是傣族村寨的女孩子主动来约我们玩耍。"笔者在调查中也发现，帕西傣青年与傣族青年一样，喜欢玩乐，白天跑运输或劳动之后，吃过晚饭，要到外面玩到深夜才返回家中。遇到傣历新年这样欢腾、热闹的节日时，赶摆场上人山人海，一群男青年和一群女青年很快就可以成为朋友。并且随着交通、通信的发展，男女青年相识后，如果有进一步交往的意愿，就可以通过打电话、发短信等方式继续联络，或在晚上骑着摩托车相约一同出去玩耍。所以，帕西傣与傣族相识相恋并结婚的情况在峦村将会越来越多。在网络开始普及时，年轻人就经常相约到县城网吧上网，一些年轻人都有自己的QQ号，开辟了QQ空间，并因此结交了天南地北的网友，也有与网友相恋并结婚者。近年来，随着智能手机的普及，年轻人都有了微信、抖音等社交账号，对外交流的范围和群体进一步扩大。

2. 目前峦村通婚情况

从现在村里的青年通婚情况来看：只有极少数是本村男青年与本村女青年结婚，其余则是峦村村民与傣族或与其他民族的结合。近年来，峦村男青年除了与本寨女青年及傣族通婚外，少有外地的回族女性嫁到峦村；而峦村出外念过经的一些女青年，因在念经期间结识了其他地方的回族，双方相恋返回峦村并结婚。据笔者观察，念过经的女青年基本都选择了嫁给本村帕西傣和其他地方的回族；而出外念经回来的男青年，只有极少的与回族或本村女青年结婚，如峦村前任阿訇岩某与建水一回族女子结婚，回到峦村；村民岩应旺与本村同样念过经的女青年玉香应结婚。其他念经、穿衣的男青年更多地选择了与傣族女子结婚。与其他回族普遍有族内婚的

第四章 对话的过程：帕西傣的形成过程

偏好一样，笔者发现，与回族甚至本村人结婚，仍然是峦村许多人尤其是父母辈心里最大的愿望。

笔者曾问过峦村人为何现在本村人不与本村人结婚：

一中年妇女：以前不知道近亲结婚不好，现在知道后，就不再选择近亲结婚了。

年轻女孩 A：可能傣族女孩长得更漂亮吧（哈哈）。

年轻女孩 B：其实本村也有男女青年互相喜欢的，但村子太小，大家多少有点亲戚关系，有时候觉得难为情。

峦村青年通婚情况个案

同村帕西傣婚配：村里的玉香应和本村的岩应旺结婚。玉香应说在县城读初中时，她们一群女孩子就约定以后一定要找回族。后来，她到沙甸教育基金会念经，同村的岩应旺也到沙甸念经。但两人所在的学校相隔较远，平时也很少来往，只在放假的时候相约一起回家。但是由于接受了严格的经学教育，两人就算在同一辆车上也基本不说话，如果一定要说话，玉香应也是低着头，眼睛从不和岩应旺对视。后来，在两家人撮合下，两人结婚。玉香应认为自己找了一个回族，而且两人都是念过经的人，所以她对自己这桩婚姻非常满意。（据笔者观察，两人不但都在沙甸念过经，双方的家庭条件都较好。可以说，是非常"门当户对"的婚姻。）

帕西傣女子与汉族婚配：玉燕，与从昆明到峦村旁八公里处边防部队当过兵的一个汉族相识相恋，并嫁到昆明。她说自己的奶奶对于她远嫁，并且嫁给一个汉族非常不放心，曾拉着她的手说："要是你嫁的是个回族，奶奶就放心了。"由于玉燕家只有两姐妹，她嫁出以后，她的妹妹必须留在家里，于是父母希望其妹与本村一男青年结婚，她的妹妹只有不情愿地答应了。

文化的"对话"：帕西傣的交往、交流、交融研究

帕西傣男子与傣族女子婚配：岩应扁，念过经并且穿衣，与一傣族女子结婚。其母曾对笔者说："因为岩应扁是穿衣的阿訇，同村有许多妇女有意将女儿许配给他。"她的母亲也希望他能找一个回族，但是岩应扁喜欢上现在的妻子，父母也只好应允。

岩庄扁，与本村一女子结婚，不到两年离异。其姐认为这是当时父母希望自己的弟弟找回族，硬把两人凑合在一起导致的结果。之后，其弟重新自由恋爱找了一个傣族，现在两人已有两个孩子，夫妻感情也较和睦。而其弟的前妻再嫁后，仍然找了一个本村的帕西傣。

笔者也询问了一些嫁入峦村的傣族女子，为何选择嫁给一个峦村帕西傣，以下是她们的回答：

曼养坎傣族女子：23岁时与峦村一名在沙甸基金会念经、穿衣的男青年结婚。这一次婚姻是她的第二次婚姻。第一次结婚时，她只有16岁，丈夫是本村的傣族，是父母帮她安排的，该男子到她家里上门。结婚后，她才发现丈夫不但抽烟、酗酒，还赌博。喝酒后，还当着她父母的面打她。于是一年后，这段婚姻草草收场。离婚一年后，她现在的丈夫（峦村帕西傣，两人小时候就认识）从沙甸毕业，他们俩就走在了一起。她对于自己现在的婚姻非常满意，她认为自己的丈夫不抽烟、不喝酒，脾气很好。她与丈夫结婚履行了进教仪式。而且在后来的很多时候，笔者都看见她跟随自己的丈夫积极地参加宗教活动，如到景洪过圣纪节等。

曼短傣族女子：她认为傣族普遍早婚，离婚也很普遍。傣族人爱喝酒，一些人喝酒以后会打骂妻子，这种习惯不好。而回族喝酒较少，尤其是她丈夫基本不喝酒。回族到清真寺不喝酒、不抽烟，而傣族到缅寺照样抽烟、喝酒。她还提到关门节之后，每家都要拿钱、饭菜去

第四章 对话的过程:帕西傣的形成过程

赕佛,非常浪费。而回族在此方面不浪费。因此,该女子也非常满意自己的婚姻,并且言谈中无时不体现出她现在身为一个"帕西"的自豪。

目前,峦村的通婚情况既存在同村人结合(即帕西傣与帕西傣),也存在与傣族、回族、其他民族结合的。虽然每一个家庭都遵从着峦村多年来共同的社会规则,但是在家庭内部多少存在着个体差异。如同是帕西傣组成的家庭认为,只有娶了傣族妻子的家庭才会去赕佛和在孩子生病时给孩子拴线。

中老年人多对同村通婚(排除近亲外)和同族通婚持赞成的态度。嫁进来的傣族女子就算进教了,他们也还是把她们视为与自己不同的群体。一个中年男子(他的儿子娶了一个傣族)对笔者说:"现在儿子找傣族,我们也不反对了,但是儿媳一定得入教。既然我们是回族,就得按照回族的规矩办事。"峦村的女孩,内心也或多或少地希望自己与回族或本村人结婚。村里一个女孩就曾经告诉我,她其实很喜欢同村的一个男青年,只可惜该男青年不喜欢她,而喜欢上了一个傣族。因此,她最终嫁给了一个汉族。而峦村男性与傣族女子通婚,则成为最多的婚配情况。

第五章 宗教活动中的对话

认同是一个心理学范畴，一般指个人在社会生活中把自己与一些人联系起来并与一些人区分开来的自我意识。族群认同是社会成员对自己民族（族群）归属的认知和感情依附，属于人的潜意识，它需要在与其他族群接触时不断地表述出来，才会被他族认知。宗教是族群认同的重要因素，艾略特说：要在各自具有不同文化的民族之间创造某种共同文化，其主导力量是宗教。宗教是文化中最具持久力的因素，在一定时期可以与一个民族的族群意识合而为一。"在族群内部，共同的宗教信仰是一种强大的文化聚合力，如藏族和回族。在族群之间，不同的宗教信仰也是强化我群和他群的区分力量。宗教是文化中真正能够持久的基质，它同本族的民族意识紧密结合为一。同时，宗教在人们之间造成的认同和歧视更为剧烈，而且排斥性更强。"[1]

一、宗教活动的中心——清真寺

帕西傣的清真寺是作为一个处于傣族南传佛教包围中的回族群体的鲜明标志和重要区别。在村民的口述和相关文献的记载中，都提到峦村在不

---
[1] 中南民族大学民族学与社会学学院编：《族群与族际交流》，北京：民族出版社，2003年3月，第28页。

第五章 宗教活动中的对话

同时期修建清真寺的历史。

峦村的先民用茅草建盖起简陋的清真寺用于礼拜。随着人口规模的增加,又改建为用瓦片作屋顶的清真寺。在1909年景洪宣慰与勐海土司的战争中,清真寺毁于战火。20世纪30年代,茶务总办、沙甸的回族白耀明到勐海开办南糯山茶厂,在他的帮助下峦村重建了清真寺。重新建盖的清真寺在1958年时倒塌。之后20多年的时间,清真寺的重建被搁置了下来,老人们只能在家里礼拜。当时,村中的宗教活动也受到了很大的影响,宗教教育也因而中断。直到1982年,村民通过向本村村民、赛村、勐海县城的穆斯林筹措资金,动员村中的人力,建盖起了清真寺。"1982年寨内群众和勐海城的回族群众捐款,群众自己砍木头、烧砖瓦,全寨男女出义务劳动,一个多月建成砖瓦的清真寺,平时少数老人礼拜,主麻天聚礼的人更多一些。"[1]清真寺的修建,对峦村宗教信仰的复兴起了积极的作用。当时修建的清真寺,"建筑形式都是傣族佛寺式屋顶、砖墙,所不同处是坐西向东,后墙中间突出一间小房,是清真寺内'摇窝',就是阿訇领拜的地方。"[2]1994年,峦村花费近20万元人民币修建了新的清真寺。清真寺位于村口,经过金桥进入峦村的地方。同时,也处在村里的中心位置。体现出"围寺而居"的特点。2005年,由于清真寺外部瓷砖破损,又再一次进行了重新装修。2011年,清真寺修建了大门和围院。

2016年,峦村拆除了使用20多年的清真寺,准备建造新的清真寺。

2018年3月,新的清真寺建造完工了。新的清真寺是原清真寺拆除后,在原来的位置上重建的。新的清真寺借鉴了傣式建筑的风格,但又在许多地方体现出差异。清真寺主体建筑为两层楼,一楼悬空,正面有花岗岩铺就的楼梯直接通往二楼的礼拜大殿。房顶类似傣族缅寺风格(即西双版纳地区傣族缅寺常见的重檐多面式屋顶,屋顶正中间处呈"人"字形,后面

---

[1] 马维良:《云南回族历史与文化研究》,昆明:云南大学出版社,1999年5月,第120页。
[2] 马维良:《云南回族历史与文化研究》,昆明:云南大学出版社,1999年5月,第141页。

的屋顶中间处最高，两侧依次递减，在最末端形成一个翘角），颜色也采用了与之相似的绛红色，房屋顶正中间的人字形屋顶形成的三角处是蓝色。傣族佛寺通常用"金水画"在此作为装饰，而峦村的清真寺则书写着金色的经文。二楼外侧有"一"字形檐廊，围有汉白玉的围栏。一楼悬空处，在节日时可放置桌椅，招待客人。大殿主体建筑与傣族佛寺相似，但又截然不同：在整个建筑上没有壁画、没有鸟兽等傣族佛寺中常见的装饰物。窗户下方上写"曼峦清真寺"几个金色大字，下面有一块大大的电子屏幕。大殿两侧有六层的高耸的叫拜楼。清真寺色彩明快简洁，屋顶为金黄色，墙体为白色。整个建筑起落交错，别具一格。大殿前左右两侧还有两盏绿色椰子树造型的灯，围栏上有鲜花装饰。

二、峦村的宗教生活

自从峦村的先民在傣族地区定居以来，就有了自发的宗教活动。随着勐海县城回族人口的增加，峦村的宗教活动开始受到引导而逐渐兴盛。峦村在历史上曾有过两段宗教生活最兴旺的时期：

一是在20世纪30年代。沙甸的白孟宇（白耀明，字孟宇）在勐海当茶叶总办时，在勐海清真寺开办了阿文学校，培养阿訇接班人。白总办不但出资帮"帕西傣"寨修建清真寺，还吸收了两寨的男女儿童到勐海城清真寺读阿文，供给全部伙食、零用钱。[1] 那个时候许多村民学会一些经文，今天在村里会念经的老人即在那个时期学习的。这一时期的宗教活动兴盛情况一直保持到了20世纪50年代中期。

1958年后，峦村的宗教活动也停止了。直到20世纪80年代，峦村的

---

1 马维良：《云南回族历史与文化研究》，昆明：云南大学出版社，1999年5月，第120页。

第五章　宗教活动中的对话

宗教活动才得以恢复。这一时期，峦村的宗教活动还属于自发、较少受到外部干预的阶段。据村民回忆，当时过宗教节日，如圣纪节，就是每家拿一只鸡去清真寺宰，煮熟后，每家分一袋拿回家，也不请其他地方的穆斯林来做客。直到 80 年代中期，峦村与赛村、勐海清真寺、勐遮清真寺加强了联系，在过圣纪节错开时间，互相邀请。在峦村没有阿訇的时期，宗教事务都是请勐海的阿訇来主持的。

二是 1992 至 2004 年左右。这一段时间峦村宗教生活兴盛的原因，主要是峦村来了较有影响力的阿訇以及其他回族团体纷纷对峦村投予了极大的关注。阿訇在对宗教知识、宗教仪式规范的传播中起了重大的作用。而不同的阿訇由于来自不同的地方或对伊斯兰教义、教规的理解不同，在传授伊斯兰教知识的过程中所起的作用或影响也有所不同。峦村的历任阿訇来自许多地方，但是在村民口中提到最多的就是昭通鲁甸来的李明坤阿訇。李阿訇在峦村担任教职的时间为 1992 至 1997 年。通过村民的回忆及以前学者的记述（学者马健雄曾于 1995 年在两个帕西傣村寨做调查，当时正是李明坤阿訇在任时间），李明坤阿訇为了"改正"峦村许多有悖于伊斯兰规范或内地回族传统的习俗，尽了很大的努力。

笔者第一次去峦村的时候，村民一听说笔者是昭通的，就会说："以前我们村的李阿訇也是昭通的。"开始笔者以为只是因为跟李阿訇是同乡，他们才不断提起他。但慢慢地笔者发现原来因为他是此前历任在峦村时间最长的，也是对峦村影响很大的一个阿訇。在村民的心中，李阿訇严厉而慈祥，他会对他觉得不合规范的事情大骂，也会不远千里从昭通老家带回土特产让村民品尝。许多人跟笔者一起聊天的时候，就会说："你们昭通的某某东西好吃。"然后还会补充一句，"是李阿訇从老家带来给我们吃的"。虽然李阿訇离开了很长时间，但大家对他的感情非常深厚。学者马健雄去调查时，李阿訇曾对他这么说过："到这里来办教门，就不能贪'吨约'（今世），要有献身精神。"[1] 可见，李阿訇在峦村实行宗教改革的难度和他所付出的努力。

李阿訇离开的原因：有的说是因为他太严格，得罪了村里的一些人。但大部分人说，当时李阿訇要离开，村民极力挽留他。但是因为他的两个子女到了入学的年龄，在峦村当阿訇每月仅有500—600元的收入，已远远不能应付他们一家人的日常生活开支。李阿訇回昭通的时候，村里专门派人把他送回昭通。多年过去了，村民仍有许多人与李阿訇保持联系，据说他现在在文山丘北经商。峦村当时正准备修学房，村民说他们希望学房修好后，能再把李阿訇请回来。

虽然对李阿訇的评价褒贬不一，但是李阿訇确实对峦村宗教活动起到了很大作用。许多人感慨地说："李阿訇在的时候，我们的教门很好，他为我们做了很多事情。"（主要是指宗教方面的事。）

2019年李明坤阿訇访谈

无数次从村民口中听说李明坤阿訇，笔者对他产生了强烈的好奇。于是，很想亲自与他交谈，了解他眼中的峦村。然而，村民告诉笔者他现在在云南丘北，并且不知道具体的地址。于是，拜访李阿訇的念头只能暂时放弃。2019年2月，村民玉香应一家来昆明过春节，并提出要去看望目前在老家昭通鲁甸的李明坤阿訇。于是笔者跟他们一起前往。李阿訇目前居住在丘北，因父亲生病回老家探亲。当笔者提出要他讲讲在峦村时候的事时，他打开了话匣子，回忆起在峦村的岁月。笔者将他的回忆整理如下：

1992年，刚刚"穿衣"的李明坤，被峦村聘请为阿訇，主持峦村的宗教事务。因暂时无法安顿好全家人，他丢下妻子和尚未满月的孩

---

[1] 马健雄：《勐海帕西傣调查》，载云南省民族研究所编《民族学调查研究》，1996年1月，第40页。

第五章　宗教活动中的对话

子只身前往峦村。到了峦村，清真寺还未修建，他只能轮流到村民家中居住。几个月后，村里腾出一间公用房屋给他居住，他才回去接来自己的妻儿。看着这个跟傣族没有太大差别的群体，李明坤暗暗下定决心要改变目前的情况。摆在他面前最重大的事情就是：修建清真寺，复兴村里的宗教事务。

修建清真寺对于当时的村民而言，是一笔庞大的支出，为了筹集资金，李明坤带领村民到各地去筹钱。在获得一些地方的穆斯林资助、村民自己筹集一部分资金的情况下，1994年峦村建盖了清真寺。清真寺建盖好后，重要的事情就是让村民学习宗教知识。于是他要求小孩子在放学后都来学习经文。为了与村民更好地沟通，李明坤与妻子开始学习傣语，不懂的就问村民，并做好记录，再反复背诵，后来，他们已能与村民用傣语进行流利对话。这也为他在老年人中做好宗教知识普及打下了良好的基础。

他在峦村期间主要做了以下事情：

1. 修建清真寺

李明坤阿訇不仅严格地进行宗教方面的改革，还带领村民到各地去筹钱，于1994年修建了峦村的清真寺。当时峦村清真寺的主体建筑是一座两层楼的房子，一楼为教室，二楼为礼拜大殿，另有叫拜楼、洗大小净的水房及阿訇住的地方。

2. 开展经学培育

李明坤阿訇在时，每到下午4点，小孩放学后，清真寺就开始放广播，听到广播声，小孩们就要去清真寺学习念经。如果小孩们放学去玩，不去清真寺，李阿訇就来挨家挨户叫小孩。当天教的经文，如果学不会，就不能回家吃饭。每到放寒暑假时，小孩要全部住到清真寺里，在清真寺学习念经。当时，峦村的小孩子们都会礼拜，念《古兰经》的十八段。由于李阿訇的严厉，孩子们都很怕李阿訇，怕到他们远远看到李阿訇，就吓得转身往回跑。

3. 督促村民们履行宗教功课

李明坤阿訇除了让小孩学习经文外，更注重宗教功课。在斋月里，李阿訇要求全村人包括达到年龄的孩子封斋（按照伊斯兰教的规定，达到一定年龄者每年皆需封斋一月）。

4. 禁止峦村过春节

李明坤阿訇来自云南昭通，在昭通及云南大部分地区，回族认为春节是汉民族及部分其他少数民族的主要节日。因此往往把"不过春节"当作回族区别于汉族和其他少数民族的一个具体体现，故李明坤阿訇反对村民过春节。峦村也逐渐取消了春节期间燃放鞭炮、拜年等部分庆祝活动。

5. 禁止一切有违教规的活动

李明坤阿訇还严厉禁止抽烟、喝酒。不管老少，只要被他见到谁抽烟、喝酒，都要受到批评。所有村民只要正在抽烟，见到李阿訇都要赶紧把烟头丢掉。

6. 禁止一切受傣族影响的不合伊斯兰教教法的习俗，如拴线等。

拴线是傣族的传统文化，是傣族人生活中不可缺少的部分，具有祈福和消灾解难之意，因村民与傣族通婚者较多，拴线仪式曾普遍盛行于峦村，经过李明坤阿訇的劝说和制止，村民不再有拴线的行为。

当这些年轻人说起李阿訇的时候，笔者问村民："他这么严格，你们一定不喜欢他吧？"但大部分人都说："阿訇严格才好。其实，他平时对我们很好。"虽然李明坤离开峦村已经 20 多年，但是他与村民的联系从未中断，村民在宗教事务方面的决策，常常通过电话询问他的意见。偶尔，他也会回来参加村里的圣纪节，村民也不时会去探望他。

20 世纪 90 年代以来，云南其他地方的回族团体对于这个远在西双版纳的同胞们也给予了较大的关注和帮助。沙甸一些回族群体不但资助峦村青年到沙甸、通海等地学习经学知识，还积极地来到村中进行宣教、讲经。"宗教社团对其教徒的行为产生经常的（往往也是很强烈的）影响，它同意和赞许某些行为方式，同时指责、反对另外一些形式。……社团群体对教徒的群体压制并不总是采取公开禁止形式……社团对其成员的调节作用通过群体舆论实现的。"[1]在许多了解帕西傣文化的穆斯林看来，帕西傣的宗教信仰是不够"正统"的，他们极力想把其引导上"正统"的伊斯兰教上来。沙甸穆斯林教育基金会的学生来到村中传教，带领村民礼拜，讲解《古兰经》，他们强力主张抛弃不符合正统伊斯兰教的东西。虽然最终由于遭到部分人的反对没能实施，但是对于强化峦村人的宗教意识也起到了一定作用。

三、峦村村民的五番拜、聚礼、会礼

（一）五番拜、聚礼、会礼情况

1. 五番拜

据村民的口传历史，关于礼拜活动最早的记忆是：回族马帮到了流沙河边，用两根木桩一栽，挂起草帘就礼拜了。[2]村民礼拜知识的学习，从很久以前持续到现在。从20世纪30年代开始，沙甸回族白孟愚开始帮助峦村进行宗教教育，那一时期，不少村民学会了礼拜和念经。现在村民中常到清真寺礼拜的60多岁的老人，多在那一时期习得了宗教教育。

除此以外，村民也会到外地进行短期的宗教学习。如2008年，村中

---

[1] [苏]德·莫·乌格里诺维奇著：《宗教心理学》，沈翼鹏译，北京：社会科学文献出版社，1989年5月，第184页。
[2] 马健雄：《勐海帕西傣调查》，载云南省民族研究所编《民族学调查研究》，1996年1月，第38页。

的10多个中老年人，在沙甸老板出钱资助的情况下，去沙甸和通海纳家营学习了一个多星期的礼拜和伊斯兰教教义。

礼拜的时间主要是根据太阳当天、当时所处的位置决定，因此存在不同地方礼拜时间有差别，同一地方每天礼拜时间不同的情况。

峦村每天5次的叫拜广播（每次礼拜前，住在清真寺的阿訇放叫拜的磁带，叫拜的声音就会在村里每个角落回响，提醒村民做好礼拜的准备）会按时响起。村民家中都建有沐浴室，沐浴室中都有专门用于洗小净的壶。村民除阿訇、少数老人外，大部分人没有进行日常礼拜。

2. 聚礼

聚礼即每个星期五的晌礼时间到清真寺进行集体礼拜。在大多数回族社区中，参与聚礼的人数一般比礼五番拜的人多（即只在每周五礼拜的人数多于每日礼拜的人）。

峦村参加聚礼的主要是老年人，每个星期五有10多位老人会到清真寺进行礼拜。

2006年5月，笔者第一次到峦村，由于峦村清真寺正在整修，没有人进行主麻聚礼。2007年4月20日，笔者观察了峦村的聚礼。当天，峦村共有9人参加集体礼拜，其中男性6人，女性3人，均为60岁以上的老人。

2007年4月20日峦村聚礼

今天是星期五，主麻日。下午2点钟，笔者来到峦村清真寺看村民们礼拜。清真寺还没有人来，笔者就和阿訇坐在一起聊天。叫拜广播放响之后，2点40左右，来了一些礼拜的村民。在阿訇的带领下，聚礼正式开始。当天礼拜人数为9人，6个男性，3个女性，皆为本村60岁以上的老人。男性戴上了礼拜帽，女性戴上了盖头。男性和阿訇在礼拜大殿礼拜，女性在旁边用布帘隔开的地方礼拜。做完礼拜后，一名年老的女性来"传"油香、蛋糕和香蕉。所有人站在清真寺的庭院里排成一排,传油香的人一一传过去,其余人双手接过。本次的主麻聚礼结束,参加聚礼的人各自返回家中。

在笔者田野调查期间,峦村由于参加聚礼的人不多,在聚礼时未进行"卧尔兹"宣讲。

3. 会礼:开斋节、古尔邦节集体礼拜

在每年的开斋节和古尔邦节举行的集体礼拜,称为会礼。会礼日穆斯林沐浴熏香,换上整洁的衣服到清真寺礼拜。礼拜后静听教长念"胡土白"讲演词,最后集体接都阿结束。

节日期间,茶厂上班的村民会请假、跑运输和做生意的会停下自己的业务来参与节日活动,故会礼日礼拜的人数也较多。

(二)峦村宗教仪式的意义

彭兆荣指出尽管一些宗教宣称具有普世价值,但对于不同民族、不同阶级、不同性别、不同时代、不同地域的信徒,会出现在同一个符号或价值体系中的"自我认知""自我满足"和"自我实现"的重大差异。宗教都面临着在世俗生活中被某一个群体按自己的方式理解和在此基础上的实践活动,而"仪式在很大程度上正是这种理解和实践的完整和完美体现"[1]。峦村人的宗教仪式与宗教庆典与其他地方回族大体相似,但也体现出"峦村特色"。

1. 宗教仪式是信仰伊斯兰教的具体体现

峦村的宗教仪式是峦村人伊斯兰教信仰的体现。如保罗·康纳顿所说:"仪式不仅是表达某些信仰的另一种方式,而且某些事情只能用仪式来表达。"[2] 弗思也说:"宗教不单单是信仰。人的信仰并不是凭空存在的,而是

---

[1] 彭兆荣:《人类学仪式的理论与实践》,北京:民族出版社,2007年6月,第60页。
[2] [美]保罗·康纳顿:《社会如何记忆》,纳日碧力戈译,上海:上海人民出版社,2000年12月,第61页。

用来为人和利益服务,使他达到目的。信仰一定要表现为仪式,虔诚要表现为行动。反过来说,仪式之所以成为一种相对稳定化的形式,需要有信仰和意识形态方面的内容的支持与支撑。"[1]

在村民的集体记忆中,无论是祖先到流沙河边,"挂起布帘就礼拜",只有三户人家时,就"建起茅草竹篾巴的简易清真寺",还是20世纪30年代,白总办资助村里儿童去勐海学经文,都可以看出:峦村村民即便不是全部人都履行拜功,但也知道这是伊斯兰教的功修之一;即便宗教生活时有中断,但关于每一时期带领大家进行宗教生活的村民或外地来的阿訇,村民都有记载或留下深刻的记忆。

帕西傣的日常生活是世俗的,是无需与宗教联系在一起的,但礼拜等宗教仪式则会提醒他们自己的身份。格尔茨说:宗教造就了社会秩序。即便是最严格的教徒,也不会一直生活在宗教象征表达的那个世界中,大部分人只是在某些时刻生活在其中。在仪式当中,"宗教信念完全占有了整个身心,将其带进另外一个存在界——与作为日常生活中经验的、苍白的、记忆性的回想的宗教信念并不是一回事"[2]。

每一次宗教仪式的举行,都是帕西傣宗教信仰的具体体现。拉德克利夫·布朗认为宗教仪式是社会影响其个人成员并使一系列感情存活在他们心中的手段。没有宗教仪式,这些感情就不会存在,而没有这些感情,现有的社会组织就不可能存在。

2. 在宗教仪式中强化了宗教信念

在生活中,帕西傣并不是每时每刻都会把自己与自己所信仰的宗教信仰联系在一起,也并不是随时都会感觉到自己与别人的不同。他们日常身着傣装、讲傣语。在与其他民族交往时,如果不是特别说明,没有人会认

---

[1] 彭兆荣:《人类学仪式的理论与实践》,北京:民族出版社,2007年6月,第47页。
[2] [美]克利夫德·格尔茨:《作为文化系统的宗教》,载史宗主编《20世纪西方宗教人类学文选(上)》,北京:三联书店,1995年4月,第188页。

第五章 宗教活动中的对话

为他们不是傣族。帕西傣通过礼拜等伊斯兰教宗教仪式，体会到仪式的神圣性及与傣族宗教仪式的差异性，强化着帕西傣对自己宗教信仰的认识。

格尔茨说："宗教信念在人类生活中的出现，是以宗教仪式的具体活动为背景的。"[1] 无论是否信仰宗教，以及信仰宗教的程度如何，没有谁会每时每刻生活在宗教象征形成的世界里，大多数人都只是某些时刻暂时生活在其中。帕西傣的日常生活中，谋生和娱乐是生活的重要部分。父母及成年子女一起打拼，让家庭变得更富裕，建盖大房子住得更舒适，辛苦劳作之后通过娱乐休闲活动让身心得到放松。"由常识客体和实践行动所构成的日常世界是人类经验中的最高真实。"[2] 日常生活是世俗的，宗教信仰在日常生活中只是对宗教经验的苍白记忆和反映；而仪式是神圣的，在仪式中，宗教信仰占据了人的整个身心。个体通过履行宗教仪式，达到脱离日常生活，进入另一个完全不同的世界中。"仪式是按照计划进行的或即兴创作的一种表演，通过这种表演形成了一种转换，即将日常生活转变到另一种关联中。在这种关联中，日常的东西就改变了。"[3]

宗教仪式由一系列的动作、经文念诵和严格的程序组成。礼拜过程与世俗生活的随意性形成强烈对比，帕西傣在这个过程中宗教信念进一步强化。

3. 宗教仪式是区别帕西傣与傣族的重要边界

"仪式在于宣称差异性。"[4] 帕西傣的宗教仪式不仅是他们宗教信仰的具体体现，更是以此作为划分"帕西"与"傣"的重要边界，相较于傣族频繁的"赕佛"活动，没有伊斯兰教的礼拜仪式和宗教节日，"帕西"与"傣"

---

[1] [美]克利福德·格尔茨：《文化的解释》，韩莉译，南京：译林出版社，1999年11月，第138页。

[2] [美]克利福德·格尔茨：《文化的解释》，韩莉译，南京：译林出版社，1999年11月，第147页。

[3] Alexander,1997, Ritual and Current Studies of Ritual：Overview，转引自彭兆荣：《人类学仪式的理论与实践》，北京：民族出版社，2007年6月，第16页。

[4] Smith，1987，转引自彭兆荣：《人类学仪式的理论与实践》，北京：民族出版社，2007年6月，第16页。

的边界就得不到彰显。因而，宗教仪式不仅是帕西傣的精神意识，更成为对外展示的一种"文化表演"。格尔茨指出仪式作为一种"文化表演"，对信仰者来说，提供了宗教生活的情绪和观念两方面的会合点，而且也成为局外观察者作为现成审查宗教生活不同方面的相互作用点。峦村的宗教仪式是完全不同于傣族的宗教仪式，这些宗教仪式的举行过程排除了不属于本族群的群体，而且这些宗教仪式的举行，也成为区分"我群"与"他群"的重要内容。帕西傣借用宗教仪式这种"文化表演"，给世人展示出一个不同于傣族，而又与回族一致的群体。峦村帕西傣与赛村帕西傣早已为世居于此的傣族所认知，傣族对帕西傣最直观的认识是"他们不吃猪肉，与我们不同"。除此之外，虽然大多数傣族不清楚帕西傣信仰的"神"是什么样的，但他们或多或少地知道进入清真寺不能抽烟、喝酒。因为了解不深，对清真寺的敬畏之情被莫名地放大，以至于他们中的很多人根本就不敢踏进帕西傣的清真寺。帕西傣与傣族在语言、服装、生活习惯等几乎一致的情况下，峦村伊斯兰教的宗教仪式和节庆也成为区分两者的重要边界。

4. 宗教仪式是表现和强化族群认同的方式

哈布瓦赫认为，现在的一代人是通过把自己的现在与自己建构的过去对置起来而意识到自身的。峦村不断强调其祖先是来自大理的回族这样的历史，至于峦村祖先与傣族婚娶、繁衍形成今天的帕西傣的历史，在与回族讲述和交往的过程中，往往被峦村人一笔带过。在峦村的集体记忆中，峦村人选择了能表述自己身份的记忆，而宗教仪式成为"一种表现和强化族群认同的叙事"。在帕西傣的自我认知中，认为：作为回族，就必须遵守诸如礼拜这样的宗教功修。涂尔干认为，不只是仪式帮助人们回忆过去把共同体聚合在一起的重大事件，集体记忆作为一个中介变量，一方面通

第五章 宗教活动中的对话

过日历上的节日庆典来纪念这些事件，而另一方面也被这些事件所强化。[1]

涂尔干把宗教现象归结为信仰和仪式两个基本的范畴，信仰属于主张和见解，并存在于许多表象之中，它们表现了神圣事物的本质、神圣事物维系的相互联系及其与世俗之物的联系，仪式则是人们行为的准则，规定了人们在神圣事物面前应当如何行动。信仰伊斯兰教既使峦村成为一个统一体，也使他们与其他回族群体以"共同的或一致的思想方式看待神圣的世界及其与世俗世界的关系"[2]。

在帕西傣发展的整个历史过程中，赶马至此或到此做生意的回族都把帕西傣当作同族同胞对待，并给予了特别的关注，他们把教给帕西傣正统的宗教知识和宗教仪式当作己任。当学会礼拜等宗教仪式后，在一次次重复的过程中，帕西傣的回族认同不断得以强化。

（三）峦村宗教仪式的特点及原因

峦村宗教仪式的参与度在不同的时期表现出不同的特点，具有"不恒定"性。学者马健雄曾形容帕西傣是伊斯兰教与傣族文化的拉锯，即在某一个时期，某种宗教的影响力更强，峦村的文化就朝傣族或朝回族靠近一些。

1. 宗教权威的影响力不同

宗教权威是影响宗教信仰的权威。在人类发展过程中，天灾人祸不断，谁也无法预知明天会发生什么，对日常生活的不确定性及面对不可预知事件的无法控制性，自然形成对权威的服从。因为大众普遍认为只有宗教的神职人员才能理解或才有方法能成功地控制这些危险的事情。阿訇在回族社会是通晓经文、熟悉教规教律的人，回族的人生礼仪、宗教生活都离不

---

[1] ［法］莫里斯·哈布瓦赫：《论集体记忆》，毕然、郭金华译，上海：上海人民出版社，2002年10月，第44页。
[2] ［法］E.迪尔凯姆：《宗教生活的基本形式》（节选），载史宗主编《20世纪西方宗教人类学文选》，北京：三联书店，1995年4月，第62页。

开阿訇，阿訇是宗教世界中的权威，也是能影响和改变一个宗教团体宗教信仰程度的重要力量。而峦村宗教仪式的兴盛与否，与时任的阿訇关系密切。

李明坤阿訇在任时，以强硬的作风，极大地推进了峦村村民对宗教的认识，强化了他们的宗教信仰。在此不再赘述。

岩某是峦村培养出来的第一位阿訇。在他年幼时，父母就去世了，仅有一个年长他几岁的哥哥。他的父母临终前，请峦村大管寺照顾他们兄弟。后来，大管寺把他送去念经，7年后穿衣，大管寺及一些村民亲自去把他接回。他回来后，与在沙甸一起念经时认识的建水回族女子结婚。2002年他正式担任峦村的阿訇。峦村每年付给他3000元钱及一定数量的谷子。大管寺本着培养新人的目的，推荐岩某担任景洪州伊斯兰教协会副会长兼秘书长，这样每月他就有600元的固定工资。寺管会所有成员都希望他在峦村一直做阿訇，把清真寺当成自己的家（如果他一直在本村当阿訇，清真寺就可作为他们的居所，他就不需要建盖房屋）。由于他是本村村民，对帕西傣的习俗和习惯非常了解，他也采取了一些符合本村实际的办法来开展宗教改革，受到了村民的支持。岩某担任阿訇期间，峦村的宗教生活仍然维持在较好的情况。然而，让人意想不到的事情发生了：2005年，岩某的妻子忽然到峦村寺管会举报岩某吸毒，原来岩某不知在什么情况下染上毒瘾，四处借钱，并且挪用清真寺的公共款项，其妻出于挽救他和不让峦村集体利益受到损害而举报他。事后，他被强制戒毒。岩某戒毒成功后，不再担任峦村的阿訇。因为没有收入来源，只能去砖厂打砖赚钱。经过几年的辛苦打拼，2008年他也建盖起了自己的新房（之前，他一直租住房屋），与他的哥哥的新房紧挨在一起。这件事虽然已经过去好几年，但提起他，大家都很失望，大管寺尤其痛心疾首。根据村民的讲述和以前学者的记录，笔者认为这一次事件是峦村宗教生活陷入低潮的一个转折性事件。

2006至2016年，峦村阿訇是来自澜沧的马阿訇。笔者在调查期间与他有过多次交谈，在交谈中，笔者可以感觉到他是一个性格随和的人，完

第五章　宗教活动中的对话

全不具备李阿訇的"强硬作风",所以他对村民的许多作风想管却无能为力。同时,他对于讲傣语的帕西傣还不能完全适应,他在和笔者谈话中,总是说"他们傣族",在他看来,峦村人是傣族,所以宗教信仰程度不深。马阿訇认为峦村经济条件尚好,但不太愿意把钱用在宗教事业上。如2004年古尔邦节,峦村献宰了一条牛和几只羊,但都不是本村人献宰的,而是外地到此工作和经商的人到峦村清真寺献宰的。斋月把斋的人很少,到外念过经的人也很少礼拜。他也做了很多努力,但是收效甚微。他的宗教影响力未能体现出来。

笔者还了解到其他一些情况：马阿訇每月仅有250元的收入(由村民每家集体分摊),其妻不得不与村中的妇女一起到茶叶厂拣茶叶。他们的子女已经到了上幼儿园的年纪,但由于收入有限,他们不得不把孩子留在澜沧老家由父母带。马阿訇流露出想另谋职业的念头。

2017年后,由巍山小围埂派来的马长和在峦村担任阿訇。他来自回族人数较多、宗教信仰程度较深的大理巍山,而他身后的小围埂村更给他以强大的支持。峦村的宗教仪式又转而走入了一个新的阶段。

2. 获取经济利益与宗教活动的冲突

峦村是一个土地较少的村寨,农业收入占他们收入的比重较少。从祖先定居以来,他们就主要以做牛皮底鞋、开马店或经营玉石生意等谋生。近年来男性多半以跑运输和从事茶业相关业务为主,女性多半到茶厂上班,上班的作息时间很难进行日常礼拜。每天早上,峦村男性大多吃完早点就开始从事运输业和茶叶生意；中青年女性则更是一早起床就到茶厂上班,中午短暂休息后,又继续上班。所以一些妇女告诉笔者,原来她们都把斋、礼拜,但自从去茶厂上班后,已经很难抽出时间进行宗教活动。斋月里把斋只把一两天,只有部分老人一个月都把斋,年轻人中没有出外工作的也有部分人把斋。

3. 帕西傣日常生活的娱乐性与宗教仪式之间的矛盾

文化的"对话"：帕西傣的交往、交流、交融研究

弗洛伊德将人类的心理层次分为超我、自我和本我。"本我"包括各种希望和欲望，这些希望和欲望中有许多经常与文化发生冲突，"超我"包含内在化的文化价值。个体个性的一部分经常与另一部分发生冲突，即内部冲突；同时，个体的希望和欲望也经常与他所处群体的文化要求发生冲突，即外部冲突。峦村帕西傣作为一个回族群体，内心中的"超我"认为应该严格履行宗教仪式，但是对于宗教仪式所要求的持之以恒的坚持却受到了"本我"渴望"享乐"的制约。斯皮罗认为："社会行为往往既不是一种无差别个性的直接表达，也不是外在文化规范影响的一种简单结果，而更像是一系列相互作用的心理事件的最终产物。包括冲动（本我）、文化和个人价值（超我）、它们之间的冲突以及对冲突的防卫（自我），只有在这个时候，结果才最终成为行为。"[1]

峦村人和周围的傣族一样，娱乐是劳动之余最重要的活动。家庭内部的娱乐活动增强了家庭成员间的情感联系，集体的娱乐活动则成为联结不同群体之间的社会纽带。由于峦村距离县城只有约7千米，且交通方便，峦村的年轻男孩、女孩白天从茶厂下班或结束运输后，晚上通常相约到县城玩耍，城里的迪高厅、卡拉OK厅、清真烧烤摊都是峦村年轻人常去的地方。在卡拉OK厅里，无论是傣语歌、汉语歌，他们都能切换自如地演唱。傣历年的赶摆活动也是峦村人必参加的。当笔者刚到峦村的时候，他们就说："傣历年最好玩，到时候你一定要来。"近年来，峦村人出外旅游的人也渐渐多起来。年轻女孩们相约到昆明、丽江等地游玩；每年三八妇女节，已婚的中青年夫妇们按年龄分批到景洪花卉园、傣族园等地玩一天。随着经济条件不断改善，村中多对中年夫妻不但结伴到北京、山东等地游玩，还远赴泰国、马来西亚等东南亚国家旅游。

笔者在调查中，深刻地感觉到傣族与峦村帕西傣生活中体现出的"娱

---

1 [美]M.E.斯皮罗：《文化与人性》，徐俊等译，北京：社会科学文献出版社，1999年6月，第31页。

第五章 宗教活动中的对话

乐性",峦村人的日常生活是围绕着获取经济收入和娱乐而展开。大多数时候他们没有也无需去考虑自己是"帕西"或"傣"的问题,他们关注的是赚回更多的钱,让家人过上更好的日子,建盖更好的房子,让家人住得舒适,或添置一些家具、电器让生活过得更方便。白天的辛苦通过晚上的娱乐来缓解,一段时间的忙碌后,会暂时地休息。劳动和休憩是他们日常生活世界的主题,而宗教只是生活中的一小部分内容。德国社会学家马克斯·韦伯将世界上的宗教划分为"传统"宗教和"理性"宗教,传统宗教即巫术,它严格固化了已经公认的社会习俗,由此确保了日常生活是按照某种固定的过程流动,而理性化的宗教概念并没有全面地与日常生活交织在一起,它们"超越"或"外在于"日常生活的细节,与之有关的仪式和信仰系统与世俗社会的关系并不是直接的。

峦村的一天

凌晨,峦村清真寺传来叫拜的声音。这是每天五拜中的第一拜:晨礼拜,礼拜时间从东方发亮起到日出前止。

天渐渐亮了,妇女们早早地起床了。浓雾迷漫的峦村升起了袅袅的炊烟。竹子在风中轻轻摇摆着,竹叶随风吹落了一地。峦村有许多妇女在附近的茗重、春海等茶厂上班。妇女们起床后先把米饭用电饭锅煮上,把茶树上摘回来的老叶子,用柴火烤一下,放入壶中加水烧开,作为家人一天饮用的茶水。之后,她们把煮好的饭和腌菜放在一起,带在身上作为中午的午饭。大家呼朋引伴地出门了。来到村口,买一份米干作为早餐。因为时间来不及了,她们就把米干带着边走边吃。她们的工作并不复杂,年轻妇女主要是包装茶饼,中年妇女主要是拣茶叶,就是把茶叶厂从茶农处收来的成袋茶叶进行拣草和将茶叶分等级的工作。工资按个人的工作量计算,也就是按她们所拣和所包装的茶叶数量发放。妇女们在车间里有说有笑地拣茶叶,中午吃自己

文化的"对话"：帕西傣的交往、交流、交融研究

从家里包去的饭，休息片刻继续工作。直到5点左右，她们下班回家。因为工资是计件发放，所以管理不是那么严格，遇到家里有事、村中的婚丧嫁娶、过节等，她们都可以请假不去上班。

男人们也起床了，无一例外地到村口的米干店吃早点。米干店那位从缅甸嫁来的老板娘带着自己的女儿，忙碌而又有条不紊地给客人们烫米线、米干。吃完早点的村民，也坐在米干店门口闲话家常，这里成为大家的"信息交流中心"。米干店除了重大节日，如春节不营业，其他时间这里都是绝大部分村民吃早点的地方。跑运输的男子们吃完早点，就开着自己的微型车、拖拉机出门了。载客的微型车往来于县城和八公里大桥之间，车辆实行排队轮换，乘客坐满一张车，才能坐下一张车。拉货的拖拉机有的去远处拉砂石。这时的峦村已呈现出一派忙碌的景象，拖拉机、微型车在村里穿梭驰过。留在家的男人们，忙着修理村民送来的坏了的拖拉机。

三岁以上的幼儿都送到县城的幼儿园。峦村幼儿在该幼儿园就读者较多，该幼儿园专门为峦村的孩子们准备清真饮食，并有车辆每天到村中接送。因为把孩子送到幼儿园，大人们有时间做自己的工作。所以近年来，峦村人都把小孩送到幼儿园。就读小学的孩子们，骑着自行车或走路到不远处的曼短小学上学。

老人们也不闲着。有的老人负责照顾自己年幼的孙子、孙女，一些老人则用竹子削成大小、厚薄相等的薄片，送到茶厂做茶叶的标签，可以获得少许收入。有的则把牛赶到外面去放，直到傍晚才返回家中。

经营饮食业，如米干店、烧烤摊的村民更是早早起床，到县城买鸡、买菜回家做准备。

白天，除了年长的老人们慵懒地坐在门口晒太阳，村里基本看不到人，大家都在为生计忙碌着。

下午，晌礼拜的时间到了，清真寺准时传来叫拜的声音，这声音

在空荡荡的村子里回荡，淹没在鸡鸭叫唤的声音里，淹没在拖拉机的轰鸣声中。

傍晚，夕阳西下的时候，妇女们下班了，她们一群群从金桥上走过，回到自己的家中。洗澡换衣后，她们开始准备晚饭，家里飘出饭菜的香味。天黑了，辛苦一天的男人们也回家了，一家人坐在饭桌前，谈论着一天的所见所闻。

吃完晚饭，女人们有的还要腌酸菜，酸菜是她们日常生活中必不可少的食品，也是峦村日常饮食中出现最多的菜肴。

偶尔，中年妇女也约上自己的"老庚"们，换上漂亮又统一的傣族服装，到县城蹦的、吃烧烤和到附近的村寨泡温泉。

中年男子们聚在一起，聊聊天，打打麻将。

奔忙一天的青年男女们却不感觉累。他们洗澡更衣后，纷纷呼朋唤友地骑着摩托车或开着微型车到县城玩耍。县城的迪高厅、卡拉OK厅、烧烤摊，他们都是常客。年轻人们常常玩到深夜才尽兴而回。

一天结束了。第二天，又开始了大同小异的生活场景。

4. 宗教仪式受到来自其他社会团体的监督

对于帕西傣而言，不论它的外在特征是否存在着"傣化"的倾向，对于其他回族而言，由于他们的祖先是回族，并且他们坚持遵守回族的生活习俗，所以始终把他们看作是自己的"同胞"而给予特别的关照。帕西傣的"回族"生活习俗，"有的是马武龙教会的，有的是过路的回族马帮指点的。""内地经商到该地的穆斯林，从古至今，把正统教义和宗教仪礼经常言传身教给帕西傣，影响和加强了伊斯兰教意识，使帕西傣坚持伊斯兰教的基本信条，恪守饮食禁忌，斋月闭斋，庆奉三大节日和风俗习惯，在群体自我意识中，'我们是穆斯林'，'我们的祖先是从大理来的'，这类概念十分明确。"[1] 从峦村大管寺提供的峦村历任阿訇的情况来看，许多阿訇都是"赶马至此"，由于看到峦村没有阿訇，而自愿留居在此。通过来往的回族马帮和历任阿訇的指点，帕西傣也学会"与他们的判断保持一致"，"回族的规范"是什么，他们或多或少知道一些，他们也尽量使他们的行为符合"回族的规范"或者"伊斯兰教的传统"。如果那些被"正宗的"回族判断为不符合伊斯兰教的行为也被他们认同，那么就会产生"惩罚"的预期，这时"超我"已经形成了。"超我在操作上被含蓄地定义为对惩罚的预期的外形，而惩罚则是对违反一种内在化的文化规范的预期所引起的焦虑（有意识的或无意识的体验）。"[2]

"在所有的社会中，大多数人不仅学习他们的文化规范，而且接受这些规范，按照这些规范来评价自己的行为。如果他们违反这些规范，就会感到焦虑（'道德焦虑'）。这种焦虑是对违反规范的重要威慑因素。"[3] 每当有外地回族来到峦村，对于这个具有傣族特征的回族群体都表现出极大的兴趣与好奇。他们知道村民饮食禁忌跟回族保持一致，当然更想知道村民是否保持伊斯兰教的宗教传统。最常问村民的话是："你们礼拜吗？"在多次这样的询问中，帕西傣因此"意识"到作为一个回族应该要礼拜，否则就会失去回族的认可。于是，帕西傣的"焦虑"由此产生，他们开始重新审视自己的生活习惯：是持续自己过往的生活，还是按照其他回族对他们的期望，遵循伊斯兰教的传统生活。

不断重复的仪式把峦村帕西傣与其他地方的回族结合起来，而且使他们两者的关系得到调整。人类学家拉纳波特用生态学、控制论和系统论的

---

1 马健雄：《勐海帕西傣调查》，载云南省民族研究所编《民族学调查研究》，1996年1月，第39页。
2 [美]M.E.斯皮罗：《文化与人性》，徐俊等译，北京：社会科学文献出版社，1999年6月，第148页。
3 [美]M.E.斯皮罗：《文化与人性》，徐俊等译，北京：社会科学文献出版社，1999年6月，第146页。

观点来分析神圣性与仪式的关系,他把"系统"界定为"一组专门的变项的集合,其中任何一个变项的值或状态发生变化都会导致其他变项的值或状态发生变化"[1]。他认为把一个系统所含有的各个变项值保持在一定值域之内的是调整、控制或自我平衡机制,有机物群体在环境结构发生变化时,通过本身的状态、结构或组合上的变化,使它们自身保持平衡的过程是一个"适应"的过程。多年来,勐海县城回族、路过于此的回族和另外因好奇而来到此地的回族,均把峦村和赛村两个村寨的帕西傣,视为不太懂教门,但依然是回族的一个特殊群体,期望通过"他们"这些外在的力量,让帕西傣成为云南回族中的一部分。

四、峦村的宗教节日

回族最传统、盛大的节日是同宗教活动密切相关的,主要有三大节日:开斋节、古尔邦节、圣纪(圣忌)节。现在,这三个节日也是峦村村民一年中必过的三个节日。开斋节和古尔邦节、圣纪节常有来自不同地方的回族同胞,这些回族和峦村人一起参与宗教活动如礼拜,无形中是一种促进交流和沟通的方式之一。

(一)峦村三大宗教节日的情形

1. 开斋节

开斋节在伊斯兰教历十月一日举行。每年伊斯兰历九月是穆斯林的斋戒之月,斋月里穆斯林要实行斋戒,也称为"把斋"。即每天只能在太阳出来和太阳落下之后进食,其余时间不得进食。斋戒一月,望见新月,次

---

[1] [美]罗伊·A.拉帕波特:《仪式、神圣性、控制论》,载史宗主编《20世纪西方宗教人类学文选(下)》,上海:三联书店,1995年4月,第554页。

文化的"对话":帕西傣的交往、交流、交融研究

日即为开斋节,如不见新月,则再封斋一日,第二天为开斋节,即伊斯兰教历十月一日。节日这一天,上午穆斯林到清真寺参加会礼。按教规交纳"费特勒"(即宗教税),由清真寺统一收支使用。交完"费特勒",男性聚集礼拜,并听阿訇讲解《古兰经》。接着,男人们一齐到坟山,缅怀先祖亡人,请阿訇为已故亲人上坟,纪念亡人。上坟后,走亲访友,相互祝贺,邀请亲戚乡邻到家,进行款待。穆斯林对开斋节特别重视,庆祝场面十分隆重。

在相关的文献中并未有帕西傣祖先到此后把斋的记录。据一些村民的叙述,应是沙甸白总办到来之后村民才开始有部分人把斋。自从李明坤阿訇到来后,把斋人数增多,在曾慧莲的硕士学位论文中,提到峦村每年把斋约40人。"年长者、妇女居多,也有部分年轻人参与把斋。"[1]"斋月期间,许多人家并不在家里开火煮饭,所有把斋的村民与阿訇一起在清真寺里吃开斋饭。"[2] 但随着周边茶厂的建立,妇女们大多都到茶厂上班,以及上文所述的宗教生活处于"低潮期"等原因,把斋的人也逐渐减少。把斋者以老年人为主,部分人在斋月里只把两三天。但是在斋月里,每家都会请阿訇到家里念经,因为斋月约为30天,而村民有70多户,故阿訇和村中会念经的老人一天大概要到2—3家人中念经。

虽然没有人人参与把斋,但村民对斋日仍然很重视。2007年9月,峦村组织了10多对中年夫妇到北京、大连等地旅游。前后游玩了十多天,在他们返回昆明时与笔者见面,笔者挽留他们在昆明多玩几天,他们说要在进入斋月之前返回家中。

随着与巍山小围埂村人来往增加,在巍山阿訇到来后,经寺管会商议,

---

[1] 曾慧莲:《民族文化的多元发展与适应——以西双版纳傣族自治州勐海县曼峦回村"回傣"为例》,硕士学位论文,台湾政治大学民族学系,2004年,第74页。
[2] 曾慧莲:《民族文化的多元发展与适应——以西双版纳傣族自治州勐海县曼峦回村"回傣"为例》,硕士学位论文,台湾政治大学民族学系,2004年,第74—75页。

斋月里清真寺负责为把斋的人安排人手做饭。把斋的人又渐渐多起来,但仍以中老年人和妇女居多。

2. 古尔邦节

又叫宰牲节。在伊斯兰教历十二月十日举行。节日这一天,穆斯林沐浴洁身后,换上洁净衣服,到清真寺去参加会礼并举行宰牲仪式。按教规,有条件的穆斯林,1人要献宰1只羊,或7人合献宰1头牛(或驼),宰牲的人家须举意(又叫立意,指举行某项宗教功课时所立意愿)以某人的名义宰牲,多为家中"归真"的长辈和上了年纪的老人。宰牲的牛、羊肉除了自己食用外,大部分分送阿訇、亲友和贫孤之人。之后,穆斯林们在清真寺办筵席聚餐,欢庆节日。

2003年的古尔邦节,峦村共献宰2头牛1只羊。2头牛是常到峦村参与主麻礼拜的巴基斯坦商人献宰的,羊由本村村民献宰。[1] 据峦村时任阿訇介绍:2006年是其他地方来勐海工作的回族献宰了1头牛;2007年村里有2户人家共献宰了2头牛。过节时,将献宰的牛羊宰后,村民在清真寺聚餐。

古尔邦节献宰牛羊数的多寡,既是一个地方经济情况的体现,也是其宗教意识的体现。以峦村的经济条件而言,大部分人家都具备献宰的经济条件。但事实上献宰的人家很少。从某种程度上体现出峦村对古尔邦节的重视程度不高。

3. 圣纪节

圣纪节又称圣忌节,相传伊斯兰教穆罕默德圣人的生辰和忌日都在伊斯兰历三月十二日,所以统称"圣纪",兼有纪念诞生与逝世的双重意义。穆斯林举行圣纪的日子并不统一,一般在三月十二日,也可以在三月内任何一天。圣纪节是穆斯林每年一次规模浩大的庆典。在清真寺念经的学生"穿衣"一般在圣纪节举行。节日这一天,穆斯林沐浴净身后,到清真寺

---

[1] 曾慧莲:《民族文化的多元发展与适应——以西双版纳傣族自治州勐海县曼峦回村"回傣"为例》,硕士学位论文,台湾政治大学民族学系,2004年,第77页。

听阿訇讲经、赞圣、礼拜，阿訇讲述穆圣的生平和功绩，教育穆斯林不忘穆圣的教诲。会礼结束后，穆斯林在清真寺内聚餐。

据峦村村民介绍，以前村里的经济条件较差，过圣纪节就是每家拿一只鸡去清真寺，大家一起做，做完之后每家提一袋回家，也不请其他地方的客人来过节。现在，圣纪节是峦村一年中最重要的节日之一。峦村的圣纪节多选在每年农闲的时候举行，通常与勐海清真寺、赛村清真寺相互商量后，在前后相继的几天举行。峦村根据村里的门牌号，把村中分为几个小组，一个小组有9—10户人家。每年由一个小组负责节日的主要筹备工作：其余人家要在客人到来时，参与服务工作。

节日这一天，他们通过提前发放请柬，邀请赛村的村民、勐海县城的回族以及来自云南省其他地方的一些回族来参加节日，还要邀请县上的一些领导、相邻傣族村子的村委会干部、附近小学的教师等来做客。圣纪节，并不邀请帕西傣的傣族朋友和亲戚来参加。景洪、勐海县城以及澜沧等地的回族过圣纪节时，也会来邀请他们，他们也会欣然前往。由于过圣纪节时，来自各地的回族都有可能聚在一起，所以该节日是某地回族与其他地方回族相识、共同交流的一个好机会。峦村在这样的节日里，无形中受到其他回族的极大影响。如果有远方的客人到来，清真寺无法提供较多的住宿地方时，就会把客人们安排到村民家中住宿。

节日这一天，平时很少戴盖头和礼拜帽的峦村人，也会在这一天戴上。峦村的女子这一天仍然和平时的重要日子一样，年龄相近的老庚们穿上同样的傣装，但不同的是，她们还要戴上同样款式、同样花色的盖头，显得漂亮而又不失庄重。

2008年1月13日峦村圣纪节

(一) 节日筹备

上一次去峦村，住在村民岩旺家。他们热情地邀请笔者过圣纪节的

第五章　宗教活动中的对话

时候来玩，说今年轮到他们家来筹备。2008年1月初，笔者陆续接到几个电话，都是村民告诉笔者峦村过圣纪节的时间。作为回族最重要的节日之一，笔者迫切地想知道峦村是怎样过圣纪节的。2008年1月12日，笔者再次出发来到峦村。刚进村子，就看到一番忙碌和热闹的景象。一辆车在笔者面前停下来，原来是村里的会计和一些村民，他们和笔者打了招呼后，就忙着去采买物品。放下行李，笔者迫不及待地到了清真寺。清真寺里的村民各司其职，男人们正在忙着剥牛皮，分割牛肉；女人们有的把男人分割好的牛肉剁成肉末、有的清洗牛肠等。清真寺里摆上了一张桌子，桌子旁边放着一些米，并且陆陆续续有村民拿米来。一问才知，过圣纪节需要的米是由每家按人口数上交（每人1.5公斤）。除此以外，每人凑10元钱，一家凑一只鸡。大家井然有序地在忙碌着，采购物品的人也回来了，车上装满了鸡、鸡蛋、葱、芫荽、萝卜、油、醋等等。

中午帮忙的人就在清真寺吃饭，饭菜简单可口。

下午大家依旧忙着做筹备工作。负责筹备工作的村民开始用大锅煮牛肉、煮鸡。阿訇、大管寺、勐海县城的回族都在忙着挂条幅、挂彩旗、贴宣讲伊斯兰教教义的标语等。

由于今天是景洪清真寺过圣纪节，来自远方的客人过完景洪的圣纪节后，有的提前来到峦村过节。清真寺里开始热闹起来，来自勐海县城的回族、通海等地的客人陆续到来。晚上6点多，吃晚饭的时间到了，大管寺用清真寺的广播通知村民赶快到清真寺。片刻，每家都把自家的竹篾桌子、凳子、碗筷拿到清真寺。原来峦村的习惯是各家用各家的桌子、碗筷招待客人，坐在哪家桌子上吃饭，哪家的主人就要负责添饭、续水，吃完后，主人再负责清洗碗筷，收拾桌子，吃完后每桌的剩菜由该户人家带走。

吃完晚饭，10户人家组成的服务组又开始忙碌起来。将煮好的鸡切成块、抹上盐巴、蒸鸡蛋、做红烧牛肉、蒸饭，为做好待客的工作，许多人在厨房忙碌了一整夜。

(二) 节日盛况

由于已经有客人来临，村民准备了糯米饭做早点。糯米饭是由各家自己蒸好后装入保温桶提进清真寺的。吃完早点，来自各地的客人也渐渐多了起来。清真寺的入口处，摆上了一张桌子，有两个人负责收功德[1]、开收据（这两人一个是小学教师，一个是在村口开餐厅的老板娘），还有一个写功德榜。三人都属于村里文化水平较高的。

越来越多来自远方的客人聚集在峦村清真寺。每一批来自远方的客人，进入清真寺前，都列队站在门口念诵经文，之后再进入。许多闻讯而来的商家也开始摆摊经营买卖，在圣纪节卖的东西主要是清真食品和一些宗教用品。卖盖头、经字牌、经书、经碟、经字画、礼拜毯、伊斯兰日历、清真糕点的，聚集在清真寺的庭院里。峦村平时肃穆、清静的清真寺人山人海、热闹非凡。峦村的妇女们站在五彩缤纷的盖头前挑选着自己中意的盖头，男人们挑选合适的经字（嘟阿）放到车上。伊斯兰历和公历对照的挂历也非常受欢迎。上午11点，圣纪节的仪式正式开始。峦村的女子身着盛装来到清真寺（峦村女子的圣纪节盛装即漂亮的傣装加上盖头）。峦村清真寺的大管寺开始讲话，来自各地清真寺的代表也分别作了发言。今年勐海县城到麦加朝觐归来的9位"哈吉"受到热烈的欢迎，其中一位作了发言。鸣放鞭炮后，开始吃中午饭。上菜是由公共服务组的人来做，招待客人按惯例依旧是桌子是哪家的，主人就负责招待该桌的客人。

圣纪节的正餐：菜肴有红烧牛肉、凉鸡、凉片、凉拌粉丝、炖萝

---

[1] 回族过圣纪节，都会邀请其他地方的回族参加，举办圣纪节的村寨和社区都要准备饭菜招待客人，来自各地的回族都会出散"乜帖"，即捐出一定的钱作为功德，这些钱可用于该村寨以后举行宗教活动等用。

卜、番茄喃咪、煮鸡蛋、木耳炒牛肚、腌菜。菜式丰富但不铺张，既有云南回族传统风味的红烧牛肉、凉鸡、凉片，也有傣味的番茄喃咪、腌菜等。

峦村圣纪节的菜肴，顾及了内地回族的口味，又体现出了傣族特征。县城回族说："来过圣纪节的人四面八方的都有，以前我们怕他们做的饭菜不合客人的口味，每次过节都要来教他们做。后来，他们学会自己做，我们就不再教他们了。"

吃完午饭后，礼拜、念经。笔者发现参与者基本是外来的客人。

（三）节日的持续

吃过午饭，一些客人接着到另外一个帕西傣村过节。今年景洪清真寺、峦村清真寺、另外一个帕西傣村子赛村，过圣纪节的时间排在前后相继的几天，所以来过节的外地客人比任何一年都多。峦村原来只预备了两头牛招待客人，由于来的客人太多，又临时宰了一头牛。

圣纪节这一天，来自各地的回族聚集在一起欢度节日。因而，是回族与回族之间交往的一个重要节日。每年的圣纪节，峦村人都热情地邀请各地的客人到峦村过节，若其他地方的回族发请帖邀请他们前往过节，他们也会欣然前往。如果在圣纪节有很多的客人到来，举办圣纪节的回族群体都会觉得是一件非常高兴的事情。各地回族圣纪节的互相往来，不但让峦村人接触到外面的世界，更让他们在与其他回族的交往过程中，受到内地回族的影响，不断地提高他们的宗教意识。

2007年2月10日景洪圣纪节

几天前，笔者就得知景洪要过圣纪节，村民岩应旺的妈妈问笔者要不要去参加，笔者很高兴能前往。节日这天，她们包了一辆本村的微型车往返。早上我们准备好出发，却迟迟不见她的身影，原来她忙

文化的"对话"：帕西傣的交往、交流、交融研究

着去缝制新的傣装。快 11 点钟，她穿上漂亮傣装和我们一起出发了。同车的还有两对本村年轻夫妇，两位男性是本村帕西傣，其中一人是沙甸毕业的穿衣阿訇，他们的妻子都是傣族。12 点多，我们到达了景洪清真寺，进入景洪清真寺内，同去的峦村人每人捐了 50 元的功德。之后，就在院子里找桌子吃饭。来过节的人很多，在这里，我们见到了许多峦村人，老人居多，还有一群年轻小姑娘，她们也包了一辆车从峦村赶来，并且合捐了 100 元的功德。景洪清真寺帮忙的一些人对峦村人也很熟悉，都很热情地跟他们打招呼。

来景洪清真寺过圣纪节，可以吃两顿饭。吃完中午饭，村民并未参与礼拜等宗教活动。大家各自去街上采购自己所需的物品，毕竟州府的物品要比县城丰富些。大家分头行动，中年人多数去买布料，年轻人大多去逛商场。到吃晚饭的时候，大家又回到清真寺吃晚饭。我们和峦村的小姑娘们坐在一起，她们很有经验，把桌子上的凉片、凉鸡每人一块平均分配，并用袋子装走。由于吃饭过程中，她们都使用傣语在交谈，同桌的一位妇女忍不住问她们："你们是回傣吗？"她得到了肯定的回答。今天，也有许多赛村的村民来参加景洪的圣纪节。吃过晚饭，我们一起乘车返回峦村。在路上，岩应旺的妈妈告诉笔者，本来岩应旺的外婆也很想来，但由于车子坐不下，她只好不来了。为此，笔者感到很愧疚，也感觉到村民对圣纪节的重视。在这一次调查返回昆明后，笔者将在峦村拍的照片冲洗出来，在下一次到峦村的时候拿给村民，他们首先问笔者的是："景洪圣纪节拍的照片在哪里？"

斗转星移、岁月变迁。从 2008 年到 2018 年，已经过去快十年的时间。每年峦村村民都会在圣纪节之时，打电话邀约笔者前往。那么多年来，圣纪节依然是他们认为最重要的节日之一。2018 年，笔者欣然前往，再次亲历峦村圣纪节。

第五章　宗教活动中的对话

2018年3月16日—18日峦村圣纪节暨新清真寺落成典礼

2016年峦村村民打电话给笔者，让笔者一定要去参加2016年的圣纪节，因为举办完这次圣纪节，峦村将拆除1994年使用到现在的清真寺。由于工作原因，笔者错过了这一次的圣纪节。但是，村民后来在微信里将新建清真寺的图纸给了笔者，笔者非常期待亲眼见到新的清真寺的"真实面目"。

2018年1月，村民告诉笔者，经过近两年的翘首期盼，峦村的清真寺终于将要建设完工，并将于2018年3月16日至18日举办落成典礼和圣纪节。这一次，笔者觉得自己一定要去。

3月15日，笔者再次来到峦村。穿过金桥，立刻被眼前金碧辉煌的新清真寺所吸引，清真寺围墙外挂着写有"热烈欢迎各位领导、哈吉、阿訇、穆斯林教胞光临指导"的条幅，清真寺内挂着彩旗，搭起了遮阳的纱篷，大殿前挂着写有"峦村清真寺隆重纪念穆圣诞辰1448年暨清真寺落成典礼"的绿色横幅。清真寺大殿内有几个村民在忙着安装尚未安装好的时钟和吊灯。其余村民进进出出，忙碌而井然有序地为筵席做着准备。今年的圣纪节依旧是由当值的10户人家来作为筹备组。此时，清真寺的厨房里，已经摆放了堆积如山的牛肉和宰好的鸡，无数个盆里已经浸泡着准备蒸的大米。村民将牛肉依照炒肉、煮肉和红烧牛肉分类，并切割成小块。由于今年峦村广发邀请函，预计前来的客人会非常多，故准备了丰富的肉菜。因数量巨大，筹备组已经无暇洗鸡，故将已宰而待洗的鸡分配每家清洗4只。村中各家的妇女接到任务后，将鸡领回家中。点起家中的柴火，放上大铁锅，在锅里加入水，按照回族独有的方式来洗鸡（即将阿訇宰的鸡，从肚子处用刀划开，划开后掏出里面的内脏，用针线缝住，之后，待锅内的水烧开后，把鸡放入滚水中翻滚并将鸡毛拔净，清洗鸡的表面，表面清洗干净后，拆开肚子上的线，冲洗里面，再洗净内脏）。洗好之后，再去清真寺交回领来的鸡。

清真寺外面也有闻讯陆陆续续前来摆摊的商贩。这些商贩平时有固定的摊位，一旦某地举办圣纪节时，因有大量客人前来，无形中带来了商机，故他们会前来摆摊临时设点，主要卖穆斯林用品如穆斯林用的盖头、白帽、礼拜毯、小净壶等和清真食品，如牛干巴、糕点等。

此时，清真寺厨房里，牛肉已经按照不同的部位进行分割，并将炒的切成肉末，红烧牛肉切成小块了，其他蔬菜及酸笋等傣族特色菜也已经开始准备着。远方来的客人陆陆续续地到达。村民们开始筹备晚上的晚餐。

清真寺入口处摆上了桌子，几位村民负责收取功德，并张贴功德榜。从功德榜上看，客人除了有来自巍山、下关、沙甸、永平、普洱、临沧、丘北、景谷、澜沧、昆明等地的回族，还有来自泰国的穆斯林，以及一些政府机关、村委会和周边的茶厂等相关企业的人员。

晚餐时间到了，全村的村民都来到清真寺，依然按照一家人服务一张桌子的方式。和往年不同的是，清真寺购置了足够的桌椅，村民不再需要拿自家的桌椅来。今年的菜式，有云南回族传统菜肴凉鸡、冷片、红烧牛肉，还有傣味酸笋、腌菜炒牛肉、凉拌粉丝、炒木耳、炸牛皮、番茄喃咪等。

吃完晚饭后，来宾和村民一起到清真寺大殿里礼拜。村民们也燃放起烟花、爆竹，庆祝清真寺落成。

礼完当天的最后一拜：宵礼之后，峦村服务组还贴心地为村民准备了米干作为夜宵。之后，客人被安排到村民家中住宿。因为客人众多，每户村民家都准备了众多的床铺，每家接待5—10位客人。负责接待客人的家庭，还为客人准备早点。早点多以村民节日常食用的糯米团、腌菜为主。

吃完早点，清真寺里开始为典礼做准备。全村的村民都盛装打扮，女子穿上漂亮的傣装，戴上盖头。村民们早在圣纪节前一段时间就开始为这一次大典缝制新衣。一些清真寺代表发言后，由峦村的中青年男女进行了赞圣，女子组由16名中青年女子组成，男子组由10人组成。

之后，又开始吃中午饭。吃完中午饭，客人开始陆续散去。有的启程回家，有的继续到赛村参加该村的圣纪节。

客人走了，清真寺又恢复了往日的宁静。女子们三五成群在清真寺前合影。看得出村民们非常热爱新建的清真寺，觉得它是一个值得骄傲的建筑，一个代表着他们身份"回傣"的符号标志。

（二）峦村的宗教节日分析

1. 宗教节日强化了帕西傣的族群认同

很长时间以来，人们认识到了时间的不可逆转性和重复性：日夜更替、四季交替，某些自然现象不断重复的同时，所有生物又都存在诞生、衰老、死亡的不可逆转过程。所以可以把时间设想为"一条从无限的过去一直延伸至无限的未来的坐标直线"，如古希腊哲学家赫拉克利克说"人不能两次踏入同一条河"，孔子感叹"逝者如斯夫"；也可以把时间描述为"一个圆、一个环"。而利奇则把时间设想为"来回摆动的"，就如时钟"嘀嗒"这种反复的对立交替，认为时间是一种"对立反复的不连续"。人生礼仪与岁时节庆，都与时间的某种表述或概念化有明显的关联。涂尔干把一年的进程用一系列的节日标示出来，据此，时间的流动可以划分为A、B、C、D四个阶段，阶段D是常规的世俗生活阶段，是前后节庆仪式的中间间隔，阶段A是神圣化的礼仪或隔离的礼仪，即从凡俗的世界转为神圣的世界，阶段B处于神圣状态，阶段C是非神圣化的礼仪或聚合礼仪，从神圣世界再回到世俗生活阶段D。每个节日都代表一个暂时的转折，从常规—世俗的存在层次，进入反常—神圣的存在层次，然后又折回。通过创造社会生

文化的"对话":帕西傣的交往、交流、交融研究

活的间隔创造出时间。冬去春来,日子像流水一样逝去。每一年、每一天人们都在为生存而奋斗。在日常生活的许多情境中,"帕西傣"的族群身份并不重要,峦村的族群身份也没有被刻意去强调,只有在节日的时候,在与外界的交往中,族群身份才不断地被强调。"倘若我们希望保护产生它们(传统价值)的信念,我们就要始终重视各种程式、象征、习俗,以及必须被不断重演和再现的仪式……凭借着这种对传统价值的执着,昨日的社会以及社会进化过程中相继出现的各个时期才得以存续至今。"[1]

对于严格的穆斯林教徒而言,个人每天的时间由世俗时间和五次礼拜的神圣时间组成,每个星期五的主麻时间则将一周的其他时间区分开来,如果说每天的神圣时间是属于个体的,每周的神圣时间是属于部分人的,那么一年中将其他时间划分开来的斋月和三个节日:开斋节、古尔邦节、圣纪节则成为一个群体中所有人的神圣时间。回族信仰伊斯兰教,但在伊斯兰教的"大传统"之下,回族社会也存在着不同的"小传统",即对宗教的遵守程度有差异。峦村进行日常礼拜、主麻日聚礼的人不多,但每年三个伊斯兰教的节日,受到全村人共同关注,提醒自己是回族的重大标志事件。

2. 宗教节日形式的"傣化"

帕西傣与云南其他地方的回族相比,仪式和节日更多、更丰富。其他地方的回族主要过回族的三大宗教节日。在城市居住的回族,受汉族影响,也有部分过春节、端午节、中秋节等节日。帕西傣的节日中既有回族的传统节日、傣族的节日,也有汉族的节日。在帕西傣的宗教节日中,身穿漂亮傣装、戴着盖头的帕西傣妇女总能让来自远方的回族朋友感受到"文化上的震撼",他们为客人准备的食物中,具有傣族风味的"喃咪"也让客人们尝到不同的口味。回族在过圣纪节等节日时,举办地点都在当地的清

---

[1] [法]莫里斯·哈布瓦赫:《论集体记忆》,毕然、郭金华译,上海:上海人民出版社,2002年10月,第207页。

第五章　宗教活动中的对话

真寺，清真寺都有足够的桌椅招待客人，这些财产都属于清真寺的公用财产。如前所述，峦村并非如此。清真寺的费用一般要各户平摊，大量的费用是外地的捐赠，还没有形成抽'天课'的意识。"[1]帕西傣圣纪节也体现出与其他地方回族不同的特点：如峦村每年由10户人家来负责节日的筹备，但是其余所有人都要参与到服务工作中。包括：每家按人口数出相应的米、鸡；每家为来自远方的客人提供服务，如：提供就餐时的服务（在清真寺没有足够的桌椅时，每家需要提供桌椅板凳，并负责该桌客人添饭、续水等服务工作，客人吃完后负责收拾碗筷，打扫卫生）、住宿服务（由于峦村的清真寺只有三张床可供住宿，在圣纪节来了大量客人时，客人们通常被安排到村民家中住宿。村民需要提前准备好5—10人住宿的床铺及床单被褥）、早点服务（圣纪节的早点通常是糯米团加腌菜，这些是村民自己在家中做好后，用保温桶装好再拿到清真寺）。每家按人口数出相应的米、鸡，每家准备糯米饭拿到清真寺等，与其他地方圣纪节时，由清真寺统筹安排所有的就餐及服务事项有所差别。勐海县城回族认为这是傣族的"赕佛"形式对峦村的影响。这里他们指的是帕西傣每家拿物资到清真寺与傣族"赕佛"活动中每家每户拿饭菜、钱物等去寺庙供奉相似。

村民对宗教节日也有自己的理解。如他们把斋月比作关门节。在峦村调查期间，当笔者第一次听到村民把斋月比作傣族的关门节时，感到非常新奇。在和一个妇女聊天时，她说起自己的儿子和傣族结婚，但是结婚之前告诉傣族亲家不能在回族的"关门节"举行婚礼，笔者惊异地问她："是否峦村也过关门节？"她回答笔者："我们的关门节指的就是斋月，因为傣族不懂，就跟她们这么说。"后来，笔者发现这种理解存在于大多数帕西傣之间，并且傣族也知道回族有一个"关门节"，但是过的时间不一样，傣族过三个月，回族只过一个月。

---

[1] 马健雄：《勐海帕西傣调查》，载云南省民族研究所编《民族学调查研究》，1996年1月，第39页。

五、进教仪式——从傣族到帕西傣的转换

伊斯兰教认为，信仰一致才能缔结婚姻，如果信仰不一致，就必须履行进教仪式。峦村村民在与外族通婚过程中，一直遵循"只进不出"的通婚原则，即峦村男子可以娶进傣族或其他民族妇女为妻，而女子若找其他民族，该男子只能"上门"到峦村生活，并且都要求对方履行进教仪式。进教仪式是非穆斯林皈信伊斯兰教的"通过仪式"，傣族经历"进教仪式"分离、阈限、聚合的三个阶段后，完成了从傣族到帕西傣的"转换"。

（一）分离阶段：离开傣族社会进入帕西傣家庭

如果帕西傣娶的或嫁的不是回族，则必须举行进教仪式（即皈依伊斯兰教的仪式）。其他地方的穆斯林与非穆斯林结婚，通常在婚前或婚礼当天举行进教仪式。而帕西傣与傣族结婚举行的进教仪式，则在婚后几个月举行。帕西傣对此的解释是：傣族嫁给帕西傣，对伊斯兰教没有任何了解，一开始还不太能适应回族的生活，等结婚生活一段时间后，已经对帕西傣的生活习俗有了一定了解，这时再举行进教仪式。由于帕西傣与傣族的信仰和生活习俗不同，勐海地区的傣族几乎都知道帕西傣，他们对帕西傣最简单的认识是不吃猪肉。在与帕西傣青年相识、相恋的过程中，傣族对帕西傣的习俗和禁忌的了解慢慢加深。当双方感情进一步发展，有结婚的打算时，傣族一方首先要考虑好是否愿意在帕西傣村寨生活并遵从帕西傣的生活习俗，之后双方才进一步洽谈婚事的细节。在举行婚礼前，先要举行定婚仪式。此时，双方家长要对婚礼的举办情况进行商谈：如婚礼时间、聘礼数额等，最重要的是帕西傣要告知傣族亲家，不得在婚礼中举行拴线仪式（傣族婚姻成立的标志是举行拴线仪式）。从傣族与帕西傣举行婚礼结为夫妇到举行进教仪式前，傣族处于通过仪式的分离状态中：傣族来到峦村后，离开了原来所在的傣族社会，虽然可以经常回家看望父母，原来

的家庭也还常常记得她（或他）曾在这个家以及与家人一同生活、一起举行宗教活动、一起过傣族节日的回忆，但来到一个新的环境中，她（或他）却不得不把这些记忆与现在家庭强加给她（或他）的观念和传统统一起来。新的事物、新的风俗习惯会成为其意识中的主要部分。当然，对于与傣族成婚的帕西傣家庭，不但要适应一个新的人进入家庭的事实，更要体谅这个与他们原来家人宗教信仰、生活习俗不同的人的种种行为，并且在适当的时候提醒和教导其应该做的和不应该做的，直到这个傣族已经适应并且自觉地遵守和维护这个家庭和村寨固有的规则和习俗。

（二）阈限阶段：举行进教仪式

通过一段时间学习和适应回族的习俗，帕西傣家庭就要请阿訇和村中会念经的老人，正式为嫁入或入赘的傣族举行进教仪式。进教仪式主要由念经、取经名、宗教教育几个部分构成。首先要由阿訇教进教的人念一段经，念的是"清真言"和"作证言"。念完后，再给进教的人取一个经名。通常选择伊斯兰教的圣人名字作男性的"经名"；用圣人的妻子名等作女性的"经名"。之后，阿訇和村中的老人要对傣族讲解进教后，作为一个回族哪些是教规允许做的，哪些是教规不允许做的。最主要的就是告诫傣族以后不能再吃猪肉和非清真饮食，要遵循回族的饮食习惯；进教后不能参加傣族的宗教活动：如赕佛等。傣族女子通过举行进教仪式，就成为一个真正的"帕西"。以后回父母家，就不再与家人一起吃饭，而是单独使用家中准备的新锅灶，并且不能再跪拜、参与赕佛活动等。

嫁入和"上门"到峦村的其他民族男女，大部分都履行过进教仪式，但也有少部分未进教，主要是男子到峦村"上门"者，如村民玉映香的丈夫是她读大学期间的同学，她并未要求自己的丈夫进教，她的丈夫在外面的饮食也任由他的喜好。不但如此，她的表妹与傣族男子结婚，当其表妹为丈夫是否进教而犹豫时，她还劝说其表妹，不应该让她的丈夫进教。因为其表妹的丈夫是某乡的公务人员，她认为男的在外干事业，不应该受饮食限制。当然，大多数的峦村人坚持傣族必须进教。峦村一中年男子，其子娶了一位傣族女子。一天他和笔者聊天，说儿子要娶傣族女子，他们也同意，但是他们的要求就是必须要进教，他们的儿媳同意进教后，婚事才举行。未进教者通常也会遵守帕西傣的生活习俗。举行进教仪式要告知全村，所以全村人都了解村内嫁入或上门的傣族是否已经进教。峦村还有傣族还俗的佛爷与帕西傣女子结婚后来上门并履行进教仪式者。

"进教"成为取得与峦村村民一致的身份、获得村民认可的重要标志。进教者与未进教者在峦村享有不同的待遇：如未进教者不能在举办宗教活动时去清真寺服务；未进教的人死后埋在帕西傣坟山中的特殊区域。现在，随着人口数的增加，峦村定出了新规矩：凡嫁入峦村的女子或到峦村上门的男子，未进教者或进教未满8年死亡者，不得埋葬在峦村坟山。

（三）聚合阶段：成为"帕西"、遵守"帕西"习俗

通过履行"进教"仪式，傣族得到帕西傣的认可，获得与帕西傣一样的身份。从此以后，其所作所为就应当与帕西傣的习俗规范、道德标准相一致。接下来的日子，在家庭生活、群体的宗教活动、婚丧嫁娶等活动中，新家庭的成员和村寨的其他成员不断给予其教导，他们进一步习得伊斯兰教的宗教文化，从而与帕西傣的生活习俗、宗教信仰保持一致。原来的傣族家庭也会准备好新的锅、碗，留给自己的子女使用，并且在上新房、傣历新年等活动时，用于招待亲家及亲家的朋友。

笔者在调查过程中，观察和访谈了许多与帕西傣成婚的傣族妇女，她们都能较好地遵循回族的习俗：

嫁入峦村的傣族妇女A：在2008年1月峦村的圣纪节上，刚好轮到她们家来筹办节日。由于她的公公忙于修理汽车，婆婆要照顾病危的母亲，她就作为她们家庭的代表来到清真寺帮忙。进入清真寺前，她戴上了盖头，她告诉笔者她买了很多漂亮的盖头，专门在节日或清

第五章 宗教活动中的对话

真寺礼拜时用。

嫁入峦村的傣族妇女B：她告诉笔者，由于她的丈夫是回族，当初父母曾反对他们交往。但她认为结婚后，她并没有觉得生活不方便，因为帕西傣和傣族穿的一样，语言一样，饮食口味也差不多。现在回到娘家，娘家专门为他们准备了锅碗。笔者开玩笑地问她："想吃猪肉吗？"她笑了，"呵呵……想也不行了，进了教，做了回傣，就再也不能吃了"。

嫁入峦村的傣族妇女C：她告诉笔者当村里的人得知她准备嫁给一个回族，就吓唬她："嫁回族要洗胃，你不怕吗？"而她做好了为爱情"牺牲"的准备，说："峦村有那么多嫁进来的傣族，她们都不怕，我也不怕。"婚后一个月，她履行了进教仪式，成为一个"帕西傣"。她的娘家为她和丈夫准备了新的锅、碗，平时收起来，等到她们回家时再拿出来用。因为她的娘家离婆家不远，所以经常回去。回到娘家，她的父母通常跟她们一起吃饭（也就是吃的是"清真"的饮食），她笑称其父母也快跟着她"变成"回族了。进教后，她不再去赕佛，但是如果其母亲要赕，她会拿钱给母亲去赕。由于她的丈夫曾经学习念经并"穿衣"，她对伊斯兰教的一些宗教术语都非常了解。

嫁进峦村的傣族或其他民族女子，基本上都在婚前或婚后适应一段时间后相继进教，但也有部分"上门"的男子多年来并未进教。

男子保某某，罗平人，与峦村女子玉某某相识于省城的大学。毕业后，玉某某回到勐海县，成为一名国家工作人员。回到罗平老家的保某某最终因为爱情的力量来到勐海，期望在此找到一份工作。由于考公务员等竞争激烈，保某某开始跑起了勐海到八公里的客运专线，后又被茶厂聘为管理人员。他与女方家同吃同住，也遵循回族饮食禁忌。由于玉某某受过大学教育，思想较为开明，因此主张宗教自由，并不要求保某某进教。保某某也认为现在为了生存东奔西跑，在外饮食多有不便。因此，暂时未考虑进教的事。

第六章　人生礼仪中的对话

范热内普认为：每一个体都会经历从一群体到另一群体、从一社会地位到另一地位的过渡。每一事件都伴有仪式的根本目标都是为了"使个体能够从一确定的境地过渡到另一同样确定的境地"[1]，G.C.霍斯曼在《焦虑与仪式》一文中指出，当人们觉得有某种欲望但又没有方法使自己确信可以满足这些欲望时，便会产生焦虑的情绪，这种焦虑情绪便形之于仪式行为。拉德克利夫·布朗批判了马凌诺夫斯基关于仪式有减轻焦虑感和激发信心的作用，他主张当制度性的仪式未举行时，人们常常体验到焦虑，"假如没有这些仪式和与此类仪式密切联系的信念，人们或许根本不会感到焦虑。恰恰是仪式的心理作用在人的心中造成不安全或危险的感觉"[2]。如果说仪式给予人们信心的话，社会传统只要未被遵守，就会感到焦虑。对于峦村人而言，人一生中每一阶段的仪式、每年周期性举行的仪式都形成一种传统。"面对匮乏、死亡和毁灭，所有人类都有不安全感。在一定程度上，一切文化都是一种掩饰这一不安全感的巨大努力，它想通过重复性的预期性的活动给未来提供安全的幻想——使未来在过去中取得安慰并使之可以预测。"[3]

---

1 [法]阿诺尔德·范热内普：《过渡礼仪》，张举文译，北京：商务印书馆，2010年11月，第3页。
2 [英]拉德克利夫·布朗：《禁忌》，载史宗主编《20世纪西方宗教人类学文选》（上），北京：三联书店，1995年4月，第116—117页。
3 [美]克莱德·克拉克洪：《神话和仪式》，载史宗主编《20世纪西方宗教人类学文选》（上），北京：三联书店，1995年4月，第157页。

一、诞生

　　人类社会是由诞生、成熟、结婚、成为父母这一系列不断重复的过程进行新老更迭的。夫妇结婚后，孕育和养育孩子是一个家庭中重大的事件。

　　在国家没有实行计划生育以前，帕西傣生育子女数较多，但由于过去医疗条件有限，许多孩子未到婚育年龄就夭折了。尤其是大量的同村通婚和近亲通婚，导致了大量遗传病的盛行。随着村外通婚的增加及医疗条件的改善，初生婴儿的疾病率已大大减少。在国家实行计划生育政策后，帕西傣夫妇家庭按规定生育两个孩子。帕西傣身处傣族地区，其生育观与傣族基本上一致。傣族的生育观中，既无多子多福的思想，也无传宗接代的思想。如果一个帕西傣家庭中夫妻未能生育，那么就领养一个，并且把领养的孩子视为己出，而且也不忌讳让孩子知道自己被领养的身份。而且在有的家庭中，即使有了自己的孩子，如果遇到被别人丢弃的孩子，他们也愿意领回家中养大，并把领养的孩子视为己出，给予细心照料。

　　回族把出生视为一种大礼，保留着许多风俗习惯。小孩出生三五天内，要进行全身沐浴，称为"三洗"或"洗三"。产妇娘家备办鸡蛋、红糖等食品送到婆家，称为"送祝米"，同时送给婴儿衣服鞋袜。孩子满月后，还要举行满月礼，设宴款待亲朋好友。峦村的村民对于孕妇和产妇有许多禁忌。孕妇不能到坟山，在饮食方面也有很多禁忌，如不能吃莴苣（对莴苣禁忌是最为严格的，据说孕妇如果不小心吃了，就要赶紧吐出来）、不能吃水牛肉、不能吃味精、不能吃黑芝麻等，主要吃米饭、鸡蛋和青菜。产妇坐月子期间，外人不得进入产妇房间，否则父母就要让走进房间的人做婴儿的干妈或干爹。峦村的年轻人认为对孕妇及产妇的食物禁忌，是属于文化上的，不是生物上的。因为她们认为吃或不吃某种食物与其他民族或其他地方的回族并不完全相同，而至于这些食物为什么不能吃也没有明

第六章 人生礼仪中的对话

确的解释，只是在妇女怀孕的初期，她们的母亲或婆婆就会叮嘱她们哪些是能吃的，哪些是不能吃的。拉德克利夫·布朗认为禁忌某些食物是为了表现出对即将出生的婴儿的关注，亲友不断提醒她们既表现出了对婴儿的关注，也表现出对孕妇的关注。而 G.C.霍斯曼指出：女人生小孩的过程是危险的，由于说不准确的原因，很可能悲剧随时会发生，在这样的情况下，孕妇会感到很大的焦虑，而她的丈夫、父母、公婆等亲友自然也会为她担忧，实行某种仪式可以缓解对生育危险的恐惧。"无论在我们的恐惧和焦虑中，还是在我们的希望中，我们都受制于生活于其中的那个群体。通过共同的希望和恐惧，通过对于不确定事件或不测偶然性的共同关注，不同的人类个体或暂时或永久地紧密联系起来。"[1]

峦村村民家中若有小孩出生，满月时要摆酒席请客。除了招待客人外，要请阿訇取经名，并要让小孩的爷爷给小孩剃头。取经名时，程序与其他地方的回族大体一致。阿訇针对小孩的情况，选择伊斯兰教的圣人名字作男孩的经名，用圣人的妻子名等作女孩的经名。峦村村民一生中通常有三个名字：一个是傣族名，这也是他们日常生活中互相称呼时所使用的名字。这个傣族名是由傣族的佛爷或曾经到缅寺当过和尚的老人根据孩子的出生时间推算所取，如果一个村子有两个同名的人，则在名字后冠以"竜"（大）或"囡"（小）相区别；一个是经名，一般由阿訇所取，经名通常不做称呼；一个是汉名，如马某某、纳某某等。村民的汉名有的是根据自己父亲的姓取的，有的则是一些外地来的阿訇帮助取的。有的人在入学时会使用汉语名，但更多的使用傣名。

笔者在峦村期间，基本上走到哪里都带着照相机。曾有一个大妈对笔者说，其儿媳妇出月子时，能不能帮她去照几张相。目前未满月时，外人不能进入产妇房间。

---

[1] [英]拉德克利夫·布朗：《禁忌》，载史宗主编《20世纪西方宗教人类学文献（上）》，上海：三联书店，1995年4月，第117页。

2007 年 4 月 26 日村民的满月宴

今天一嫁入峦村的傣族女子的孩子满月,满月要宴请全村的村民和自己的亲戚、朋友。其家人宰鸡、宰牛,从大清早就开始忙碌起来,为招待客人做准备,她们在自己家的庭院里摆上桌子,客人随到随吃,产妇的家人和亲戚负责招待客人。小孩出生一个月,产妇终于可以走出房间。她头上围着头巾,抱着孩子坐在房间门口,不用招待客人,只需让前来道贺的亲戚见一下小孩,同时也接受他们的礼钱。亲戚们大多数送 10 元、20 元,也有送小母鸡、鸡蛋的。以前自己的小孩满月时曾经接受某个家庭的贺礼的产妇,在该家庭有人举办满月礼时,必须亲自上门祝贺。

二、婚礼

中华人民共和国成立以前,峦村还存在一夫多妻的现象。1949 年以后,帕西傣也严格遵守国家的法律规定,实行一夫一妻制。帕西傣一般是女方嫁入男方家,但也有男方入赘女方家。不管女方到男方家或男方到女方家,他们与傣族一样统称为"上门"(这与其他地方只把男方到女方家入赘才称为"上门"不一样)。多年来,为了维持峦村的习俗,帕西傣如果与傣族和其他民族结婚,必须遵循"只准娶进,不准嫁出"的规定,此项规定曾经作为峦村的村规民约执行。傣族在历史上曾经盛行婚后要到女方家居住一段时间的"从妻居"。若帕西傣女子与帕西傣男子结婚,男方通常也到女方家上门半年左右,为女方家劳动。而娶了傣族女子的帕西傣男子,由于饮食不便,如果女方家同意,男方可以以一定的钱物作为弥补,不用去女方家居住。现在傣族和帕西傣一般都只有两个孩子,如果是一男一女,则通常女孩嫁出,男孩娶进;如果是两个女孩,其中一个孩子嫁出

第六章 人生礼仪中的对话

去,另一个孩子必须找一个来"上门"。如村中有两姐妹,因为姐姐嫁到昆明,妹妹虽然也想离开村子,却只能听从父母的安排找一个小伙子"上门"。如果双方都是独生子(或独生女),无论是娶进或去"上门",都必须负责赡养自己的父母以及对方的父母。

帕西傣男女青年婚前恋爱较为自由,过去他们主要是通过下田劳动、上山打柴、节日和看电影寻找自己中意的对象,然后通过媒人谈婚,双方同意后定亲。[1]现在,男女青年在读书时就接触到了许多傣族,一些村民的妻子即是自己曾经的同班同学。除此以外,他们主要通过赶摆、日常娱乐活动来寻找自己中意的对象。帕西傣与傣族一样,找结婚对象更多的是考虑感情基础,即双方是否情投意合,而经济基础也是女方较为看重的一点。峦村人曾经不无自豪地说:"现在我们条件好了,想嫁到我们村的人可多了。"双方相处一段时间后,如果已经到了谈婚论嫁的时候,男方父母就与儿子一道去女方家商谈结婚的事宜。帕西傣和傣族一样,必须征得父母的同意才举行婚礼。由于种种原因,帕西傣青年的恋爱有时候也会受到父母的反对,如一傣族女子与峦村帕西傣男子恋爱后,其父母认为她嫁给一个回族,各方面都不方便,所以强烈反对,但因为双方感情深厚,在父母的反对下坚持交往了三年,后来女方家长终于同意了他们的婚事。峦村一男青年喜欢上了一个离了两次婚、且有孩子的傣族女子,遭到了父母的强烈反对,但后来还是父母妥协了。

帕西傣的婚姻一般都建立在深厚的感情基础上,结婚后夫妻也很少吵架、打骂孩子。如果夫妻间不和、互不相爱,需要离婚,也不会打骂吵闹,互相说明,办完离婚手续,女方带上自己的东西回到娘家,然后再结婚组织新家庭。婚后妻子经济地位相对独立,除共同劳动收获外,妻子养鸡等收入作为自己的私房钱。由于经济上相对独立,所以妻子不完全受丈夫的

---

[1] 马维良:《云南回族历史与文化研究》,昆明:云南大学出版社,1999年5月,第140页。

支配，一旦发生矛盾，女方可以携带自己的财产回娘家生活。[1]

帕西傣过去与傣族青年一样，结婚年龄多在十七八岁，有的十五六岁即结婚。但近年来，峦村帕西傣青年的结婚年龄已经推后了很多，多数青年都是二十二三岁，在父母的催促下才结婚。傣族青年由于结婚年龄较小，且婚姻较为自由，婚后如果发现双方合不来，可以随时离婚。所以傣族离婚者较多。现在，傣族社会中离婚仍然是普遍现象。帕西傣也有离婚的，但相对傣族而言，离婚的数量较少。

在举行婚礼前，帕西傣要举行一次订婚宴，订婚宴主要是在男方家准备几桌饭菜，宴请男女双方的亲戚，向亲戚公布婚事。宴会中，亲朋好友相聚在一起，在轻松愉快的环境中用餐和交谈，新建立的亲属纽带得以承认，原有的关系进一步变得亲密。在婚前，峦村人就要跟他们的傣族亲家特别强调：不可以举行拴线仪式。双方经过互相协商沟通后，对于婚礼的安排、婚宴、聘礼等达成一致后，在婚礼上就能达到双方都满意的情形。

（一）婚礼

伊斯兰教婚姻成立有三点：男女自愿结婚、念"尼客哈"即证婚词、向女方送适当的聘礼。回族婚礼当天一大早，男方家要请阿訇诵读《古兰经》，祈求真主赐福。之后，青年男女组成的接亲队来到女方家接新娘，并和女方送亲队伍一道返回新郎家。回族婚礼要请阿訇为新郎新娘念"尼客哈"，讲解坚定信仰、尊老爱幼、遵纪守法、勤俭持家、和睦邻舍等道理，教育新婚夫妇尊敬父母、互敬互爱、诚实勤劳、不做违法之事。若新郎新娘记不清自己的经名，则由阿訇给他们另起经名，阿訇还问新郎给新娘多少"可宾钱"（聘礼），新郎酌情回答。然后是"撒喜果"，阿訇将盘子里的核桃、花生果、硬币若干，抓撒在屋中，让在场的青少年争捡。接着便闹房。回族婚姻成立的标志，是请阿訇念"尼客哈"。峦村村民与峦村村

---

[1] 马维良：《云南回族历史与文化研究》，昆明：云南大学出版社，1999年5月，第124-125页。

第六章　人生礼仪中的对话

民（即帕西傣与帕西傣）结婚的婚礼是在结婚前一天，请阿訇念"尼客哈"，念完后，把盘里的米花撒给新娘，阿訇也问新郎给新娘多少钱，新郎一般给 50 元。

帕西傣的祖先征得土司同意在傣族地区定居后，与傣族通婚就成为很自然的事情。帕西傣青年与傣族青年若是互相中意，有意结为夫妻，傣族青年首先要考虑好是否愿意在帕西傣村寨生活。若无疑义，才进一步考虑婚姻大事。

1. 婚礼日期的选择

帕西傣和傣族结婚，结婚的日子要避开傣族的关门节与开门节（即傣历九月十五日至十二月十五日之间）这段日子，还要避开回族的斋月（即伊斯兰历九月）。

每年的傣历九月十五日是傣族的关门节，由此进入了"传授佛法期"，历时三个月，于傣历十二月十五日结束，这天即是开门节，意即"走出传授佛法期"。进入传授佛法期后，佛寺里所有僧侣都不许外出，更不许到村寨住宿；每七天举行一次赕佛诵经活动，傣语称为"赕星"，所有僧侣和信徒都参加。在此期间，村寨里不许谈情说爱，不能举行婚礼。[1]

斋戒是伊斯兰教规定的每个穆斯林必须履行的五功之一，每年伊斯兰历九月是穆斯林的斋戒之月。斋戒要求封斋者在该月中，于每日黎明前至日落时，严禁饮食、滴剂、输血、房事或任何嬉狎非礼行为。斋戒者必须保持身心洁净，诚心诚意。[2] 故穆斯林不在斋月结婚。

帕西傣的结婚日期通常由傣族方算过日子后确定，结婚须在吉日举行。傣族盖新房、结婚、出行等都需要卜算日子。卜算日子通常是由佛爷来完成的，也可请长辈中还俗的佛爷选定吉日。

---

[1] 云南省民族事务委员会编：《傣族文化大观》，昆明：云南民族出版社，1999 年 9 月，第 100 页。

[2] 陈广元：《新时期阿訇实用手册》，北京：东方出版社，2005 年 5 月，第 266 页。

除了关门节和斋月不能结婚以外,婚礼日期尽量选择农闲时节。过去帕西傣与帕西傣结婚曾经也遵循傣族关门节不能结婚的禁忌,但是现在已经没有这样的禁忌。一个在关门节结婚的帕西傣女子告诉笔者,她结婚的日子是傣族的关门节,但是"我们回族没有这样的禁忌"。

2. 婚礼个案

2007年2月8日,峦村分别有两对新人结婚。分别是帕西傣男子岩应扁与曼短村傣族女子玉罕累成婚、帕西傣女子玉应罕囡与傣族男子岩温合成婚。因峦村奉行"只进不出"的婚娶原则,所以傣族女子玉罕累按常规嫁进该村;傣族男子岩温合按该村的规矩必须"上门",即"入赘"。

婚礼个案1:峦村帕西傣男子岩应扁与曼短村傣族女子玉罕累的婚礼

大清早,岩应扁家就开始宰牛。其家人把牛牵到金桥左侧的田地中,阿訇开始念经,之后宰牛。牛宰好后,阿訇回去。男人们开始剥牛皮,把牛按不同的部位分解成一块块的。帮忙的人把牛拿到岩应扁家,就开始忙着为招待客人做准备。中午1点多,新郎家门口陆续开来20多辆车。有豪华的轿车、越野车,但最多的是平时运载客人往返县城和八公里大桥的微型车。只要村里有喜事,村中的运输车辆就会放弃赚钱的机会来帮忙迎亲或送亲。新郎家门口的迎亲车辆都贴上了大红喜字。迎亲的亲朋好友也穿戴整齐准备出发。迎亲队伍由年轻男女和中年妇女组成。小伙子们大多穿白T恤和白衬衣,妇女们跟她们的老庚们穿上统一的傣装,队伍按衣服分成了一组组,妇女们还佩戴上了平时珍藏着的银腰带、金项链、金耳环和金戒指。阳光下,艳丽的傣装五彩缤纷,金银首饰光彩夺目。迎亲队伍全部坐上车后,就向新娘所在的村子出发了。新娘家所在的村子是曼短村,离峦村很近。十多分钟后,迎亲队伍已经驶入了曼短村的村口。这时候,迎亲队伍开始点燃鞭炮,车队在鞭炮声中缓缓前行。到新娘家门口,新娘家热

第六章 人生礼仪中的对话

闹非凡,正在款待亲朋好友。迎亲队伍进入新娘家,新娘家迅速摆好桌椅。通常来说,迎亲队伍到了新娘家,新娘家肯定要抬上丰盛的酒菜进行款待。然而,峦村的回族饮食习惯使他们不能分享新娘家的佳肴。怎么办呢?这个问题很快有了答案。峦村的妇女们从迎亲车中提出了几个大的保温桶,随后用自带的碗筷从保温桶中盛出饭菜,大家就围坐在桌子边开始吃饭。饭菜很简单,糯米饭、凉拌粉丝、炒肉片、剁生。而此时,新娘家的客人正尽兴地喝酒吃饭,在二楼的客厅里,已经有一些老人醉卧在墙边。二楼的一间房间是新娘的卧室,布置得温馨漂亮,房里拉上了彩带和闪亮的小灯。新郎和新娘开始给宾客敬酒,伴郎提着酒,伴娘用盘子抬着烟跟在新郎、新娘后面。新郎、新娘依次递酒给老人,有的喝,有的不喝。接过酒喝的人要说上几句祝福的话。有的手里还拿着一对蜡条,说上祝福的话,一对蜡条表示的是夫妻双方今后不离不分。新郎、新娘只敬酒,自己不喝。之后,新郎、新娘和新娘的父母合影留念。新娘的父亲拿出一个竹制的盒子,里面装了一个红色的布袋,布袋里装了一根沉甸甸的银腰带、一条金项链,新娘把戴在耳朵上的金耳环取下来,一同放入红色布袋里。这些都是新娘父母送给女儿的陪嫁品。这时女方家的长辈、峦村的大管寺,开始围坐在一起,商讨聘金,他们戏称为"买媳妇"的价钱。大管寺先拿出400元钱放在竹箧制作的桌子上,又把首饰也放上去。女方家的长辈们经过一番商议,提出了新的要求。大管寺加了200元钱,女方家的一个长辈又掏出50元钱放入。双方的手握在一起,大家发出开心、爽朗的笑声。聘礼商议妥当了,新娘把放在桌上的金耳环、金项链、银腰带佩戴好。亲朋好友们开始把新娘的陪嫁品:柜子、被子、保温桶等搬上迎亲的车辆。新娘的长辈把新郎、新娘叫到面前,又进行了一番谆谆教导。

离别的时刻要到了,新娘将随新郎的迎亲队伍离去。尽管曼短村离峦村很近,但新娘的父母和姐妹已经哭得像个泪人一样,新娘眼眶中也含着泪花,慢慢走出了自己的家门。迎亲、送亲的队伍坐上车,向峦村返回。到了男方家门口,又开始放鞭炮。新郎、新娘下了车,小伙子们一窝蜂地把新郎、新娘推倒在床上,其他人把新娘的陪嫁品一一搬进家。宾客们都饿了,男方家已经准备好饭菜招待客人,客人们依次上桌吃饭。吃完晚饭,天已经黑了。村里的人开始来新郎家送礼,送礼的多为妇女,她们抬着一个盆,盆里装着米,米上放着礼金,礼金从20、30元到100元不等。新郎家专门腾出一个房间来收礼,一个小姑娘把送来的米装进袋子,新娘母亲负责收礼金。

晚上,同龄伙伴也要来闹新人的房。新郎家还请来傣族"赞哈"唱歌助兴。

第二天一早,新郎、新娘要早早起床,带领男方家的亲戚回去和女方家的亲戚认识。男方家仍然用保温桶盛上饭菜去了女方家。之后,男方的亲戚返回,新郎、新娘留在女方家过夜。第三天早上,新郎、新娘带着女方家的亲戚来男方家认亲戚,女方家的亲戚吃完饭返回,持续三天的婚礼才算结束。

婚礼个案2:峦村帕西傣女子玉应罕囡与勐遮傣族男子岩温合的婚礼

玉应罕囡是一个小学老师,丈夫是某乡林业站的工作人员。因为二人属于单位上的人,他们除了要举行"傣婚"外,还要举行"汉婚"。傣婚主要是宴请村里的人以及亲朋好友,汉婚主要宴请单位上的同事。汉婚的时间尚未确定。因峦村奉行"只进不出"的婚娶原则,且新娘是独生女,傣族男子岩温合按峦村的规矩必须"上门",即"入赘"。

"上门"的婚礼仪式与男方迎娶女方不一样。婚礼当天,男方家把新郎送到女方家,女方家准备丰盛的饭菜招待客人。闹房的伙伴也是由女方的老庚们来进行。吃过晚饭,新娘的小姐妹们在新房里"闹"

第六章 人生礼仪中的对话

起了新郎、新娘。女方家的院子里灯火辉煌，一个傣族女歌手在院子中央唱起了傣语歌，她身旁围坐着一群人专心地倾听她演唱，听歌的人以中老年为主。傣族歌曲音符简单，不需要很高的歌唱技巧，但是傣语歌的难度在于歌手根据情景即兴演唱，唱的内容多半为祝福和叙事，也可以带有诙谐和调侃的内容。女歌手的歌唱内容很精彩，听众不时发出会心的微笑。夜深了，玉应罕因与岩温合的婚礼在傣语歌和伙伴们的嬉笑声中结束。

第二天，新郎家派人来接新郎回去，新娘家的亲朋好友都跟随前往。新郎家在勐遮，离峦村约莫1小时的车程。到了新郎家，新娘的父亲及亲朋好友从车上抬出砧板、锅、碗和两只牛腿肉。原来这一次，不是从村里带做好的饭菜，而是要在这里现做。男人们开始切牛肉，女人们则悠闲地嗑瓜子、聊天。

新郎、新娘进了二楼堂屋。堂屋里已经坐了三个女性老人，每人面前有一只蜡条、一块布，布上放了一枚金戒指，二人在她们对面"跪着"（准确地说，玉应罕因不是跪，而只是屈腿侧身而坐。伊斯兰教规定，不能跟任何人下跪，所以对玉应罕因而言，难免勉为其难，于是她采取了一个类似礼拜中打坐的姿势）。新郎、新娘对面的三个老人，双手合十，在嘴里默念着。新郎也双手合十，听老人默念，而新娘在听，却没有双手合十。老人们默念完毕，一一把三个金戒指戴在新娘手上。这时，新郎的姐姐走进堂屋，新郎、新娘递给每人10元钱，老人们则每人给了新郎、新娘100元。仪式结束了，晚饭也做好了。随新娘前来的宾客与新郎的家人坐上桌，吃在新郎家做出来的"回族"餐。新娘的父亲和亲朋与男方家的亲朋兴高采烈地喝酒。约莫晚上7点，前来的客人乘车返回峦村。新郎和新娘则留在了新郎家，从新娘家带来的新锅、碗也留下来给二人以后使用。

文化的"对话"：帕西傣的交往、交流、交融研究

过了几天，峦村帕西傣新郎罕应扁的母亲邀请笔者到他们家做客。在与她的谈话中，笔者对其子的婚礼有了进一步的了解。

笔者有一些疑问，于是一一询问了新郎的母亲，她也给笔者作了解答：

1. 岩应扁已经是一个"穿衣"的阿訇，父母对其找一个傣族女子有何看法？

岩应扁的母亲说："村里有好几个老人想把自己的女儿许配给岩应扁，亲自到家里来询问。他们也希望岩应扁能找一个村里的。但是岩应扁一直未置可否。后来，岩应扁认识了现在的媳妇，并且郑重提出要父母去拜访女方家的父母。他们只好去了。她说："既然儿子爱上了，没有办法。"后来，笔者了解到：岩应扁有一个妹妹身患残疾，根据峦村曾经做过的体质调查来看，很有可能是因岩应扁父母为近亲结婚。故岩应扁父母同岩应扁一样，应该更倾向于村外通婚。

2. 岩应扁的婚事正式确定下来了，婚礼笔者也亲眼目睹了。但为何没在婚礼上见到女方皈依伊斯兰教的"进教"仪式？

岩应扁的母亲说："进教仪式在婚礼后一个月举行。因为媳妇是傣族，对伊斯兰教没有任何了解，对回族的生活习惯也不太了解。所以怕媳妇一来就进教，她会不适应。过一个月，待她慢慢适应后，再举行进教仪式。"

3. 结婚时双方作为信仰不同宗教的人，如何协调婚礼中可能出现的分歧？

结婚日期是女方家拿着两人的生辰去曼短佛寺请佛爷看的。男方家没有异议。

结婚前，为避免出现傣族宗教仪式，男方家告知女方家不能举行拴线仪式。

第六章 人生礼仪中的对话

4. 男方家需要支付多少聘金？

新郎家送给儿媳妇的钱物共有：6000元的聘礼、一根半公斤重的银腰带（1公斤银子在勐海县的价格为2900元，制作一根一寸左右宽的银腰带需要约半公斤重的银子）、金项链、金耳环、皮鞋、四套傣装。聘礼的数目主要由双方协商，因为峦村普遍经济条件较好，所以支付的聘礼也相应较多。

除了聘礼外，加上宴请客人的花费，新郎家为儿子结婚总共花去近三万元钱。

2008年1月20日，岩应扁的媳妇已经怀有4个月的身孕，笔者再次到岩应扁家做客，和他们一起聊天。笔者又问了新娘玉罕累以下一些问题：

1. 你嫁给一个回族，父母是否反对？

父母不反对。婚姻大事要经过父母同意才可以。她认为嫁给一个回族很好，因为回族结婚相对较晚，离婚的较少，和傣族很不一样。接着，她列举了回族和傣族的不同之处：

傣族普遍早婚，离婚也很普遍。傣族女子到了十四五岁，父母为了找个帮手来家里劳动，通常希望子女能早早结婚，婚事由双方家长安排。因此，许多夫妇感情不和，结婚不久就离婚了。在傣族看来，十七八岁没结婚就是老姑娘了。所以玉罕累的父母也早早为其安排了一个同村的傣族小伙子，这个小伙子还在她家里劳动了半年多。但是她不喜欢那人，一直不理他。父母没办法，只好听从她的意见。后来，她认识了丈夫岩应扁，两人相恋并结为夫妻。

傣族爱喝酒，喝酒以后常会乱来，这种习惯不好。而回族喝得较少，尤其是她丈夫基本不喝酒。回族到清真寺不喝酒、抽烟，而傣族到缅寺照样抽烟、喝酒。

2. 娘家村里的人怎么看待你嫁给回族的事？

当村里的人得知她准备嫁给一个回族,就吓唬她:"嫁回族要洗胃,你不怕吗?"

她说:"峦村有那么多嫁进来的傣族,她们都不怕,我也不怕。"

3. 两人的婚后生活如何?

她说:她的娘家准备了新的锅、碗,平时收起来,等到她们回家时再拿出来用。因为玉罕累的娘家离婆家不远,所以经常回去。回到娘家,她的父母通常跟她们一起吃饭(也就是吃的是"清真"的饮食),其父母也快跟着她"变成"回族了。她说,长时间的回族饮食,使她已经习惯了不吃猪肉的饮食习惯。

她还告诉笔者,双方家长的关系也很好,因为岩应扁家的田地在曼派村,紧邻娘家曼短的田地,所以她父母还常来帮他们种田。婚后,岩应扁和媳妇一起到傣族村寨收茶叶,再把茶叶转卖到茶厂。

婚后,她不能再去赕佛,但是如果其母亲要赕,她会拿钱给母亲去赕。此时,她又再次就赕佛与回族作了比较,她说关门节之后,每家都要拿钱、饭菜去赕佛,非常浪费。而回族在此方面不浪费。

或许因为岩应扁是一个穿衣阿訇,虽然他娶了一个傣族媳妇,但他不断地给她讲述伊斯兰教的教条,她对回族的"穿衣""斋月"等都非常了解。她在谈话中总是说:"我们回族……",在她的日常生活、宗教活动中,回族与傣族的"对话"已经在不知不觉地进行着。

(二)帕西傣与傣族婚礼中的对话

1. 取消拴线仪式

傣族婚姻成立的标志是举行拴线仪式。"拴线"是在堂屋的一端摆上一张篾编的圆桌,桌上放糯米团、煮熟的公鸡和母鸡、酒、蜡条、盐巴、线团等。村寨的安章、亲友们围桌而坐,新郎、新娘跪在安章对面。安章开始念诵祝福词。此时,亲友伸出右手放在桌子上,低头倾听。之后,安章拿出一根长白线,从新郎的左肩绕到新娘的右肩后,把线的两端搭在桌子上,再拿起两根较短的白线按照先男后女,先左手再右手的顺序,拴在新婚夫妇的手腕上。之后,双方的亲戚各自用一根线将新郎、新娘拴起一起。拴线仪式意味着把两个人的灵魂拴在了一起。

帕西傣与傣族结婚,拴线仪式要取消。婚前,帕西傣就要跟他们的傣族亲家特别强调:不可以举行拴线仪式。

2. 推迟举行傣族皈依伊斯兰教的进教仪式

宗教信仰一致是回族婚姻成立的先决条件。伊斯兰教禁止与外教通婚的规定,使得回族普遍具有同族通婚的倾向。帕西傣严格执行伊斯兰教关于与异教徒通婚的规定:如果帕西傣娶的或嫁的不是回族,则必须举行进教仪式。其他地方的穆斯林与非穆斯林结婚,通常在婚前举行进教仪式;而帕西傣与傣族结婚举行的进教仪式,则在婚后一段时间举行。帕西傣对此的解释是:傣族嫁给帕西傣,对伊斯兰教没有任何了解,一开始还不太能适应回族的生活,经过一段时间的适应和熟悉,再来举行进教仪式。

进教仪式上,由阿訇念诵"清真言"和"作证言",再给进教的傣族人取一个经名,并告之哪些是教规允许做的,哪些是教规不允许做的。最主要的就是告诫人以后不能再吃猪肉和非清真饮食,要遵循回族的饮食习惯;不能参加傣族的宗教活动:如赕佛等。傣族女子通过举行进教仪式后,初步掌握了成为一个帕西傣的基本要求。以后回娘家,就不再与娘家人一起吃饭,而是单独使用娘家为她和丈夫准备的新锅灶,也不再参与娘家所有的赕佛活动。

3. 婚礼中饮食的协调

帕西傣遵守回族的饮食禁忌:严格禁食猪肉。若出远门的话,会随身携带锅具,在没有清真食品的地方,自己煮食。不吃猪肉的习俗也是傣族对帕西傣最直观的认识。傣族认为,虽然帕西傣的许多习俗与傣族一致,但他们是回族,不吃猪肉,与傣族是完全不一样的。在日常的交往中,傣族都尊重帕西傣的饮食习惯，傣族若购买了猪肉，不会从帕西傣的村寨经过，也不会赶猪从帕西傣村寨穿过。在帕西傣与傣族的日常交往中，双方在尊重帕西傣的饮食基础上，可以同坐一桌。

在婚礼中，因帕西傣的饮食习俗与傣族不同，在迎亲或送亲中，傣族设宴款待对方客人的礼仪，由帕西傣自己来完成。在第一例婚礼中，因为新郎、新娘两家距离较近，由新郎家的亲朋好友用保温桶装上做好的饭菜，带着碗筷，到新娘家，抬出桌子即可食用；在第二例婚礼中，女方家带上牛肉、锅碗到新郎家当场做饭，宴请帕西傣亲戚。

双方通过婚礼仪式，进一步强化了傣族对帕西傣不吃猪肉的认识。在第二例婚礼中，傣族新郎第一次与帕西傣一起制作清真饮食，更对他产生了深刻影响。

4. 回族在婚礼中不叩拜

伊斯兰教禁止崇拜偶像，即严禁除安拉以外的一切精神和物质崇拜，故回族对任何人或物不鞠躬、不叩拜。而信仰南传佛教的傣族的跪拜行为则较为常见，在缅寺佛像前跪拜、在一些特定场合向父母、佛爷叩拜是平常之事。在傣族婚礼中，举行拴线仪式前，新郎新娘要向父母叩拜，感谢父母的养育之恩，还要向主持拴线仪式的安章和召曼叩拜，之后才开始举行拴线仪式。在前文的两个婚礼中，都没有举行拴线仪式。第一例婚礼，新郎新娘听长辈、村长等的教育时，都未采取跪拜的姿势，而是坐在凳子上。第二例婚礼，在新郎的长辈念诵祝福之语时，傣族新郎跪在老人面前，双手合十；而新娘既不能跪，也不能显得失礼，于是她采取了屈腿侧身而坐的姿势，听完男方长辈的祝福祷告。

(三) 婚姻生活

按傣族习俗，成婚后，男方应到女方家上门半年，为女方家干活，半年后夫妻才能到男方家居住。以前峦村男子娶傣族女子需上门一个月，在女方家用新的锅碗做饭。因为生活习俗主要是饮食习俗的不同，男方在女

第六章 人生礼仪中的对话

方家生活不方便，所以现在峦村男子娶傣族女子，不需要上门。但为了弥补男方不到女方家上门的缺憾，男方需象征性地用钱来代替上门。若是帕西傣之间的结合，尤其是本村内的通婚，依旧严格遵循到女方家居住一段时间的习俗。男方需到女方家上门6个月，为女方家干活，如种谷子、栽花生等，6个月后才回到男方家定居。

哈布瓦赫指出，一个人无论通过出生或婚姻进入一个家庭，就成为某个群体中的一员，而在这个群体中的位置并不取决于个人的情感，而是由早已存在且独立于我们的规则和习俗决定。他进一步指出，在古代希腊或罗马，"婚礼从来就不只是为建立在相互感情基础上的结合而举行的一种普通的神圣仪式……当年轻女子进入一个新的家庭时，也必须接受这个家庭的仪式和传统"[1]。由于峦村与傣族的信仰和生活习俗不同，傣族女子在嫁入峦村之前，都或多或少有所了解。村民岩罕（曾到沙甸念经并"穿衣"）娶了曼养坎村傣族女子玉窝燕。笔者问玉窝燕：以前你知道峦村是回族吗？她说在很小的时候，就听家中的长辈说起峦村人是回族，不吃猪肉。所以在他们恋爱期间遭到了女方家父母的反对，但由于双方坚持，终于得到女方父母的允许，成为夫妇。除了知道婚后不能吃猪肉、不能赕佛外，大多数傣族在婚前，都不会预想到在新的家庭中会遇到什么样的观念和情感。但进入峦村后，她们都能遵从峦村的传统规则，她们的孩子也将从她们这里学习这些规则。当我们去景洪过圣纪节时，就见到了一些嫁入的傣族女子跟随她们的丈夫前去参加。

峦村村头有一家米干店，大部分村民都在此店吃早点，并借吃早点的时间闲话家常。该米干店的老板娘是从缅甸嫁到此地的掸族，当然她也履行了进教仪式。从村民选择到她家的米干店吃早点来看，因为她已经进教，所以村民都不担心她做的米干有违清真饮食习惯。

---

[1] [法]莫里斯·哈布瓦赫：《论集体记忆》，毕然、郭金华译，上海：上海人民出版社，2002年10月，第98页。

除了一个群体的社会记忆外,每一个家庭也有着自己在受某种社会记忆规约以外自己的记忆。哈布瓦赫认为,在每一个特定的家庭内,除了整个社会共同的规则之外,还存在着一些思考的习俗和模式,这些习俗和模式一视同仁地把它们的形式强加给家庭成员的观念和情感,甚至是以更加强制的方式来实现的。他还引用法国学者库朗日的话"每一个家庭都是完全自由的,没有任何外来力量有权规范、控制它的崇拜和信仰"[1]。

因此,上述提到的"只进不出""进教",结婚后不再参与傣族宗教活动等只是村庄大的规范。事实上,在笔者的调查中,也发现存在女子嫁出或与其他民族男子结婚后,对方未举行进教仪式的情况存在。当然,这些未进教的人员,通常也会尊重配偶的饮食习惯和村里长期形成的种种禁忌和规定。

三、葬礼

马林诺夫斯基认为人生最大且最终的危机是死亡,人类社会面临的许多问题都是由此引起的。每一个人都将经历出生、成长、死亡这样的必然历程,肉体上的死亡永远是生命历程中迫在眉睫的事件,而一个正常的人必然也能清楚地知道这一点。同时,"配偶或至亲的死亡又常常会扰乱一个人的社会关系,使其家庭关系、经济活动、情感交流以及其他许多曾经与死者生前的生活息息相关的事情因此而发生某些微妙的变化"[2],如果在小型社会里,成员之间的联系更加紧密,那么一个人的死亡不但是家庭内部

---

1 [法]莫里斯·哈布瓦赫:《论集体记忆》,毕然、郭金华译,上海:上海人民出版社,2002年10月,第123页。
2 史宗主编:《20世纪西方宗教人类学文选》(下),北京:三联书店,1995年4月,第819页第八章导言。

第六章 人生礼仪中的对话

的问题,更有可能"产生波及整个社会结构的压力点"[1]。基本上在每个社会中,其文化都有在某种程度上减轻人们由于死亡而引起的种种困惑和焦虑的技巧和方法,宗教更是在最大程度上提供了非物质性的超越死亡的生命的概念,并且告诉人们这种精神存在于何处以及如何存在的信仰。通过对来世或后世的信仰使个人对死亡的恐惧得以部分的缓解。

在傣族社会里,原始宗教产生初期,傣族先民认为鬼、神都是生命死亡后的灵魂,只会保护人,不会伤害人。那一时期的"祭神祭鬼"活动,是出于对鬼神的尊敬、祈求鬼神的保护和对祖先的怀念。佛教传入后,傣族的神鬼观念发生了变化。他们认为除了少数的鬼变为神外,大多数鬼都会吃人害人,一旦进入人居住的寨子,人就会遭殃,要请懂驱鬼咒语的"波摩"驱鬼。过去有的地方盛行赶"琵琶鬼",即认为鬼附在人的身上,要将鬼附的人烧死,才能将鬼撵走。

帕西傣受傣族的影响,也有害怕鬼的观念。他们认为"被刀砍伤、摔伤、病痛等是不吉利的事情,是鬼在作祟,要'赕鬼'才能免灾;野地里的无名叫声是凶险的征兆。所以有了病痛、天灾人祸、凶兆,要取糯米饭、香蕉等物,用芭蕉叶包成小包到寨外路边去'赕鬼';丢了牛和其他东西,要请人卜卦,然后按卦意所示去找;把亡人用过的东西,弃在坟边,带回寨子,会有鬼魂跟随而来作祟于人。他们还认为'帕西傣'的寺庙就是清真寺,请阿訇来念经就可以挡鬼,鬼才不敢作祟于人。"[2]

鬼神恐惧源于人们认为人死后灵魂将继续生存于来世中,但灵魂的基本"人格"结构却变恶了。很长一段时间,峦村人非常害怕死亡,与傣族一样,认为人死后会变成"鬼",坟山是鬼魂围绕的地方。峦村的坟山分

---

[1] 史宗主编:《20世纪西方宗教人类学文选》(下),北京:三联书店,1995年4月,第819页第八章导言。

[2] 马健雄:《勐海帕西傣调查》,载云南省民族研究所编《民族学调查研究》,1996年1月,第39页。

为三块区域，中间一块用来埋葬正常死亡者，两边埋葬夭亡者与凶死者，三块墓地间有明显的标记。这与傣族的习俗相同，傣族村寨也把坟场划为埋葬"死得好的人"和"死得不好的人"。按照傣族的习惯，为了不让亡人的家属害怕和悲伤，在人死后，亲友和村民会带着扑克来到亡人家中，打几天的扑克，尽情玩闹。峦村以前也有这样的风俗，亲友陪着亡人家属通宵守夜，一起打扑克。初到峦村，笔者想去坟山看看，却被好几个人婉转地以"改天再去"为由拒绝了。后来，一个十多岁的小姑娘带笔者去了，但是到坟山还有十多米的时候，她停住了。原来他们认为坟山是有鬼的地方，所以除了特殊情况，不会去坟山。

峦村坟山在景檬山上，周围多是茶树。由于勐海县兴建的茶叶工业园区就位于坟山的后面，峦村大部分土地被征用。因此，峦村又自己出资购买了一块地作为坟山，但是由于土地有限，峦村定出了新规矩：凡嫁入或到峦村上门者，未进教者或进教未满8年死亡者，不得埋葬在峦村坟山。

回族称死为"归主"，尸体称为"默体"。丧葬特点是速葬（死后"默体"速葬，不超过三日，以体现"亡人入土为安"之意。一般是头一天"无常"，第二天就埋葬，再晚也不能超过三天。对年高的老人或病危的人，很早就为其准备后事，并适时预示远方亲属。为了达到速葬的目的，还规定死在哪里就在哪里埋葬）、简葬（不分贫富和职位高低，都用同样的"卡凡"，即包死人的白布包尸，埋在一块墓地里，占用一般大小的地方，不允许用任何贵重物品作陪葬）、土葬（将死者冲洗后用白布包裹，放入公共的陈尸木棺"经匣"，送至清真寺举行葬礼；然后再送至墓地，由阿訇念经后，将尸体直接放入土穴，盖木板或石板）。殡埋的全过程皆由阿訇主持。

从学者们记录的帕西傣的丧葬过程来看，帕西傣的殡礼一直在发生着变化。但仍遵循了伊斯兰教速葬、简葬和土葬的规定。

第六章 人生礼仪中的对话

20世纪80年代，学者马维良对帕西傣的丧葬习俗是这样记载的：

> 帕西傣谁家死了人，就分别请男女老人，先将死者尸体洗干净后，用白布裹身，阿訇念经站拜。这一天全寨停止生产，都来死者家中问候帮忙。送葬时，很早以前清真寺中有经匣，其后就没有了，用几块木板扎成担架，将死者放在担架上，上盖洁白的白布，大家争着抬上坟地。人死以前就挖好面向西的长方形土坑，尸体放在内坑里，上盖石板，垒土而成。其后，死者家中炸油香，请阿訇念经，追悼死者。[1]

20世纪90年代中期，学者马健雄是这样描述帕西傣的丧葬习俗的：人去世后，将亡人按头北脚南面朝西的规矩停放在木板或竹楼地板上，邻居闻讯都来吊丧，来客要陪丧家通宵守夜。送葬一般在第二天下午举行，抬亡人没有专用的公共尸匣，是由丧家用刨光的木板钉成一个长形盒子，待洗完亡人后，用"卡凡"裹身，即装入木盒中，抬到清真寺转"伊斯科"，然后送坟地下葬。墓穴宽约80厘米、长约2米、深约1.5米，正南北方向明槽。在亡人下葬时，由阿訇在坟边主持葬仪念经，亡人在坟坑中按头北脚南面朝西的方向放好，不用砖坯砌堵，上面用能防腐防蚀的漆树等树干，横担在墓坑上，并将木缝拼严，然后在上面堆成长方形土堆，把送葬的木盒子拆开，倒扣在坟堆上，葬礼就算结束。一年后，丧家给亡人修坟立碑，墓碑上一般刻上阿文和汉文，有的也刻上傣文。[2]

李明坤阿訇到峦村后，曾经动员村民做一个公用的经匣，但是"他们

---

[1] 马维良、李佳：《西双版纳傣族自治州"帕西傣"调查》，载云南省编辑组编《云南回族社会历史调查（三）》，昆明：云南人民出版社，1986年12月，第59页。
[2] 马健雄：《勐海帕西傣调查》，载云南省民族研究所编《民族学调查研究》，1996年1月，第38页。

认为所有与死者接触过的东西都是不吉利的,怕因此遭来恶鬼的骚扰,所以拒绝用公用经匣,带到坟山去过的东西也多半抛弃,回家立刻沐浴净身。为了真正落实殡葬的教义规范,在历任阿訇的劝导下,近两年峦村新制了公用经匣,平时放在清真寺的储藏室中"[1]。迄今为止,峦村的丧葬习俗已经较为符合伊斯兰的规范。

现在峦村的人死后,使用公用的经匣,而且埋葬死人的时间不能超过24小时,即他们说的"不能见两日"。

傣族村寨若有人死亡,在几天内,该村寨的村民不得进入其他村寨,若进入,要处以罚款。而帕西傣也自觉遵守这项风俗,在本村有人死亡尚未埋葬之前,不进入其他村寨。

以前,峦村人非常害怕死亡和鬼。一旦村里死了人,老人就会把家里的大门关上,不让小孩出门。人死后,家人不敢为其洗"默体"(亡人),都是去勐海县城请人来洗。后来,峦村人在阿訇们的教导下,已不像原来那么恐惧。现在村里若有人死亡,小孩们也可以出门了。老人死亡后,男性由儿子洗,女性由女儿、儿媳来洗,或者请一个阿訇帮忙。全村每家都必须派人去挖坟。

2008年1月19日村民玉映香的外婆死亡

玉映香的外婆生病已有几月,她身体尚好时坚持礼拜、把斋,在1月13日圣纪节时,全家人还一起照了全家福。最近几天,由于病情恶化,其子女每天都轮流在身边守候。她于昨天半夜归主(即死亡)。第二天早上,她的女儿为其清洗,并裹上白布,家人把她放入经匣中。她的家人在理完"丕生"后,在清真寺站拜(又称站"哲那兹",即殡礼),将亡人头北足南面西放于清洁之处,亲属及前来送葬的村民

---

1 曾慧莲:《民族文化的多元发展与适应——以西双版纳傣族自治州勐海县曼峦回村"回傣"为例》,硕士学位论文,台湾政治大学民族学系,2004年,第79页。

站立并随阿訇念诵四次大赞词。之后亡人被抬到坟山去埋葬。挖坟是由村民来帮忙完成的。

人死后的第七、十四、二十一、四十、七十天都要"做",即举行祭祀、上坟、念经等活动。玉映香的外婆去世后的第七天(即头七),家人准备了饭菜,请亲戚到家里吃饭。前来吃饭的亲戚们要送米和盐。

第七章　岁时节令及民俗活动中的对话

一、春节

（一）春节盛况

春节，是峦村村民的一个重要节日。离春节还有半个月，浓厚的节日气氛已经扑面而来。峦村家家户户开始打扫卫生，家中所有的床单、被套都洗干净了晾晒在院子里。茶几上也备好了招待客人的水果、瓜子、糖。峦村春节最有代表性的食品就是自制的冬瓜糖、米花糖、粑粑。

峦村的春节与别处有所不同，他们更重视过初一而不是除夕。除夕这天晚上菜比平时丰富，但更丰富的菜肴则是为大年初一准备的，除夕夜他们也看中央电视台春节联欢晚会。大年初一，要把男女主人的爸爸、妈妈请到家里吃饭。春节期间最重要的活动，是本村人之间的相互拜年和宴请傣族亲朋的活动。据村民介绍，原来过春节，每家都要互相拜年，每天要拜十户人家的年，这十户人家要请来很多帮手，才能接待全寨的拜年者。拜完所有人家，大概需要一周的时间。除此以外，每家都要请自己的傣族亲戚和朋友到家中做客。过去，每年元宵节，帕西傣在村里的社房准备丰富的食物招待客人，邀请傣族土司、头人来做客。现在，他们改为邀请县上领导来做客。宴请县上领导的那天，还要请傣族歌手来唱歌，整个村寨都参与到招待客人的行动中。作为傣族地区的"少数民族"，县上领导对

第七章　岁时节令及民俗活动中的对话

于帕西傣的盛情邀请，都会欣然前往。

2008年峦村春节

离春节还有一个星期，岩旺家拿出简易小梯子，清除房顶角落的灰尘，接着开始打扫，并清洗床单、衣服，院子里晒满了衣物，趁着太阳好，被子也拿出来晒。爷爷岩旺还帮几个月大的孙女剃了头发和眉毛。屋子打扫完了，岩旺全家去了一次县城，买回了34寸的新彩电、DVD及冰箱，花费了近1万元。茶几上摆满了水果、瓜子和糖。干净的房屋、崭新的电器，家里每人都洋溢着喜悦的笑容。

接下来，最重要的工作是准备节日饮食。峦村春节的节日饮食，有三样是必不可少的：冬瓜糖、米花糖、粑粑。

2月16日，离过年还有一天。女主人把买回家的冬瓜切成薄片，放入大盆中，用石灰水浸泡，目的是使冬瓜片变硬。在整个春节期间，冬瓜糖是每家每户招待客人的主要食物，所以岩旺家准备了满满一大盆的冬瓜片。

今天的晚饭与往天不同，吃的是米线。晚饭后，女主人烧起柴火，放上一口铁锅，开始制作爆米花。待铁锅烧热，放入糯米，翻炒片刻，用盖子盖上，不一会儿，糯米噼里啪啦地在锅里爆开了，揭开盖子，第一锅爆糯米花就做好了。接着，再这样反复地爆，直到做足够多的米花糖。

2月17日，除夕。一大清早，女主人早早起床，去县城买菜。儿媳妇则准备做糯米苏麻粑粑。偏房里烧着两堆柴火，一堆柴火上蒸着糯米饭。糯米饭蒸熟了，儿子和儿媳开始准备做粑粑。儿子岩应旺拿出木制的研和臼，把蒸熟的糯米饭舀到研里，用力地舂起来，直到把米舂碎，儿媳玉香应把舂碎的米团分成小块，用手揉成圆球状后，再拍扁做成一个一个粑粑。做好一层，就铺一层芭蕉叶，约莫做了二三十个。剩下的面做了两个最大的粑粑，这叫作月亮粑粑，是给初一早上最早来敲门的小孩的。

粑粑做好了，到县城买菜的女主人也回来了。女主人买了一只鸡，一块牛头肉，一些小菜。

下午开始制作冬瓜糖。女主人把用石灰水浸泡的冬瓜片用水冲洗干净后，晾晒片刻，放到一口大锅里煮半个多小时后，放入半块砖一样大的红糖，和冬瓜片一起煮。当冬瓜的颜色慢慢变得和木瓜一样时，再往锅里放入白糖，直到冬瓜片里的水煮干为止，从浸泡到煮干水分，耗时两天的冬瓜糖就做好了。

接下来，做米花糖。

女主人在柴火上放上一口小锅，放入半块红糖，待红糖融化成液体时，用筷子沾一滴滴在冷水里，看红糖是否可以用了，如果滴入水中呈晶体状时就说明足够黏稠，可以做米花糖。将事先爆好的米花放在簸箕里，将熬好的红糖汁浇在米花上，用筷子搅动，待糖与米花粘在一起时，用手将米花捏成圆球状的米花糖。

做好这些食物，天已经黑了，但仍然没有准备晚饭的动向。笔者不免觉得奇怪：难道他们不准备过年了？汉族的春节最隆重的就是除夕夜，一大早就要为准备年夜饭而全家忙碌，年夜饭尽可能的丰盛。但今天一天主人准备的东西似乎都与年夜饭无关。

约莫9点，吃晚饭了。今天晚上的菜比平时丰富了很多，有六个菜，但没有见到想象中的"大鱼大肉"。吃饭也很随意，有的在厨房吃，有的在客厅吃。同去的一个云南汉族断言：他们不过年。对此，笔者有些迷惑。吃完饭，大家一同看了一下春节联欢晚会。

四周没有鞭炮声、没有绚烂的烟火。这个春节和笔者曾经经历过的春节很不一样。

晚上，偏房的两堆柴火仍然旺旺地烧着，火上放着两口锅，一口

第七章 岁时节令及民俗活动中的对话

锅煮鸡，一口锅煮牛舌。女主人很晚了仍在忙着舂草果、芝麻，在大盆里放入糯米用水浸泡，为明天蒸饭做准备。

2月18日，大年初一。一大早，岩旺家的亲戚就来要压岁钱了。男主人给每人100元。女主人也早早地起来忙碌。8点多，女主人的父母、男主人的父母及奶奶都来了。男主人分别给了他们50元，女主人也给了老人们一块做衣服的布料。然后开始吃早饭。今天的早饭不在厨房吃，改在客厅吃。早饭很丰盛，桌上摆了两碗凉鸡、两碗牛舌、一碗牛干巴，每人一碗米干、一袋糯米饭。此刻，笔者确信，峦村春节更重视初一，而不是除夕。

吃完早饭，我们去清真寺旁的空地上看年轻人荡秋千。搭秋千也是峦村每年过年的活动。昨天，成年男子们就在此帮助小伙子们搭秋千。秋千架是用又长又粗的竹子栽地做桩后，拴上粗粗的绳索做成的。年轻人们在秋千上荡着，开心的笑声回荡在村里。

村里的人今天都很悠闲，老人们坐在门口晒太阳，男人们围在一起打牌，女人们围在一起聊天。过年要从大年三十过到初三，这几天村里的人都停下劳动和工作，休息、娱乐并宴请傣族亲朋。

原来过年的时候很热闹，过年要持续一个星期。在这一周里，整个村里要互相拜年。妇女不出门，在家做汤圆招待村里的人，每天有十家人负责做汤圆，招待全村的人，其余的人家要到这10家拜年，由于来拜年的人太多，这10家人都要请亲朋来帮忙做汤圆，一周下来，每家都做汤圆招待了客人。年轻女孩子们还相约到某一个女孩子家一起做汤圆，再约年轻男孩来家里面吃。女孩子们做汤圆时，会在里面包上盐巴、辣椒，戏弄男孩子。之后，男孩、女孩们再相约一起去荡秋千。

后来，因李明坤阿訇反对过年和拜年，集体拜年的活动慢慢取消了。吃汤圆的活动就改为只是邀请村中老人到村长家里吃汤圆。下午，村长家来了一大群帮忙做汤圆的人。老人们用一个大盆和面,面和好以后,由年轻女孩做,笔者也加入了做汤圆的行列。村民做的是无馅的汤圆,很快就做好了一大盆。村长的妻子把做好的汤圆放入一口烧着滚水的大锅中煮,汤圆煮熟后,捞起放到碗里,加入用黑芝麻、花生、红糖舂碎做成的馅料。村长亲自去邀请村中的男性老人来吃汤圆,老人们聚在村长家的客厅里,吃着汤圆,愉快地聊着天。

初二、初三是宴请客人的日子。宴请的客人主要是峦村人的傣族亲家、傣族朋友们。

初二,岩旺的儿子去县城买菜,回来后在厨房忙碌了一个下午,准备了一桌子的饭菜。饭菜做好后,他邀请的客人也来了。客人都是傣族,是与他平时关系较好的朋友,大家围坐在桌子边有说有笑,边吃边喝,整整喝了两件啤酒。

我们也被村里的一村民邀请去他们家做客。

今天村里家家户户都在请客。暮色中,村里不时走过一些喝得太多、连走路都歪歪扭扭的中年男子,一伙伙叫着"甩、甩、甩"的小伙子,还有骑着摩托车飞驰而过的年轻男女。一些人家放的傣语歌曲在村子里回荡,峦村一改往日的平静,整个村子热闹非凡。直到夜深,喧嚣声才慢慢平息。

初三,依然是宴请客人。

大清早,男主人和女主人就到县城去买菜,回来后,忙碌一整天。晚上6点多,客人们到了。男主人邀请了某茶厂的负责人(该厂位于峦村村内,原峦村小学所在地,茶厂的许多员工都是峦村人,茶厂的经营者与峦村关系良好)、男主人的姐夫以及姐夫的亲家(傣族)、亲家所在村的村长(傣族),他们在一起喝酒、聊天。

当天晚上,几乎每家每户都在宴请客人。村中一些未婚年轻男子也在其中一户人家,准备了饭菜,接连两天邀请了附近两个傣族村寨

第七章　岁时节令及民俗活动中的对话

的傣族女子来做客。未婚的年轻女子也聚在一起，过了一个属于她们自己的春节。

初四。大清早，岩旺就开始修理拖拉机，跑运输的也开始工作，村子里变得冷清了。村长开车带我们出去游玩，我们先来到景龙佛寺，据他们介绍，该佛寺去年竣工，总造价200万。他们专程带我们来感受该佛寺的辉煌气派；接着，我们又去勐海乡茶科所附近游览茶园。

因为大部分茶厂还没开始上班，在茶厂上班的年轻人还继续娱乐。村里的小伙子、小姑娘们相约骑摩托车到勐宋瀑布玩，直到晚上才返回。

初五，念经。

今天岩旺家念经。他们家宰了两只火鸡，蒸了很多白糯米饭、紫糯米饭。请阿訇、村中老人到家中念经。念完经后，请亲戚到家中吃饭。

（二）春节习俗形成的原因

春节既不是回族的节日，也不是傣族的节日。为什么峦村会过春节呢？村民是这样跟笔者解释的：

很久以前，当他们的祖先来到这里后，与当地的傣族老百姓及土司等关系融洽。热情的傣族每逢过节都会邀请回族去过节。但是回族没有回请傣族的机会，就在春节邀请傣族来过节，以此保持关系的融洽，这个习俗延续至今。过去，除了邀请傣族亲朋外，还要在元宵节邀请土司、头人来做客，现在改为邀请县上领导来做客。每年元宵节，他们在村里的社房招待客人，并请傣族歌手来唱歌。

对于峦村为何会过春节，马健雄写道："……老人们有自己的看法：傣族村寨的泼水节，我们不过，他们会请我们去做客，所以我们过春节时要请一请傣族亲戚朋友。过去我们过春节，要请傣族的土司来做客。"[1]

---

[1] 马健雄：《社区认同的塑造：以勐海"帕西傣"社区为例》，《云南民族学院学报（哲学社会科学版）》2001年第6期。

文化的"对话"：帕西傣的交往、交流、交融研究

笔者认为峦村春节习俗的形成主要是基于以下原因：
1. 与傣族傣历新年的"交换"

从文献所记载的帕西傣祖先到此定居时"向勐海召勐（土司）送了仅剩下的三驮盐，要求在流沙河边住下"，土司同意其在此定居时，帕西傣与傣族的交流与交换就开始了。帕西傣和傣族首先存在着市场交换关系，从帕西傣前几代人鞘制牛皮鞋出售给傣族，到生活条件改善慢慢得以生存下来。但交流和交换的不仅包括物质上的东西，还包含礼节、仪式、宴会等。每年的傣历新年，热情的傣族都邀请帕西傣到家中做客。凡遇到傣族村寨赶摆之时，受邀的帕西傣与傣族一起观赏精彩的傣族歌舞，或与傣族朋友喝上几杯，聊聊天。长年累月如此，帕西傣却没有一个合适的节日来回请傣族。对于经济地位日渐上升、族群规模逐渐扩大的帕西傣而言，难免会产生"来而不往非礼也"的思想。[1]同时，帕西傣的祖先得以在傣族地区生存，其后代能够发展壮大，与傣族人民的友好分不开，更受到傣族领导阶层（召勐）的特殊照顾。时至今日，帕西傣通过自己的勤劳和智慧，经济地位得到了较大的改善和提高。帕西傣也期望通过合适的方式来表达他们对傣族的感谢。

那么通过什么方式来邀请傣族做客比较合适呢？伊斯兰教的传统节日，都是回族宗教性的节日，不适宜邀请外族来参加。春节无疑是最合适的节日。春节是农历新年，农历新年与傣历新年一样，都是盛大、欢腾而又"开放"的节日，欢迎外人或外族参加。虽然傣族没有过农历新年的习俗，但是西双版纳州乃至勐海县居住着大量的汉族，春节的热闹气氛多多少少影响着居住于此的其他民族。因此，通过农历新年来邀请傣族朋友，无疑是最合适的。春节的时候，帕西傣都邀请自己的傣族"老庚"、傣族亲戚朋友们到家中做客，他们准备一桌丰盛的佳肴，与傣族朋友们在酒桌

---
[1] 马创：《文化适应过程中的创造与保持——帕西傣春节习俗形成探析》，《广西民族大学学报（哲学社会科学版）》2010年第3期。

上畅快地痛饮、聊天，而傣族朋友们也会带水果、酒等礼物前来赴宴。通过节日的互相往来，帕西傣与傣族的关系更加亲密，使帕西傣得以偿还在傣历新年时对傣族欠下的"人情债"。[1] 同时，增进了友谊，加强了双方的沟通。

莫斯说："未被回报的礼物会使接受礼物者显得卑下，尤其是当收礼者无意回报的时候。……作为'礼貌'，对于邀请也要回请。"[2] 在帕西傣的祖先定居于峦村以来，就开始了与傣族的交往。从娶傣族女子为妻开始，就从某种程度上接受了傣族的风俗习惯。在傣历新年的时候，与傣族朋友一起庆祝，既是与傣族的友好象征，也是对傣族宗教和习俗的尊重和认同。通过在农历新年邀请傣族朋友，也表明傣族对帕西傣的认可。傣历新年的时候，被傣族邀请，帕西傣都会邀上自己的老庚们欣然前往；春节的时候，帕西傣邀请傣族朋友，傣族也会觉得是一种荣幸，呼朋引伴而来。

2．塑造族群身份的公开展演

对于过春节的原因，村民也有另外一种说法：这个习俗是老祖宗从内地带来的，延续至今。"老人说，我们是回族，我们的老祖公是从大理来的。老祖公做的事，他们教下来的，我们就不能改。如果大理的回族都不过春节，为什么我们的祖先要把这个做法留给了我们呢？"[3]

大理的回族是否过春节，帕西傣过春节的习俗是否确实是峦村的祖先从大理带来的呢？显然答案是否定的，除了城市中散居的部分回族有过春节的习俗外，云南回族都没有过春节的习俗。有学者[4]对峦村的历史记忆与历史事实的偏差、峦村人坚持把春节当作是老祖宗带来的习俗，是这样解

---

1 马创：《文化适应过程中的创造与保持——帕西傣春节习俗形成探析》，《广西民族大学学报（哲学社会科学版）》2010年第3期。
2 ［法］马塞尔·莫斯：《礼物》，汲喆译，上海：上海人民出版社，2002年6月，第186页。
3 马健雄：《社区认同的塑造：以勐海"帕西傣"社区为例》，《云南民族学院学报》2001年第6期。
4 出生于大理的回族学者马健雄，对于大理回族是否过春节有很明确的答案。

释的："在许多历史事件被仪式化或成为传奇的时候，它就不一定指确切的某件事，也完全可以仅仅是一种群体解释上的策略和需要"，"风俗的来源被社区神圣化，从而成为群体与外人区分和联系的工具"。[1]

台湾学者王明珂在《华夏边缘：历史记忆与族群认同》一书中，指出："'族群'并不是单独存在的，它存在于与其他族群的互动关系中。没有'异族意识'就没有'本族意识'，没有'他们'就没有'我们'。"[2]族群边界理论认为：一个族群在与另一个族群频繁地互动过程中，为了排斥异己、免遭同化的风险，需要用能代表本族群身份及价值规范的符号体系及与之对应的行为，来区分本族群与异族群。帕西傣在与傣族的文化交流中，感受到与信仰南传佛教的傣族的强烈差异，而"差异性可以用来促发一种独特的自我认同，有助于把不同情景的要素容纳到一个综合性的叙述中"[3]。为了构建帕西傣与傣族的文化边界，他们采用声势浩大的春节（盛行于汉族及多个少数民族地区的春节，堪比傣历新年的隆重程度）来彰显他们与傣族的不同。

只有几百人的帕西傣族群，身处被傣族文化包围的汪洋中，不得不与傣族在政治、经济、文化领域发生经常的交集，随时面临着被同化的危险。他们不过傣历新年而过农历新年，以此来强调自己"帕西""非傣"的身份。过春节，村民鸣炮、放鞭炮，气氛热闹欢快，并邀请傣族来村寨做客，向他们公开展示自己与傣族身份的不同。正如吉登斯所说："一种类型的人围绕一组固定的承诺来建构他自己的认同，这就像一个过滤器，在通过它

---

[1] 马健雄：《社区认同的塑造：以勐海"帕西傣"社区为例》，《云南民族学院学报》2001年第6期。

[2] 王明珂：《华夏边缘：历史记忆与族群认同》，北京：社会科学文献出版社，2006年4月，第9页。

[3] ［英］安东尼·吉登斯：《现代性与自我认同》，赵旭东、方文译，北京：三联书店，1998年5月，第224页。

第七章　岁时节令及民俗活动中的对话

的时候，各种不同的社会环境受到抗拒或作了重新的解释。"[1]

3. 增强族群凝聚力的手段

帕西傣形成以来，之所以没有被傣族同化，与整个村寨团结在一起的整体性密不可分。峦村最基本的社会组织是家庭，通过人口的不断繁衍，峦村发展为由现在78户人家组成的一个整体[2]。帕西傣以小家庭的形式居住。子女成婚后，大多数人家就分家，老人和其中一个子女居住。同时，由家庭延伸而来产生了许多亲戚，由于长期的本村通婚、近亲通婚，每个家庭在村寨中有许多亲戚。在日常生活及劳动中，亲戚是主要的帮手。然而，每当重大节日或遇到重大事件时，如结婚、死亡、宗教节日、上新房、修桥等时刻，村寨就形成一个共同体，以整体的形式发挥功效，全村都会前来帮助。人生礼仪、集体的宗教活动等，成为使他们团结起来的核心。巴斯认为，不同的族群相遇后，双方在互动过程中，为了保持自身的族群身份，通过排斥异己来保持差异，维持族群的内部团结。帕西傣的春节，除了邀请傣族朋友来做客外，本村人的相互拜年是春节中最重要的活动。

过去，全村互相拜年是春节最重要的内容之一。在春节这样盛大的节日里，全村人一起互相拜年，到其他村民家中聊聊天，增进了村民之间的感情。"仪式是团体的活动，这使它们具有社会力量，把人与团体及其价值联系起来，能对团体引发积极的情感。在仪式的阈限阶段，仪式创造出一种理想的社会状态：有爱、有平等、有和谐、没有财产和地位的划分，人们达到了一种'融合共享'的状态，在仪式中，产生了团结和利他的情感力量。"[3] 这种团结一致，成为他们抵制傣族文化对他们的影响、渗透的重

---

[1] [英]安东尼·吉登斯：《现代性与自我认同》，赵旭东、方文译，王铭铭校对，北京：三联书店，1998年5月，第224页。
[2] 2018年的数据。
[3] [英]麦克·阿盖尔：《家教心理学导论》，陈彪译，北京：中国人民大学出版社，第150页。

要手段。就如同洪水到来时，如果用散沙去挡水，很快这些沙就会被冲走；而如果把沙装入袋内，用一袋袋的沙去挡水，就能成为坚固的大堤。帕西傣的春节淋漓尽致地显示出他们之间团结一致的情感；同时，通过春节，他们加深了感情、增强了族群凝聚力。

（三）春节习俗的变迁

春节在峦村人心中是一个很重要的节日，他们把这个节日当作与傣族不同的标志。李明坤阿訇来后，严厉禁止峦村过春节，禁止拜年活动。而村民认为"春节是老祖宗从内地带来的习俗"，于是双方曾经就过不过春节产生了分歧。关于阻止峦村过春节的情景，在马健雄的论文中这样写道："清真寺阿訇并不参加春节期间的活动，他认为，根据教律，除了开斋等宗教节日，回族的社区是不应该组织像拜年这样的群众活动的。"[1] 在李阿訇的干预下，该村多年来形成的过年、拜年的习俗，也只留下了过年的习俗，拜年活动已基本取消。

近年来，随着峦村的村民大部分都成为上班族，假期对于他们来说也弥足珍贵，加上经济更加富裕，他们出游的次数也越来越多，也会利用春节的时候出去旅游。村民通常以家庭为单位或以同龄夫妻为单位相约出游。过去，每年春节前一个月左右，村民一定会热情地打电话邀请笔者去峦村过春节。然而，2019年1月，村民玉香应打电话给笔者，表达了今年想要来昆明过春节的愿望。春节前几天，他们一家人开着新买的七人座汽车，一路从沙甸、玉溪等地游玩到昆明。来到昆明，除了去昆明著名的景点海埂大坝喂海鸥、坐摩天轮等，他们最大的兴趣是来领略昆明的现代城市风光，比如体验坐地铁、看城市夜景。春节假期快要结束，她们才依依不舍地回家。

---

[1] 马健雄：《社区认同的塑造：以勐海"帕西傣"社区为例》，《云南民族学院学报》2001年第6期。

第七章　岁时节令及民俗活动中的对话

2019年峦村村民的"春节旅行"

从2006年第一次去峦村，笔者就与峦村村民结下了深厚的友谊。每一年的春节、圣纪节他们都会打电话邀请笔者前去过节，笔者也不时前往峦村。但是2019年村民玉香应一家主动打电话告诉笔者，今年他们想来昆明过年，笔者欣然应允，邀请他们前来昆明，并跟笔者一起回老家昭通过年。

自从村民大部分到茶厂上班后，茶厂按规定春节放假七天。村民就有了更充裕的时间，可以出外游玩。离春节前一个星期，玉香应一家人（玉香应、玉香应的老公、婆婆及他们的两个女儿，以及她的弟弟及弟弟的女儿）开着新买的7人座汽车先到了沙甸。沙甸有几个经营盖头的女子，圣纪节的时候曾在玉香应家住宿，回去之后，也常常邀请他们去沙甸游玩。于是他们在多年以后故地重游（玉香应及丈夫曾在沙甸学习念经）。在沙甸住了一夜之后，他们继续开车来到了昆明。来到昆明之后，他们跟笔者表达了此行最想去的地方：一是去滇池看海鸥，这是外地游客冬天来昆明的必去的行程之一；二是带老人和小孩体会大城市的繁华，比如说坐地铁和坐摩天轮。当天晚上吃完晚饭之后，笔者就带他们去坐了地铁，他们坐上地铁之后都很兴奋，一路拍视频发微信、发抖音。之后，笔者又带他们到昆明市中心看城市夜景，他们一直在感慨大城市的夜景真的很美。

第二天早上他们早早起床，到了滇池海埂。他们买了很多面包喂海鸥，和其他的游客一起感受昆明春城的独特一景。接着又去了昆明大观楼，他们去大观楼主要目的是坐摩天轮。坐在高高的摩天轮上，无论是大人还是小孩，都非常开心。坐完摩天轮他们又在大观楼公园里面玩了碰碰车、旋转木马等，才结束了一天的行程。

笔者邀请他们前往笔者的老家。第三天中午的时候我们到达了昭通。在昭通笔者带他们游玩了昭通的一些主要景点和有名的清真寺，并带他们到与昭通接壤的贵州游玩。这里的景色和昆明、西双版纳相比，差异特别大，他们也拍了很多照片。

在昭通游玩三天后，他们结束行程返回昆明。在返回勐海的路上，他们又借道去玉溪澄江的抚仙湖游玩了一天才返回峦村。此时春节的七天假期已经临近尾声。他们告诉笔者，急于赶回家的原因是村中有亲戚要结婚，不然他们的行程可能还将继续。

二、傣历新年

（一）峦村帕西傣参与傣历新年的情形

傣历新年是傣族最盛大的节日。傣历新年也称"泼水节"，泼水节起源于印度，最初是婆罗门教的一种宗教仪式。泼水节又称佛诞节、浴佛节，是纪念佛教创始人释迦牟尼诞生的节日，在节日中要举行法会，以香水泼洗佛像，拜佛念经及相互泼水祝福等活动。随着婆罗门教和南传佛教的广为传播，泼水节这一风俗也广泛传播到南亚和东南亚地区。傣族对泼水节的起源有着许多不同的传说，其中流传较广的传说是这样的：很久以前，在傣族人民生活的地方，有一个凶恶的魔王，他到处烧杀抢掠，无恶不作，人民对他恨之入骨。他抢了七个姑娘做妻子，第七个妻子善良勇敢，决心要杀死魔王。在探知了魔王的保身机密后，她和六个姊妹一起，乘魔王熟睡之机，用魔王的头发拴住他的脖子，魔王的头便掉了下来。但他的头在地上滚到哪里，哪里就燃起了熊熊大火。姑娘们情急生智，把魔王的头抱起来，火就熄灭了。就这样，七个姑娘轮流抱着魔王的头，每人抱一年，一年一换，从此傣族人民才有了自己幸福的生活。为怀念这七位姐妹，傣族人民每年泼水，意为洗去她们身上的血迹，在新的一年里幸福吉祥。[1]

傣历新年在傣历六月下旬（公历4月）举行，节期3至4天，第一天

---

[1] 参见张公瑾、王锋：《傣族宗教与文化》，北京：中央民族大学出版社，2002年9月，第88—92页。

第七章　岁时节令及民俗活动中的对话

称"麦",当天,傣族人家要清扫庭院,制作食品,做好过年的准备;第二天称为"晚脑",意为空日,是辞旧迎新之日,要宴请宾客;第三天称为"麦帕雅晚玛",这一天是新年开始之日。在泼水节期间,要相互泼水以示吉祥;并且要举行热闹的赶摆,"赶摆"即民间的贸易活动。赶摆场一般设在村寨边、江河岸边等平坦宽阔的地方或农闲的田坝。傣族在赶摆场上放高升、丢包、跳舞;靠近江河的地方,要举行龙舟竞争。西双版纳的傣历新年由来已久。由于傣历新年的盛大和趣味性,傣历新年已经吸引了来自四面八方的游客。政府也积极组织群众欢度傣历新年,西双版纳州政府组织过景洪的傣历年、县政府组织过县上的傣历年、村委会组织村小组的赶摆活动,并补助一定的经费。傣历新年的热闹和隆重,使其在20世纪80年代后由一个族群文化事象变为地方共享的文化,其表现就是通过自治地方人大常委会的立法,将每年的泼水节时间固定在公历的4月13—15日,届时全州各族人民放假三天共庆节日。泼水节于是在地方法规体系中享有了合法的地位,成为地方政府和其他族群每年必进行的"仪式"。[1]作为整个西双版纳州最重要的节庆之一,身为其中的一员,纵然不是傣族,也必然会毫无例外地卷入这样一场狂欢中。

赶摆是傣历新年的重大活动。以前,每年的傣历新年,每个村子都要赶一次摆。由于赶摆期间喝酒闹事的较多,在政府的要求下,赶摆改为每年由每个村委会下面的一个村子负责举办;到下一年,再换另外一个村子举办,直到所有的村子轮流完后,再从第一个开始轮换。

峦村村民不过傣历新年,但也被傣历新年的氛围感染。峦村人,尤其是在年轻人心中,傣历年是所有节日里最令人期待的。2007年,笔者在峦村过完春节准备返回时,村里的人都邀请笔者傣历年的时候来玩。年轻人说:"傣历年最好玩,你一定要来。"对于帕西傣来说,傣历新年的主要内

---

[1] 杨筑慧:《旅游业发展中的节日符号操弄——以西双版纳傣族泼水节为例》,《中央民族大学学报(哲学社会科学版)》2009年第3期。

容就是泼水和赶摆，至于傣历年中傣族举行的浴佛、赕佛等活动，他们并不关心。每到傣历新年，峦村各个年龄层的"老庚"们有的还相约到景洪过傣历年，之后，再回到峦村过勐海的傣历年。在政府统一举行泼水的时间里，村里的年轻人也一伙伙相约去县城的民族广场泼水；没能到县城泼水的小孩们也抬着小盆、提着小桶，朝来往的行人洒水。傣历年前几天，峦村的妇女们就开始准备做"粑粑"（傣语称为"毫罗索"），"粑粑"是傣族常吃的食物，峦村村民只在傣历年的时候做。

傣历新年里，傣族村寨一村接一村举行赶摆活动。峦村的村民也缝制漂亮的傣装，去参加赶摆。"回傣"烧烤是赶摆场上有名的美食，峦村经营烧烤的村民每次都能把带去的食材卖空。峦村村民也纷纷被傣族朋友邀请，去他们家里做客。村民与傣族亲家间也趁这个时候互相走动。

2007年峦村村民欢度西双版纳州傣历新年

2007年4月13日，景洪组织的傣历新年开始了。峦村的中青年们相约去景洪玩耍。4月13日，景洪市城区主街道举行了游行活动和文艺表演；之后，过节的人们到澜沧江边观看划龙舟比赛、放高升、赞哈演唱、堆沙、文艺演出等；晚上，还有放孔明灯和放水灯活动。4月14日，曼听公园的总佛寺举行浴佛、赕佛活动，之后，举行赶摆活动。4月15日的主要活动是泼水狂欢。泼水的主会场设在景洪市工人文化宫广场，上午政府领导讲话后，佛爷向群众洒水祝福，泼水活动就正式开始了。无论认识与否，任何人都可能被一盆盆、一桶桶的水泼得浑身湿透，大街上、小巷中，水花四溅，所有的人都进入了狂热的状态。

第七章　岁时节令及民俗活动中的对话

2007年峦村村民欢度勐海傣历新年

4月15日是勐海举行泼水的日子，政府定于中午12点开始。吃过中午饭，峦村的小伙子们找来了一辆跑运输的拖拉机，在拖拉机的大货箱里铺上一层塑料布，然后打开水龙头，朝里面放了满满一车水。10多个小伙子统一穿着白T恤，头上扎着头巾，小姑娘则穿着统一的黑T恤，大家都坐上拖拉机，开始向县城出发了。村里的小孩不能到城里泼水，只好提个小桶、抬个小盆，见人就泼。拖拉机开始向县城驶去，他们还放起了劲爆的音乐。车辆一路经过不少傣族村寨，路边的人也准备了水桶和瓢。峦村的人见到路边的人，就朝他们泼水（若路边的人是老年人，他们就不会泼）。路边的人也不甘示弱，向他们展开一场泼水大战。泼水的、被泼的，都没有恼怒，一路欢声笑语。到了县城专门划出的泼水区域——民族广场，峦村的小伙子们、小姑娘们迅速跳下车，投入激烈的"泼水"战斗中。民族广场上人山人海，不管认识的、不认识的，都以最疯狂的动作向对方泼水。片刻，广场上泼水的人都成了"落汤鸡"。今天的天气并不热，小伙子们、小姑娘们都浑身湿透，冷得发抖。接着，峦村的年轻人们又开着拖拉机，绕着县城的主干道进行了一番泼水大战，后返回村中。

晚上，年轻男子、女子们都被自己的傣族朋友们邀请到傣族村寨做客。以前到傣族村寨做客，峦村人自己带着锅去做饭。现在峦村的"回傣烧烤"已经很有名，傣族朋友们就从外面买回烧烤大家一起吃。

4月16日是勐海县城赶摆的日子。

勐海县城的赶摆场设在县城附近的田坝里，赶摆活动从下午开始进行。吃完中午饭，村里的女性们就换上新做的傣装，开始梳妆打扮。村民岩应旺等找来摩托车带着我们去赶摆。赶摆的路上，不时见到男子用摩托车载着穿着盛装的傣族女子。到了赶摆场，远远地就看见几个热气球，气球上悬挂着一些红条幅，上面写着"欢庆傣历一六三九年新年"。进入赶摆场的道路两旁，摆满了经营煮玉米、麻花、鹌鹑蛋、水果、烧烤等小吃的摊点，也有许多小贩摆起了沙包打物品、掷圈套物品等娱乐活动的摊点。赶摆场的中央搭起了一个舞台，正在进行着歌舞表演。场地的外面，搭起了两个高台，用于放高升。高升是用竹筒装火药制作而成，高升台上有专人在不断地点火放高升。高升飞起来的呼啸声、场上高音喇叭放出的音乐声、小伙子们小姑娘们嬉戏打闹发出的"甩、甩、甩"的欢呼声，混杂在一起。整个赶摆场上人山人海，到处都是一群群盛装打扮的傣族女子。傣族女子老庚们喜欢在重要场合穿一样的衣服。放眼望去，赶摆场上一群群七八个穿戴一样的女子站在一起，组成了一团绿、一团红、一团黄，成为赶摆场上亮丽的风景。在赶摆场上，我们不断地遇到峦村的村民，她们和傣族一样盛装打扮，并且相约老庚们穿着相同的衣服，在赶摆场上"招摇"而过。就连平时喜欢穿现代装的小姑娘们，也穿上漂亮的傣装来赶摆。峦村的"回傣烧烤"是每年赶摆场上人们争相品尝的一道美食。我们也找到烧烤摊，去品尝美食，无奈摊主生意太好，烧烤已经所剩不多。在烧烤摊前坐下，峦村也有许多村民陆续来吃烧烤。帕西傣小姑娘带着汉族小伙子、帕西傣小伙子带着傣族小姑娘一起来赶摆。赶摆场成为傣族与傣族、帕西傣与傣族及其他民族相识、相恋的好地方。

5 点左右，赶摆场上的人渐渐散去，大家纷纷涌入县城民族广场等待晚上的演出。8 点钟演出开始了，广场上火树银花，和穿着傣装的美丽姑娘们相映生辉。峦村的小伙子、小姑娘们也同傣族一样，在赶摆场上寻觅意中人。10 点钟，演出结束，我们返回峦村。

4 月 17 日，峦村村民做"泼水粑粑"。两天前，每家都在准备糯米面，买芭蕉叶，原来是为了准备今天做粑粑。

4 月 21 日，曼板赶摆。

今天是曼袄村委会曼板村赶摆。村民岩旺的侄儿于 2007 年 1 月

第七章 岁时节令及民俗活动中的对话

娶了曼板的傣族女子，2007年2月过春节的时候，岩旺的哥哥邀请傣族亲家来峦村做客，岩旺也曾邀请哥哥的亲家们到家里做客。今年刚好轮到曼板村举行赶摆，岩旺哥哥的亲家就邀请了岩旺及他们在峦村的一群老庚到家里做客。为了准备这顿招待帕西傣客人的饭菜，岩旺的侄儿、侄儿媳头天晚上就过来了。他们今天早上到县城去买回鸡、牛肉、蔬菜，为招待客人做准备，而其姐姐、姐夫今天大清早也从峦村赶过来。岩旺的侄儿娶了傣族女子后，女方家就在家里准备了新的锅碗，以便女儿、女婿回来时，单独做饭吃。今天女方家的父母邀请亲家及其老庚，但岩旺的姐姐、姐夫担心他们做的东西不符合"清真"饮食的习惯，所以要亲自过来准备。今天的"清真席"一共有两桌：一桌宴请勐海县城的回族，一桌宴请峦村的"帕西傣"。

岩旺他们来的路上，买了两箱酒。吃饭的时候，他们对笔者说："我们要喝点酒。和傣族交往不喝酒不行。我们不能吃他们的饭，就只能喝点酒，大家才能加深感情。"当晚，他们在傣族亲戚家吃饭、喝酒、聊天，并到田坝里看演出，直到很晚才返回峦村。

据说，曼板今年赶摆的时间较晚，是因为曼板要请著名的傣族歌手岩罕建来演唱，而由于岩罕建的档期排得很满，只能推迟到今天。除了被傣族亲家邀请而来的，峦村的青年们有的是被自己的傣族朋友邀请、有的是几人相约前来，也聚集在了曼板的赶摆场上。

曼板村的赶摆结束了，傣历新年也落下了帷幕。

虽然傣历年是傣族盛大的节日，但帕西傣在傣历新年这样热烈隆重的气氛的感染下，也参与到傣历新年的一些娱乐活动中。从4月13日到景洪欢度傣历新年，一直到4月21日勐海县曼板村赶摆，村民都参与了这一系列的狂欢活动。

（二）峦村历史上举行的"第一次"赶摆活动

曼短村委会下有6个村子，每年傣历新年由几个傣族村子轮流举行赶摆仪式。2004年3月30日，峦村金桥落成，峦村举行了历史上第一次赶摆，过了一个隆重的傣历新年。

2004年，峦村筹备金桥落成典礼时，正值傣历新年。在政府的支持下，峦村举行了历史上第一次赶摆。这次赶摆，历时三天三夜，周边傣族村寨的傣族都来参加赶摆，场面热闹非凡。峦村还请景洪歌舞团来表演了两天，也请傣族来放高升。峦村在修建金桥的过程中，在流沙河下挖出了一个小金佛。这个小金佛据称是纯金铸造，有人出价1500万购买。但峦村没有出售，因为他们认为这是在他们村口、又是在金桥下挖出的，冥冥之中有一种特殊的象征意义，所以这尊佛像不能出售。赶摆的时候，傣族男女老少都来跪拜这尊小金佛（现在这尊小金佛放在大管寺家的保险箱里，而保险箱的钥匙由另外的人保管）。附近的傣族村寨都准备了节目来参加表演，峦村也在公开场合展示了他们的文艺才能。峦村女子表演了一个舞蹈：年轻女孩们戴上白色的盖头，穿上白色的长衫，这个舞蹈有些像傣族舞蹈，但又加入了回族的礼拜动作。峦村也请了一个擅长唱傣歌的女子，把气氛一次一次推向高潮。这一次赶摆耗资3万元。关于峦村历史上举行的第一次赶摆活动，村民有自己的看法，一些村民认为他们不是赶摆，只是举行金桥的落成典礼，而傣族普遍认为他们这一次典礼即是赶摆活动。

曼短村委会傣历一三六六年新年暨金桥落成典礼[1]

（时间：2004年3月30日至4月1日）

峦村的金桥落成典礼不但是峦村的一件大事，也是勐海县的一件

---

1 关于金桥落成典礼的情节是笔者根据赶摆时峦村请人录制的录像带整理而成，金桥落成典礼的VCD村民每家都有，他们会时不时拿出来观看。文中所写内容主要是观看VCD及观看过程中村民解说整理而成。

第七章 岁时节令及民俗活动中的对话

大事。落成典礼的日子是请傣族根据傣历选择的"好"日子。西双版纳州委副书记、州长、州人大常委会副主任、中国佛教协会副会长、勐海县民政局等领导出席了金桥落成典礼。村民还邀请了来自勐海县城的回族。峦村村民在金桥旁的田地里搭设了主席台、舞台和观众席，并在主席台上挂上红色的标语"曼短村委会1366新年暨峦村贺罕（金桥）落成典礼"，金桥上挂满了彩旗，在风中飘扬。峦村的妇女盛装打扮站在会场旁，仍然是老庚们穿戴相同的傣装。来自州县的领导进行了简短的发言，领导发言后，进行了金桥的剪彩仪式。之后，全村村民列队通过金桥，妇女们在一名嫁入峦村的傣族女子带领下，边走边用手做出傣族舞蹈的动作，男子们在旁边敲起象脚鼓。游行一圈后，村民把画有金桥下挖出的佛像的画像放在一块木板上抬着，给傣族参观，之后，村民又列队返回村寨。从村里返回金桥的过程中，前来参观的傣族增多了，大家都争相一睹佛像的风采。村民抬着画像，挑着装金佛的保险箱再次返回金桥，傣族妇女们跟在后面，一路抛撒着米花。此时，佛像前聚满了闻讯赶来的傣族，傣族妇女高举盘子，用蜡条包裹着钱，双手合十进行祷告。一些女性村民在旁边歌舞团演员的带领下，学跳起了傣族舞蹈，显然大多数村民对跳舞并不在行，她们用不熟练的动作跳着。而此时，放满了蜡条、米花的保险箱已经打开了，佛教协会的副会长将金佛拿出后，双手高举让众人一睹风采后，将佛像放入了五彩的纸龛中，傣族妇女们虔诚地双手合十，对佛像顶礼膜拜，而峦村的村民仍然只是站在后面，远远地看。之后，村民再次把佛像放入保险箱，拿到峦村大管寺家中保管。佛教协会的副会长一行，还参观了峦村的清真寺。

下午，开始举行文艺表演。为了营造新年的气氛，峦村向傣族购买了大量的高升，并请傣族前来放高升。在歌舞声中，一支支高升呼啸着飞上天空。附近的傣族村寨都准备了节目前来参加表演；峦村女子表演了一个带有伊斯兰教元素的舞蹈，在舞蹈中加入了回族的礼拜动作和洗小净动作；峦村的女孩还表演了傣族舞蹈。峦村村民也在此次典礼上一展歌喉。一名丈夫是傣族的妇女，其丈夫教会她唱赞哈调，她在典礼上演唱了一曲，博得大家热烈的掌声，村民们不断地发出"甩、甩、甩"的声音相和。一名唱赞哈调唱得最好的男村民与景洪歌舞团的女歌手对唱，在台上，两人一唱一和，女歌手即兴演唱的风趣诙谐的唱词，让听众捧腹大笑。文艺演出内容丰富多彩，除了村民自己表演外，曼短村委会的一些傣族村寨也应邀表演了傣族舞蹈。除此以外，峦村还专门请了景洪歌舞团专业演员前来表演，歌舞团的演员们为村民献上了精彩的孔雀舞等傣族舞蹈、歌曲以及相声和傣剧演出等。文艺表演吸引了许多傣族前来观看，峦村的田坝里到处都是一群群打扮漂亮的傣家姑娘，还有披着袈裟的小和尚。遗憾的是，由于种种原因，峦村没有邀请到知名的傣族歌手岩罕建。

在这喜庆的日子里，村民们都停止了做生意和劳动，全部参与到庆贺金桥落成典礼的活动中来。平时很少唱歌跳舞的村民们也一展风采，青年们敲起了象脚鼓、锣、镲，老人们跳起了象脚鼓舞。娱乐之余，吃也是一件大事，村民们在社房里准备了丰盛的菜肴，在田坝里摆上桌椅，大家就在田坝里吃起来。在节日里，免不了要痛饮一番，小伙子们提着啤酒，一瓶瓶地碰杯喝酒。

整个村寨热闹而又欢腾，村民都沉浸在金桥落成带来的喜悦中。峦村的金桥落成典礼，从3月30日到4月1日一直持续了3天。

（三）峦村傣历新年的分析

由于傣历新年浓厚的宗教意味，多年来，帕西傣一直不过节，从不参与浴佛、赕佛等宗教性活动，只是参与泼水、赶摆等具有娱乐性的大众活动。他们把过不过傣历新年当作划分帕西与傣的一个重要边界，如果过傣

第七章 岁时节令及民俗活动中的对话

历新年，就丧失了他们"帕西"的身份。但由于傣历新年在整个西双版纳州的盛大性，每人都无一例外地卷入其中。帕西傣由于经济条件较好及受傣族喜欢娱乐玩耍的思想影响，他们人生中重要的事，除了挣钱就是娱乐。平常生活中，不只是年轻人经常寻找各种各样的娱乐方式，就连中年人也视娱乐为重要事情。笔者在调查中发现，峦村的年轻人几乎夜夜都要玩到深夜才回家。偶尔，一些中年妇女也相约她们的"老庚"到县城吃烧烤和到景洪的各大公园游玩。

弗洛伊德的人格结构理论将人格分为本我、自我和超我三个部分。他认为生命的核心是"由混沌的本我构成的"，本我就是本能的我，它通过释放能量消除内部和外部的刺激，使机体产生高度兴奋的紧张状态。本我是受快乐原则驱动的潜意识本能，与外界不发生直接的交流，是个体在获得外界经验之前就存在的内部世界。自我根植于本我之中，同时与外部现实世界相联系，是在与外在环境相互影响的意识本身，体现了现实原则；超我源于自我，是一种内在的调节或良心——父母价值与期待的内在化。超我是自我理想的代表，自我用它来衡量自己，努力实现它，而力图满足理想的日益完善的严格要求。超我是一切道德限制的代表，是追求完美的冲动或人类生活的较高尚行动的主体。超我的意思形态保存过去，保存民族的传统。它规定了行为的常模，如果不照着这些常模做，它便惩罚自我，使它产生紧张的情绪，表现为自卑及罪恶之感。自我一方面受本我的鞭策，另一方面受超我的包围，第三方面还受外界的挫折，只能力图减少各方面的势力和影响，造成和谐。超我"在一切方面都符合我们所期望的人类的更高级性质……包含着一切宗教都由此发展而来的萌芽。宣布自我不符合其理想，这个自我判断使宗教信仰都产生了一种以证明其渴望的谦卑感"[1]。

---

[1] [奥] 西格蒙德·弗洛伊德，车文博主编：《弗洛伊德文集：自我与本我》，长春：长春出版社，2004年5月，第135页。

文化的"对话"：帕西傣的交往、交流、交融研究

帕西傣日常生活中的娱乐性与伊斯兰教宗教功修的严谨性产生了较大的冲突。许多少数民族的节日都是娱人、娱神，伴随着歌舞、竞技等多姿多彩的文化活动，而伊斯兰教的宗教节日则是神圣与严肃的，在伊斯兰教的节日中，以礼拜、念经、阿訇宣讲"卧尔兹"为主，最为"放松"的活动程序仅仅是宾客在一起聚餐。特纳在《庆典》的引言中，采用心理学中关于大脑左右半球的功能来解释庆典中象征的两极性。心理学的研究指出，大脑左半球专司逻辑，右半球则专司感情、模型认知等。特纳认为庆典的意义表现出规范和欲望的两极性，"规范"的一极是"代表"或"指称"道德、社会和政治秩序的某些方面，"欲望"的一极指向生理过程，而这两极性与人类大脑两个半球的互补功能有关。他把"规范"极视为是大脑左半球控制的，"欲望"极视为是大脑右半球控制的，在庆典中，中枢神经系统各分支之间的互补作用得到了最大的发挥。如果说帕西傣的宗教节日是"规范"的表现，在他们心中则有着强烈地"狂欢"的"欲望"。人格层次中的本我包括各种希望和欲望，而其中许多经常与文化发生冲突；超我包含内在化的文化价值，这样个体个性的一部分经常与另一部分发生冲突，即内部冲突。由于受到内心超我的激励，村民把宗教活动当作自己应该完成的功课；同时，外来的回族群体也对他们产生着"监督"的作用。由于傣历新年是傣族最有代表性和宗教意味非常浓厚的节日，因此，在近两百年的历史中，帕西傣坚持不过傣历年，只参与傣历年举办的娱乐活动。在他们看来，如果过了傣历年，就模糊了他们与傣族的边界。但是，他们渴望娱乐和享受的本我，却时时与超我发生矛盾。通过傣历新年活动中"泼水""赶摆"等世俗性的大众狂欢活动，帕西傣渴望娱乐的心理得到了满足。在弗洛伊德看来，宗教与社会的关系如同神经官能症与个人的关系，既要求快乐与自我保护，也要求社会的秩序。

帕西傣在与回族的交往中，总是彰显"我们的老祖宗是大理的回族"这样的集体记忆，而选择对他们的老祖宗娶了傣族女子这个事件的"失

第七章　岁时节令及民俗活动中的对话

忆"。然而，在他们的内心深处，依然不忘"回爹傣妈"的历史，并在与傣族交往过程中去强调这一点。峦村帕西傣修建金桥的过程中，在流沙河中挖出了一尊小金佛，他们认为这不是偶然，让他们更加坚信了与傣族之间不可忽略的联系。当笔者问他们为什么不把金佛拿去卖时，他们觉得不应该卖或"不敢"卖，因为这似乎是一种冥冥中的安排。金桥修好的时间临近傣历新年，于是峦村人有了充分的理由来进行一次声势浩大的赶摆活动。峦村挖出金佛的消息也迅速在傣族村寨传开了，为了满足傣族看一眼佛像的愿望，村民特意把金佛拿出来，让傣族前来膜拜。在金桥的桥头上，傣族纷纷在佛像上撒上意喻吉祥的米花、摆放上蜡条祈福。而峦村村民只是远远地站在傣族后面，观赏小金佛。

峦村历史上过的唯一一次傣历新年，既是对他们内心受到压抑的冲动的满足，更是纪念其祖先，不忘自己族群历史的表现。峦村祖先修建金桥是峦村发展历史中的一件大事，也是其地位得以转变的一次标志性事件。峦村的祖先到傣族地区定居后，为傣族人民做了一件大事：修建金桥。峦村村民原来属于"滚恨召"（官家奴隶），从金桥修好开始，岩应龙被任命为"帕雅"（头人）。村民一直把祖先修建金桥的事件当作他们值得骄傲和纪念的历史。

木桥修好后，遇到雨季发洪水时常被冲垮。这个时候，村民就只能制作竹筏划过去。雨季一过，再把桥重新修好。中华人民共和国成立后，政府准备修建新的大桥，但据村中老人回忆，因为当时局势尚不稳定，村中老人怕桥被炸毁。政府就将大桥修在了现在的八公里处。之后村民出行，就要从八公里处绕行（峦村距离县城约 7 千米，没有金桥的时候，就要从村尾绕行约 1 千米到八公里处）。由于出行不方便，峦村一直希望能修建自己的大桥。峦村多次向政府申请，希望能够修建大桥。后来，通过政府出资、村民自筹 5 万元及 10 吨米，大桥终于得以开工建设，总造价 49.5 万元。

文化的"对话"：帕西傣的交往、交流、交融研究

怕雅贺罕简介（金桥上的碑文）

　　原怕雅贺罕是建于1666年的老木桥，距今已有338年的历史，由于年久失修已不能过人。改革开放后，在党和政府的领导下，在州县领导的重视及有关单位、热心的人民支持下，大家出资出物出力，于2002年3月15日重新建造一座怕雅贺罕石拱金桥。新桥全长52米、宽4米，共用资金495000元。

　　设计单位：勐海县交通局

　　施工单位：红河州泸西县三河建筑公司六队

　　建设单位：峦村

　　带领群众盖大桥：岩军拉、岩温叫、岩章、纳云信、岩庄扁

　　赞助单位及个人：省民委（100000元）、州政府、州民政局、勐海县政府、县交通局、县林业局、县扶贫办、勐阿糖厂（30000元）、县运政所（10000元）、曼短村委会1000元、峦村村民集资（50000元）、峦村村民集大米（10吨）。

二〇〇四年二月立

　　修桥的过程中，村民有钱出钱、有力出力，积极参与到这一件大事中。根据金桥一侧的碑文来看：峦村的村民共集资50000元、大米10吨。按村民的户数来看，每家约出了1000元钱和200公斤大米。这座大桥修通后，不但方便了峦村村民的出行，也成为附近的傣族村民到县城的必经之路。村民自豪地告诉笔者，连4千米外的赛村都途经金桥去县城。赛村从直线距离来看，离县城更近，原来村民从另外一条路去县城，但因为当时仍然是土路，路况较差且需绕行很长一段路，改为从金桥上通过。

　　所有的傣族村寨都有寨门，连没有独立建寨的赛村也于近年来修建了寨门。于是笔者询问村民为何峦村没有建寨门，他们说："金桥就是我们

的寨门。"纵横在蜿蜒流淌的流沙河上的金桥,现在是通往峦村的必经之道,也是村民帕西傣身份最直接的昭示。由于金桥在村民生活中的重要性,经过集体商议,峦村有了历史上第一次"赶摆"活动。

三、民俗活动中的对话

(一) 上新房

过去,帕西傣的房屋主要用木头和竹子建盖而成,用草做屋顶。村中无论谁家建盖新房,全村人都要帮助,因此,房屋几天即可盖好。建成后,他们按傣族习惯用傣文在门顶木枋上写上:何年、何月、何日建成。[1] 现在村民建盖房屋则是请专业的施工队伍,按所建房屋的平方米收费。房屋建好后,要举行隆重的上新房仪式。

"上新房"意即新房建好后举行的仪式。除了要进行一些祭祀仪式外,还要邀请全村人和亲朋好友前来庆祝,这是傣族和峦村村民共同的风俗。举行过上新房仪式后,村民才能搬入新家,上新房的日子通常是请傣族佛爷推算而选定的。峦村村民上新房与傣族不同之处在于:傣族搬入新居要请佛爷诵经,而峦村要请阿訇和村中会念经的长者来念经,念完经后要招待他们吃饭。大多数村民是在搬入新家几天或几月后,才请全村的人和亲戚前来庆贺。现在宴请客人还要发请帖,写上房主名字、乔迁时间等。新房主人当天宰牛、宰鸡,招待客人,并请傣族歌手来唱歌,热闹要持续到深夜。

因为土地被政府征用,峦村人得到了政府的征地补贴,从几万到几十万不等。因此许多人家都建盖了新房,多为两层的楼房。短短的时间,

---

[1] 马维良、李佳:《西双版纳傣族自治州"帕西傣"调查》,载云南省编辑组编《云南回族社会历史调查(三)》,昆明:云南人民出版社,1986年12月,第57页。

老房子已快在峦村绝迹了。新房建成后，要举行上新房仪式。过去，新屋落成，请阿訇念经后，村中长老要拿着蒿枝在新屋上下挥舞绕行，嘴里说些祝福的话。之后，主人要背着长刀（用来"斩妖除魔"），抬着锅等进入新屋。现在，上新房仪式主要是请阿訇到家中念经。

2008年1月18日村民岩很家举行上新房仪式

岩很家的新房落成已经有一段时间了，定于今天举行上新房仪式。一大早，亲戚朋友们就赶来为招待客人做准备。中午12点左右，村里的管寺、村里一些穿衣的阿訇（因为清真寺的马阿訇回老家澜沧了，所以请的是两名在外穿衣后到此上门的男子：一个是在宁夏的清真寺穿衣，一个是在通海纳家营清真寺穿衣）和会念经的老人戴着小白帽，开始来到新家举行念经仪式。他们先在新房子的大门口念了一段。之后，一行人又念着经慢慢地上楼，房子的主人提着锅、被子等跟在后面。到了二楼的门口，又念了一段经，才进入大门。主人也把锅、被子和一盆花（搬入新屋种一棵花，象征未来的生活像花和树一样枝繁叶茂、生机勃勃）放进新房。接着，阿訇们围坐在二楼的堂屋里，继续念经，念的是《古兰经》的开端章。主人和亲朋围坐在靠近门边的地方听阿訇念经。念经结束，其中一名老人抬起放在面前的一盘米花，向在旁边听念经的房主人和他们的亲朋好友撒去。大家都争相去捡取这带着"喜气"的食物。主人给念经的阿訇和老人们各分发了一袋糯米饭、一袋水果（装有橘子和香蕉）和经钱（其中，两个阿訇6元，其他人2元）。念经完毕，主人要招待念经的人们吃饭。由于有阿訇在，念经完毕吃饭，并不饮酒。

举行过念经仪式后，房子的主人就可以正式搬进新房居住了。当天，村民岩些家也举行了上新房仪式。岩些家将于3天后宴请亲戚朋友。而岩很家由于伙房（厨房）尚未修建完工，请客还有一段时间。

峦村上新房的时间是如何选定的呢？一问房主人，原来这个日子是请傣族的佛爷或还俗的傣族佛爷选定的。

村民告诉笔者，旁边的傣族村子今天也有人家上新房。于是笔者来到曼见村，想看看傣族的上新房仪式。来到曼见村，上新房的仪式已经结束了。倒是村里有一小伙子结婚，正要去赛村迎亲。他们告诉笔者，曼赛村今天有6家人结婚、4家人上新房。看来，今天是傣历中的好日子，傣族纷纷在这一天举行喜宴。

建盖新房的人家宴请客人时，饮食和圣纪节等相比较为简单，一般是两碗炒末肉（切碎的牛肉）、煮牛排骨、凉拌粉丝、剁生、炸虾片等。由于前来帮忙的人多，加上菜式简单，很快就能做好招待客人的食物。主人在院子里摆上几张简单的竹篾桌子，客人随到随吃。

2008年1月20日岩些家上新房宴请客人

18日请阿訇念经后搬进新房的村民岩些家将于今天宴请客人。虽然没有请傣族赞哈到家中唱歌，但是一大早，主人家就在影碟机里放上了傣语歌的VCD，并把音箱抬到门口，整个村寨都可以听到。主人家的房子是两层楼的楼房，非常宽敞，每层楼都由中堂（客厅）和两间卧室组成。房子是请外地到此专门搞修建的人修的，工钱是每平方米120元。房子还进行了装修，房子外面用外墙砖贴墙，内部也以瓷砖铺地，墙面用米黄色的乳胶漆滚刷，屋内彩电、冰箱、沙发等家具电器一应俱全。客人们坐在宽敞明亮的房间，聊天或看电视，主人热情地拿出瓜子和糖果招待客人。主人的亲戚们则忙着准备饭菜：妇女们洗菜、蒸饭，男人们切牛肉，整个院子里忙碌而井然有序。两天前，主人就去请自己的亲戚来帮忙，并向村民和亲朋派发了请柬。来帮忙的亲戚平时都有事情要做，但遇到重要活动，妇女会向上班的茶厂请假，男人们则抽出一天的时间不再跑运输或做生意。由于西双版纳地区气候炎热，帕西傣招待客人的饮食都是当天准备。上新房的宴请菜式较为简单。通常主人会提前买回一头牛，宴请客人当天早上请阿訇宰。前来帮忙的人剥了牛皮后，把牛肉按部位分解好，再拿回家做准备。由于女主人是傣族女子，因此有很多的傣族亲戚来做客。

几天前，为主人家念经的老人们，也来到主人家。从吃午饭开始一直到吃晚饭，都有客人陆陆续续赶来道贺。主人端上宴请客人的菜肴后，主人还拿出酒招待他们，念经的老人们未戴白帽，一改念经时的庄严肃穆，大家有说有笑，边吃菜边畅饮好酒。

帕西傣的傣族亲戚、朋友上新房时，也会邀请帕西傣前往祝贺。为了尊重帕西傣的饮食习惯，傣族亲朋让帕西傣按照清真的方式宰牛或鸡，留下一部分给帕西傣食用后，再用剩余的去招待其他的傣族客人。

（二）巫术活动

弗雷泽把与超自然力量有关的现象划分为巫术和宗教两大类。米沙·季捷夫则把与超自然力量有关的活动划分为岁时仪式和危机仪式两类，如果是周期性举行的仪式称为岁时仪式，如果日期不固定，在紧急情况下危机即将来临时举行的称为危机仪式。巫术就属于危机仪式中的一种。

岁时仪式是在一年的某个时间里固定举行的，它往往是一个社会的成员共同参与的，需要用大量的时间提前准备，"在离举行还有很长的时间就要提前通知，使社区的人民能有充足的时间来培养一种共同的期待感。能有为参加大型活动作准备的机会"[1]，岁时仪式在宗教场所中，由神职人员和相关人员在聚到一起的信徒面前公开举行。由于宗教仪式在预定的某个时间一定会如期举行，不可能顾及某个人的临时需求。所以，"它的仪式

---

1 [苏]米沙·季捷夫：《研究巫术和宗教的一种新方法》，载史宗主编《20世纪西方宗教人类学文选》（下），上海：三联书店，1995年4月，第726页。

第七章　岁时节令及民俗活动中的对话

价值是面向社会整体的",具有典型的社区性或社会性。

而危机仪式是为满足特定情况下的紧迫性需求举行的,所以无法预知举行的时间,也无法提前做出准备。个人物品丢失、孩子生病等情况下,都是举行危机仪式的理由。在很多时候,危机仪式只是针对某个提出请求的人或某个小的群体而举行。它能够满足个体的需求,而且是有针对性和极其实用的。米沙·季捷夫指出:"岁时仪式一般在一个社会失去控制或丧失了认同感时,就会消亡;而危机仪式则在整个社会瓦解之后仍然能继续存在许多时间,并且在新的社会条件下演变成大批的积淀物,这些积淀物就是宗教学者所说的'迷信'。"[1]

科学和知识虽然能够帮助人们极大地获得其向往的东西,但是知识并不能完全控制变化,不能消灭偶然事故,也不能预料自然界的突发事件,或是使人为之事可靠并且可以完全满足人们的实际需要。恰恰是在这个领域,有许多比宗教更富有实践性、更有确定性、更有局限性的活动发展成为一种特殊的仪式活动类型,此类活动统称为巫术。马林诺夫斯基认为宗教创造价值并直接达到其目的,而巫术所构成的活动具有实际的功利性价值,它只有作为达到某一目的的手段时才有效,只要某一题材或一种行为的指向和作用具有功利性,那它就是巫术的。因此现代宗教中,大量的仪式是属于巫术的。现代社会和原始社会一样,巫术最发达的领域是人的健康。许多历史悠久的宗教为使教徒达到健康和幸福,而举行的数不胜数的治疗方法、祈福方式,都与巫术缠绕在一起。G.C.霍斯曼在《焦虑与仪式》一文中,指出"当人们觉得有某种欲望但又没有方法使自己确信可以满足这些欲望时,便会产生焦虑的情绪"[2],这种焦虑情绪也便形之于仪式行为。

---

[1] [苏]米沙·季捷夫:《研究巫术和宗教的一种新方法》,载史宗主编《20世纪西方宗教人类学文选》(下),上海:三联书店,1995年4月,第728页。
[2] [美]G.C.霍斯曼:《焦虑与仪式:马林诺夫斯基于拉德克利夫·弗朗的理论》,载史宗主编《20世纪西方宗教人类学文选(上)》,上海:三联书店,1995年4月,第124页。

拉德克利夫·布朗批判了马凌诺夫斯基关于仪式有减轻焦虑感和激发信心的作用，他主张"假如没有这些仪式和与此类仪式密切联系的信念，人们或许根本不会感到焦虑。恰恰是仪式的心理作用在人的心中造成不安全或危险的感觉"[1]。

如果说峦村的宗教庆典是族群性的集体活动，巫术则是个体的和有针对性的。宗教庆典在预先约定的时间举行，不会因某个个体而改变。而巫术则随时可能发生。只要有需要时，可以随时举行。过去，峦村村民普遍认为巫术在人面对恐惧时给人以自信，提供一种宣泄敌对情绪的途径，巫术可以解释灾祸和失败的原因，揭示病因，可以起到消除紧张的作用。

1. 过去存在于峦村的巫术形式

由于受傣族影响，占卜、戴护身符等求得平安和健康的做法曾经在峦村很兴盛；娶了傣族女子的人家，还到缅寺去赕佛。这些行为受到历届阿訇、外来的伊斯兰教群体的劝戒后，慢慢减少。与宗教相比，巫术的力量也慢慢减弱。

帕西傣的鬼魂观：傣族认为人死后会变成鬼，鬼会吃人、害人，鬼一旦进入寨子，就会给寨里带来厄运，所以要把它撵走。峦村村民受傣族的影响，也有害怕鬼的观念，对死人或死亡充满恐惧。峦村的坟山按照正常死亡者、非正常死亡者、年少夭折者分为三块区域。他们轻易不去坟山，认为去了坟山回来后会做恶梦。以前若村子里有人死亡，到了晚上，他们会把所有的门窗关好，不许小孩出去走动。峦村村民认为请阿訇念经能够驱鬼。初到峦村，笔者急于想去峦村坟山看看。陪伴笔者的是一位刚刚结婚的女子，怀有几个月的身孕。当笔者提出要去坟山时，她婉转地说改天再去。后来，其他村民告诉笔者，怀孕的人是坚决不去坟山的。

傣族社会盛行的鬼神观念，也影响着峦村人。峦村一村民曾和笔者说

---

1 [英]拉德克利夫·布朗：《禁忌》，载史宗主编《20世纪西方宗教人类学文选》(上)，上海：三联书店，1995年4月，第116—117页。

第七章　岁时节令及民俗活动中的对话

起曼派村在某一年过傣历年时，放出去的高升屡屡转过头来飞向人群，由此造成了人员的伤亡。后来，曼派村有几年没有举行赶摆，直到请佛爷找出了寨子里存在什么问题并解决为止，才又恢复了赶摆的活动。

某天，笔者和一群20岁左右的女孩聊天，她们跟笔者提到景真、勐遮等地有"鬼上身"的巫术。景真、勐遮两地傣族互不通婚，是因为他们都会"鬼上身"的巫术，所以他们互相让对方"鬼上身"，被"鬼上身"的人会不停地哭。她们还说起景真傣族女子都很美丽，美得带着"妖气"，到了晚上越发美丽。

有一次，笔者和峦村人在一起聊天。当有人聊到，她看的某小说里，一个苗族女子喜欢上了一个男子，就用"下蛊"的方式"得到"对方。另外的村民马上告诉笔者，峦村就曾有一女子使用"巫术"找回一个傣族男子，两人结婚至今，感情一直很好。但此事作为玄学的东西，笔者无法证实其真伪。

她们跟笔者讲这些巫术的时候，看得出来她们是深信不疑的，她们提起这些有关巫术的事，都觉得很恐怖。

占卜：是运用超自然手段来预见未来事件或找到潜在信息的技艺或实践。在许多社会中，人们相信通过占卜能预知未来，把握住机遇，使那些由于一个困难的决定而犹豫的人做出选择。占卜中的一种是卜算日子，傣族生产、生活的许多方面，如盖新房、结婚、出行等都需要择吉日。峦村的人生大事如上新房、结婚等也都需要请傣族佛爷或还俗和尚卜算日子。村民中也有曾当过傣族佛爷的男子还俗后到峦村上门，并履行了进教仪式，所以许多村民也请他卜算日子。曾经峦村村民与傣族一样，如果丢失了重要东西找不到，就会去请傣族村寨中有名的巫师卜算。过去，帕西傣小孩出生后的名字要根据出生年月日去请佛爷取，村民认为取名字很重要，如果取得不好，小孩就容易生病、哭闹。

盗窃案发生后的巫术行为

  2007年年底，村民岩某与别人合伙做生意，将9万元钱放在自家2楼的卧室里。某天，岩某到村口的米干店吃早点，回家后发现9万元被盗，而且屋里没有被翻动的痕迹。岩某认为是熟悉他家情况的人所为，他立即报案，但警方调查了多天未果。

  此次事件在村里引起很大的反响。9万元毕竟不是小数目，岩某自然不甘心钱就这样被盗，于是他找到了峦村清真寺的马阿訇，要马阿訇做一个"歹都哇"（"都哇"是阿拉伯语祈祷的意思。有的回族患病时，要请阿訇念诵祈求早日痊愈的祷词，幼儿入学时请阿訇念诵祈求真主赐给幼儿智慧的祷词。诵毕，阿訇即在病人两腮或幼儿两耳处自右及左吹三口气，称为"吹都阿"。其他还有"做都阿""接都阿""喝都阿""催生都阿""驱邪都阿"等方式。"歹都哇"即念诵一些具有攻击性的恶语），让偷钱的人眼瞎、腿瘸。马阿訇认为这是违反教规的事，没有做。但是岩某不理解，并因为此事而对马阿訇很有意见。

  除此以外，岩某还采用了巫术的方式来查找偷钱人。勐海勐宋乡有一个出名的巫婆，传闻不但能治病，还能帮人寻找丢失的东西。岩某特地去请该巫师帮他找出偷钱人。据巫师推算，盗窃钱财者应该是岩某家的家人所为，岩某思前想后，觉得其中一个兄弟最为可疑，但他的兄弟始终不承认偷钱的事，双方至今依然为此事而纠缠不清。

  叫魂：傣族如果家中有小孩莫名地生病，大人们就会去找巫婆看病，巫婆经过卜算，会告知生病的人家里什么东西的位置摆放不好，只要回去把摆放位置换换，病就好了。峦村人过去认为这种做法有时候确实灵验。以前如果小孩去外面玩了回来莫名生病，大人就会到小孩去过的地方"叫魂"，喊："某某，回来；某某，回来。"把逃走的灵魂叫回来，借以给小孩治病。

第七章　岁时节令及民俗活动中的对话

戴护身符：傣族常用银片或铜片做成硬币形状，或用白布缝成小圆包，用线穿好，戴在脖子上或拴在手上。过去，一些峦村村民常带小孩去缅寺求护身符，借以驱邪避鬼。

达寮：傣族在日常生活中经常使用竹篾编制达寮。当家中有产妇，禁止外人进入时，就在门上悬挂达寮；或者祭寨神时，在寨门处挂上达寮，告知外村寨的人不能进入。过去，峦村也有悬挂达寮的习俗，如果村民所种的稻谷长得不好，就在稻田里插上达寮，认为这样就可以有好收成。

与死去的人对话：傣族村寨都有巫婆。一些村民认为，巫婆不但卜算的事情有时候很准，还能让死去的人"上"身，让生者与其对话。

村民告诉笔者：村中一名男青年，曾在曼短村委会担任文书。一天夜里，忽然莫名死在路边，直到第二天才被人发现。由于死因蹊跷，他的家人为了弄清楚他的死因，就去勐宋找巫婆，巫婆经过施法后，让死去的男青年上了她的身，此时，其家人就可以和他对话。据说，男青年上了巫婆的身后，巫婆开始痛哭，并以男子的声音告诉家人，他遭到了抢劫，等等。当然，讲述的村民并未亲自目睹此过程。

峦村现在所在的位置，原来都属于曼蚌村，现在的清真寺就是原来曼蚌村缅寺所在地。后来，曼蚌村认为其村子所在地（即现在的峦村）风水不好，就整体搬迁到曼养坎村旁。曼蚌搬迁后，尚有部分土地在峦村。有曼蚌傣族到峦村坟山旁种地后，回到家莫名生病，曼蚌人就把土地全部转让给峦村。

以前峦村人由于地少，粮食只够吃半年，吃不饱的时候甚至要去景洪、橄榄坝等地讨饭。因为穷，经常受到傣族欺负。后来，峦村经济条件慢慢好起来，傣族也不再欺负峦村人。峦村人告诉笔者，除了经济上的原因外，傣族由于种种原因对帕西傣产生了敬畏。据说在周围傣族中流传着这样的

文化的"对话"：帕西傣的交往、交流、交融研究

说法：

　　一个到峦村上门的傣族，在山上赶麂子，回家后莫名地生病了。其家人请傣族的巫师一算，是因为他到过帕西傣的坟山，因为在坟山瞎审，惊扰了鬼魂，所以得病。

　　几名在附近茶厂上班的外地人，跑到峦村的坟山里撒尿，后来陆续有人生病、死亡。

　　几个傣族认为帕西傣好欺负，不把他们放在眼里，也不把清真寺放在眼里。某天，他们进入峦村的清真寺，在里面指手画脚，胡言乱语，说了一些对帕西傣和清真寺不敬的语言。回家以后，忽然有的腿瘸、有的神志不清，无论怎样医治都没有效果。其家人到勐宋请著名的巫师卜算：巫师卜算出他们是因为说了、做了对帕西傣清真寺不敬的话和事。于是其家人慌忙买鸡到清真寺请阿訇念经。阿訇念经后，那几个生病的人忽然不治而愈。这些事情一传十、十传百，附近的傣族都知道了，于是不敢再欺负帕西傣。从此，他们对帕西傣的清真寺敬畏有加。

当然，这些传说道是真是假，很难求证。但傣族对清真寺的敬畏，在笔者的田野调查中却是显而易见的。嫁进峦村的傣族，如果没有进教，是不能进入清真寺的。许多傣族都知道进入帕西傣的清真寺是不能抽烟、喝酒的。一些傣族告诉笔者："回傣可以去我们的缅寺玩，但我们不去清真寺玩。"笔者问："为什么？"他们答曰："害怕。"笔者进一步问他们为什么害怕，他们无法作答。我想，他们害怕的原因，很可能跟以上这些流传的故事有关，也有可能是对未知事物的天然敬畏感。

除此以外，帕西傣婴儿出生未满月时，产妇不能出门，外人也不能踏进家门。若有不知情者误入家门，就要将此人认作小孩的干爹或干妈，所

以有可能小孩的干爹、干妈是他们爷爷奶奶辈的人。除此以外，如果某个大人梦到别人家某个小孩生病、落水等不好的梦，就要主动去将该小孩认作干儿子或干女儿。这样一来，有的小孩就有好几个干爹或干妈。干爹、干妈逢年过节要送小孩礼物，小孩的父母也要回送孩子干爹、干妈礼物。近年来，认干妈、干爹也不一定因为上述原因，如曾经去峦村调查的台湾研究生曾慧莲就认她所住的人家两个中年人为干爹、干妈。笔者在峦村期间，也因无意间询问到一个小孩是否有干爹、干妈，小孩的母亲回答说还没有，希望认笔者做干妈，于是笔者欣然应允。村民告诉笔者：傣族生了小孩，如果小孩特别爱哭，有的家长就会来认帕西傣做干爹、干妈，他们认为这样孩子就不再爱哭了。

如吉登斯在《现代性与自我认同》一书中所说，在较小型的前现代文化中，宗教是社会特殊权威制度中最具领头位置的，虽然这些文化中有对宗教持怀疑态度的人，也存在与宗教正统不同的巫术，但却很少能够替代支配性宗教核心权威的地位。虽然巫术曾存在于帕西傣社会，但占核心和支配地位的仍然是伊斯兰教的信仰。

2. 巫术与伊斯兰教信仰相悖

伊斯兰教认为占卜、看相在性质上同求签一样，是一种迷信行为。

伊斯兰教兴起时，阿拉伯半岛在宗教方面是一个多神崇拜盛行的、各种迷信充斥的社会。伊斯兰教用"除了安拉再没有别的神"，"尊重人而不崇拜人"的口号把当时各部落所信仰的各种崇拜对象从神的宝座上统统打翻在地，并把与这些崇拜对象有直接或间接联系的一切思想、行为一一予以清除。当时社会上流行抽签、占卦、妖术等行为，源于多神信仰崇拜或与其有联系，所以反对这些思想与行为是建立和维护伊斯兰教信仰的重要任务，因而伊斯兰教在这方面给信徒规定了一些禁忌，如严禁求签、占卜看相、妖术和佩戴护身符等。[1]《古兰经》曾两次提到禁止求签，并把它同崇拜偶像、饮酒、赌博并列起来，斥为犯罪、秽行和魔鬼的行为。

伊斯兰教的六大信仰之一为"信前定"。"前定"在伊斯兰教中指的是安拉造就的无可变更的自然法则，及社会规律、兴盛衰亡的原理和赏善罚恶的道理。也就是所有人遇到任何事，都是早已注定的。但是面对灾难、疾病等不可预知的灾难时，所有的人都希望自己能够控制社会和自然环境，自己的命运能够由自己主宰，或者至少能够从某种途径预先知道未来将会发生什么，以便自己能趋利避害。巫术、占卜等就是通过操纵、解释和预测来实现人们的这一目标。因此，峦村村民除了伊斯兰教外，过去曾经与傣族一样，把巫术当作是一种排忧解难的活动。

但是，峦村村民的巫术活动，一直以来就受到阿訇和其他回族群体的劝导。李明坤阿訇到峦村后，这些带有巫术性质的行为遭到了他的强烈制止。据一些村民介绍，他们小时候生病了，如果大人带去拴线和戴护身符，被李阿訇看到，就会让他们取下来，并且进行说服教育。李阿訇初到峦村时，常见许多稻田插着竹编的"达寮"，因为谷子长得不好，要挡一挡危害谷子的鬼。[2]后来，在李阿訇的教育下，已经很少有这种习俗。除了阿訇的劝导外，外来的回族群体也对村民这些不合教法的行为进行劝导。

随着阿訇和其他回族的教导，峦村的巫术行为已渐渐减少。现在峦村的村民把这些巫术称为"迷信"，他们认为这些东西是"迷信"，但是若完全不信的话，说不定就会给人带来厄运，所以有时候还是应该"信信"。当然这些"迷信"的东西在阿訇的教育以及村民在接受学校教育之后，他们渐渐地不再"信"了。现在年轻的夫妇给自己的小孩取傣名，已不像原来非要请佛爷来取。有的在小孩出生前，就已经想好了自己孩子的名字。

---

1 陈广元：《新时期阿訇实用手册》，北京：东方出版社，2005年5月，第316页。
2 马健雄：《勐海帕西傣调查》，载云南省民族研究所编《民族学调查研究》，1996年1月，第40页。

第七章　岁时节令及民俗活动中的对话

如一对年轻夫妇,佛爷给其小孩取的名字为"玉应的",他们却把自己的名字各取一字,为孩子取名为"玉香旺"。小孩生病了,父母会带到医院去看病,已经很少有人再去拴线和"叫魂"。峦村人已不像以前那样对坟山和死亡充满恐惧,最典型的表现就是他们制作了公共陈尸的"经匣",并且敢为亡人清洗。村里有人死亡,也不像以前那样关门闭户,不让小孩出门。峦村村头往坟山去的地方,专门有一块地域用于丢弃死人用过的衣物和泼清洗死者的水,这一块地域一直都没有人建盖房屋。随着峦村户数的增加,原来村子的范围已经不够村民居住,村民陆续挖掘小山包,在这块地方旁边建盖了房屋,村民称为新寨。村民说:因为他们学会念经了,所以就不再"害怕"鬼神这些东西。

第八章 对话何以可能

一、尊重、理解与接受差异

（一）尊重

帕西傣的祖先得到土司同意在峦村定居时，土司与其有着"互相尊重"的约定：傣族尊重回族的习俗，回族也应尊重傣族的习俗。根据马玉琼所做的家谱和其他人所记载的历史，无论他们的祖先是马武龙、马存南或其他的马锅头，无论是在杜文秀起义之后逃难至此，还是道光年间赶马到此，峦村的祖先都是娶了傣族女子为妻，并且生育了子女。在以前学者对帕西傣的研究中，有的人认为他最后离开峦村回到家乡，如马健雄记述的"马武龙留下来，娶曼降寨的一个傣族姑娘为妻，后来生了儿子岩罕。马武龙思念家乡，在岩罕14岁时离家回了大理，从此杳无音信。……母子相依为命。回族的风俗习惯，有的是马武龙教会的，有的是过路的回族马帮指点的"[1]。更多的文献中，没有提到峦村的祖先是否在此长期居住。但从其家谱来看，马武龙儿子的婚娶对象仍然是傣族女子，所以在帕西傣早期的历史中，傣族对回族习俗的尊重是峦村的文化习俗得以维持的关键。

傣族原先信仰原始宗教，在南传佛教传入后，他们改为信仰佛教，但也保持了一些原始宗教的特征。傣族人的人格特征既受到傣族历史、生态

---

[1] 马健雄：《勐海帕西傣调查》，载云南省民族研究所编《民族学调查研究》，2006年1月，第36页。

第八章 对话何以可能

环境、社会化方式的影响，同时也与傣族人的宗教信仰紧密相关。佛教宣扬的生死轮回、因果报应的宿命论，使傣族形成一种具有浓厚天意色彩，与业报感应合而为一的善恶的评价观念，并时时反省自己，从而形成一种顺从、忍耐、乐观知足、与世无争、循规蹈矩的人格特点。[1] 这样的人格特点使得傣族具有了对异文化较强的包容性。傣族对帕西傣最直观的认识，是不吃猪肉。故峦村周围的傣族从不会赶猪经过峦村，与帕西傣在一起时，能尊重帕西傣的饮食习惯。帕西傣与傣族缔结婚姻，结婚时间要尊重双方的信仰，避开关门节和斋月这两段时间。由于帕西傣把斋月形容为回族的"关门节"，傣族自然能够把斋月视为与关门节一样神圣的时期，尊重帕西傣斋月里的习俗。

帕西傣也能够尊重傣族的信仰和习俗。笔者在田野调查过程中，亲自感受到他们对不同于自己文化的傣族的尊重。傣族每一个村落都有缅寺，帕西傣也喜欢去看漂亮的缅寺。有一天，村长带我们去参观附近的景龙缅寺，进去前，他先征得了佛爷的同意。而他的女儿刚好处于月经期，在进门之前，她询问了佛爷是否可以进去（回族女性来月经时，是不能进入清真寺礼拜大殿的），得到了佛爷的认可后，才同我们一起走进缅寺。缅寺里装饰得金碧辉煌，笔者拿起相机赶紧拍照，也邀他们一起拍照，可是他们都拒绝了（平时他们都挺爱照相的）。帕西傣出远门时，都要去清真寺捐功德。这一次，出缅寺的时候，他们各人也掏出了5元钱作为功德放入功德箱。

同一天，我们去了另外一个傣族村子。村长的女儿带我们去找她的好朋友，也是她的初中同学，现在在县城的私立幼儿园教书的一名傣族女子。这名傣族女子骄傲地宣称他们村的佛像是笑容最美的佛像，手势非常优美，一定要让我们去看一下，我们就跟随她一起进了缅寺。走进庭院门，她就

---

[1] 植凤英、张进辅：《小乘佛教与傣族人心理压力的应对——以景洪市勐罕镇曼乍村为个案》，《广西民族研究》2009年第3期。

脱了鞋，并让我们也脱了鞋，之后才走进缅寺。一走进去，她就一一指给我们看佛像的笑容与其他佛像的不同之处。前去的帕西傣也非常认真、仔细地倾听她描述给我们的内容。

（二）互相理解

身处信仰南传佛教的傣族村寨包围的帕西傣，作为数量上的弱势群体，其文化得到了傣族的包容和理解，避免了被傣族同化的命运。然而，在帕西傣与傣族的交往互动中，由于双方文化背景的差异，也带来了较大的障碍。两种文化要能够对话，最重要的环节是对文化的不同持有者有正确的认知。认知是人们认识事物和感知事物的能力。通过认知过程，认识到双方的差异后，才能以宽容的态度，在尊重双方文化的基础上，积极寻求一种处理文化差异的途径。

1．从自我认知到认知他人

帕西傣在与傣族的对话过程中，经历了从"自我认知"和"认知他人"两个过程。"没有一定的'宗教'背景，诸宗教是不可理解的。我们自己的宗教性是在我们邻人的宗教性之框架中被看到的。诸宗教不是彼此孤立存在的，而是相互对照而存在。"[1] 从帕西傣的祖先娶傣族女子、在傣族地区定居开始，伊斯兰教文化与南传佛教文化就在世俗领域展开了持续的对话。在漫长的历史过程中，由于远离回族社会，伊斯兰教的教义教规已经渐渐淡忘。但是在与傣族的文化对话中，既要坚持自己的信仰、又要理解尊重对方的文化，帕西傣首先要进行的是对自己宗教的认知。历史上过往的马帮、来帕西傣村寨担任教职的阿訇不断地向帕西傣灌输伊斯兰教的教义。云南其他地方的回族团体对于这个远在西双版纳的同胞们也给予了较大的关注和帮助，如1945年蒙自沙甸的白孟宇在勐海当茶叶总办时，在勐海清真寺开办阿文学校，培养阿訇接班人。并出资帮帕西傣修清真寺，还让

---

[1] ［美］雷蒙·潘尼卡：《宗教内对话》，王志成、思竹译，北京：宗教文化出版社，2001年3月，第10页。

第八章 对话何以可能

村民到勐海清真寺读阿文，借给全部伙食、零用钱[1]。20世纪80年代末以来，由于沙甸教育基金会及部分回族企业家自愿出钱资助帕西傣青年接受经学教育，一些帕西傣青年陆续到内蒙古呼和浩特清真寺、通海纳家营清真寺、沙甸清真寺学习念经。除了资助村民到外系统地接受宗教教育外，一些伊斯兰教团体也积极地来到村中进行宣教，主要是带领村民礼拜、讲解《古兰经》等，他们强烈主张抛弃不符合正统伊斯兰教的东西。外来回族的积极引导，对于强化帕西傣的宗教意识起到了积极的作用，帕西傣知道了哪些行为是教规允许的，哪些是不允许的，并能够慢慢改进，如帕西傣与傣族交往中，有饮酒、抽烟的习俗，并且双方常以酒作为礼物互赠。这种有违伊斯兰教的习俗遭到了如阿訇等外来回族的强烈反对。由于长期形成的习惯，帕西傣一时很难戒除，但他们能做到在进入清真寺或节日在清真寺举行筵席的时候，严格杜绝烟酒。关于这一点，他们也郑重地告知傣族，傣族们都知道并且能够遵守进入帕西傣的清真寺不抽烟、喝酒。

通过对自己宗教的认知，帕西傣就能在与傣族的对话过程中，寻找双方的异同之处。通过与傣族结为夫妻、日常生活中与傣族朋友交往，傣族的婚礼、上新房仪式、傣历新年等重大活动时，傣族也会邀请帕西傣去参加。在长期的互动与交往过程中，帕西傣对南传佛教也有了更多的认识。帕西傣知道傣族的几大节日：关门节、开门节、傣历新年，并且对节日期间的习俗和禁忌也有所了解，如关门节期间傣族不能举行婚礼和上新房仪式等；到傣族村寨玩耍时，也知道寨心在何处。对南传佛教和教义也有基本的了解和认识：缅寺中供奉有佛像，以祭祀神佛为主的赕佛仪式是傣族宗教生活的重要内容等。

在帕西傣与傣族的文化对话中，帕西傣通过自我认知和认知他人的过程，逐渐分辨出两种宗教的不同之处，为了使双方互相理解和沟通，他们

---

[1] 马维良、李佳：《西双版纳傣族自治州"帕西傣"调查》，载云南省编辑组编《云南回族社会历史调查（三）》，昆明：云南人民出版社，1986年12月，第55页。

也积极地寻找两种宗教的共同之处。

2. 寻找两种文化相似之处，便于互相理解

在与傣族的对话过程中，帕西傣尝试用自己熟悉的事物去理解对方，比如他们把回族的斋月比作傣族的关门节，用回族的一些宗教活动来解释傣族的赕佛。他们对"他文化"的理解及解释能力，常常让笔者感到震惊。笔者选择了几组互相对应的词语来举例说明：

（1）对宗教节日的理解

帕西傣与傣族结婚的日期，要避开斋月与关门节，这已经成为双方的共识。帕西傣向傣族解释斋月时，通常将其与关门节类比。

每年的傣历九月十五日是傣族的关门节，由此进入了传授佛法期，历时三个月，于傣历十二月十五日结束，这天即是"开门节"，意即"走出传授佛法期"。进入传授佛法期后，佛寺里所有僧侣都不许外出，更不许到村寨住宿；每七天举行一次赕佛诵经活动，傣语称为"赕星"，所有僧侣和信徒都参加；信仰五戒、八戒、十戒的信徒还必须在佛寺里用餐，有的还在佛寺里住宿。在此期间，村寨里不许谈情说爱，不能举行婚礼。[1]

斋戒是伊斯兰教规定的每个穆斯林必须履行的五功之一，每年伊斯兰历九月是穆斯林的斋戒之月，斋月里穆斯林要把斋。即每天只能在太阳出来和太阳落下之后进食，其余时间不得进食。斋戒一月，望见新月，次日即为开斋节，如不见新月，则再封斋一日，伊斯兰教历十月一日即为开斋节。斋月里，穆斯林要保持身心洁净，也不能举行婚礼。

帕西傣在与傣族交往中，为便于傣族理解，把斋月称为回族的"关门节"，不同之处只是傣族的关门节有三个月，而回族的"关门节"只有一个月。

对于傣族和回族而言，关门节和斋月指的都是一年中一段特殊的宗教

---

[1] 云南省民族事务委员会：《傣族文化大观》，昆明：云南民族出版社，1999年9月，第100页。

第八章　对话何以可能

生活时期。如果说傣族与帕西傣的日常生活都是由世俗和神圣组成，在关门节和斋月期间，无论是否参与宗教活动，村民都进入了一段"神圣"的时期。傣族的年轻人虽然已经较少地参与到宗教活动中，但对于喜欢玩乐的傣族来说，在这一段时间不能谈情说爱，村寨里庄重素穆的气氛和平时的生活形成了强烈的对比。而对于帕西傣而言，也许并不是每个人都把斋，但每天清真寺传来的封斋和开斋的广播却时时提醒他们斋月的到来。出门在外的人，也尽量在斋月前赶回家中。

（2）对履行宗教功课的人的理解

村民常常请康朗给子女取名或择吉日。当笔者问他们康朗是哪类人？他们说，就像穆斯林朝觐回来的哈吉。

按照南传佛教的规定，傣族男子到一定年龄，都必须到佛寺过一段时间的僧侣生活，在修行到一定阶段之后可以还俗。还俗之后的和尚，根据他在佛寺学习的时间长短和所获得的知识水平，在其名字前加上不同的称号以示尊敬，"康朗"是傣族对还俗大佛爷的称呼。因为熟悉佛教知识，僧侣在还俗后通常被推举为村寨中宗教事务的管理者，协助佛寺主持宗教仪式，监督僧侣和信徒应该遵守和履行的戒律和义务。

帕西傣认为康朗就如回族朝觐归来称哈吉一样。伊斯兰教的五大功修之一的"朝功"规定，凡穆斯林经济条件许可且身体健康者，一生至少去麦加朝觐一次。由于路途遥远，花费数万元，朝觐可以说是穆斯林人生的最高理想。朝觐者归来后，被尊称为"哈吉"。部分哈吉也会参与到宗教事务的决策和管理中。

朝觐与出家为僧分别是伊斯兰教与南传佛教规定须完成的功课，哈吉与康朗称号的获得都是一次不易"通过"的通过仪式，从圣地麦加朝觐归来者及从寺庙修行还俗者，都经历了一次世俗—神圣—世俗的转变，在这种转变中，他们获得了特殊的称号，成为信徒中的佼佼者，受到尊敬和爱戴。还俗的大佛爷一般不再直呼其名，而改为"康朗"加上原来的名；朝觐归来者，通常人们也不再称呼原来的名字,也通常以姓加"哈吉"二字作为称呼。

(3)对宗教仪式的理解

南传佛教将"灭谛"中的消灭苦因、断绝苦果的途径,概括为"赕",即"行善、布施、修来世"[1]。傣族的宗教活动主要是围绕"赕"来展开。"赕"有许多种类型,如"赕毫瓦萨"(关门节)、"赕奥瓦萨"(开门节)、"赕坦木"(赕经书)、"赕录教"(送适龄儿童到佛寺当和尚)、"赕塔"(朝拜佛塔)等。由于"赕"类型的多样性,帕西傣对赕佛的理解也有各种不同的答案:既有与伊斯兰宗教仪式无法画等号的,如到缅寺跪拜、到缅寺烧香;也有与伊斯兰教仪式能画上等号的,如:"赕佛"与"阿訇"的"穿衣"仪式类似:在这里,帕西傣把赕佛活动中"升和尚"仪式等同于穆斯林的"穿衣"仪式。傣族社会男童出家为僧,要举行隆重的宗教仪式,傣语称为"赕录教",即"升和尚"。仪式很隆重,一般要历时三天。在清真寺念经的学生毕业成为阿訇,取得主持清真寺的资格,要举行隆重的穿衣仪式,穿衣仪式常在伊斯兰教的重大节日——圣纪节举行,亲友要去清真寺将"穿衣"的人接回家中,家中也要设宴款待亲友。

南传佛教要求每个男性一生中都要过一段时间的僧侣生活,接受一次佛的洗礼。凡有男童出家为僧的家庭,都因此感到光荣。穿上袈裟、成为和尚的男童,就连父母也不能轻易打骂。

阿訇是通晓经文和教义教规的人,回族的人生礼仪、宗教节庆都离不开阿訇的主持,故阿訇在回族社会中非常受人尊敬。赕录教与穿衣两个仪式还有一个更相似之处:即穿袈裟和穿衣,到男童家祝贺的亲友要护送男童到缅寺,在缅寺举行脱凡衣仪式、换袈裟仪式及赐佛名仪式后,男童便成为和尚,不再是"凡人"。[2] 而毕业取得主持清真寺资格的学生也要穿上

---

[1] 云南省民族事务委员会:《傣族文化大观》,昆明:云南民族出版社,1999年9月,第96页。
[2] 云南省民族事务委员会:《傣族文化大观》,昆明:云南民族出版社,1999年9月,第101页。

第八章　对话何以可能

专门的服装：绿色长袍和缠头巾，参加穿衣仪式。之后，便成为通晓伊斯兰教仪礼的"专业"人士。

"赕佛"与"盖德尔夜"类似。在这里，帕西傣将傣族关门节期间举行的"赕星"活动与"盖德尔夜"视为相似。每年伊斯兰历九月是穆斯林的斋戒之月，斋月的第27天，称为"盖德尔夜"。"盖德尔"是伊斯兰教对《古兰经》始降之夜的敬称。在"盖德尔夜"，教徒要到清真寺坐夜、礼拜，直到吃完第二天早上的封斋饭，礼完"晨礼"拜后，才返回家中。在关门节期间，许多傣族都在佛寺里用餐。每隔七天举行"赕星"时，傣族（主要以老人为主）要到缅寺住宿一夜。

帕西傣将斋月与关门节画上等号，因此他们认为斋月中最"高贵"的夜晚，到清真寺礼拜一夜、听阿訇讲经活动与傣族"赕星"时，到佛寺用餐、住宿及诵念佛经具有相似之处。

宗教对话之父雷蒙·潘尼卡认为："文化间、宗教间对话中所要做的第一步工作，即确立文化间和宗教间的形式相似的等价物。"[1] 清真寺与缅寺、关门节与斋月、康朗与哈吉、赕佛与盖德尔夜等，这几组相对应的概念，就如同雷蒙·潘尼卡把《奥义书》中的梵与《圣经》概念中的耶和华比较后得出的结论："如果把这两个概念相等同是明显错误的，从语境和内涵来说，二者不可以相互翻译，也没有直接的关系。但是说这两个概念没有任何共同之处同样不能令人满意，它们是相应的、是形式相似的、等价物。"[2] 形式相似的等价物观念并不是在两种文化、宗教之间寻找可以替换的词，而是通过将不同概念进行类比，促进不同文化持有者的互相理解和沟通。

---

[1] 王志成：《和平的渴望：当代宗教对话理论》，北京：宗教文化出版社，2003年10月，第117页。
[2] [美]雷蒙·潘尼卡：《宗教内对话》，王志成、思竹译，宗教文化出版社，2001年3月，第88-89页。

伊斯兰教与南传佛教是完全不同的两种宗教，但帕西傣在与傣族交往中，通过寻找这样的"等价物"，双方能够互相理解和尊重，伊斯兰教与南传佛教两种宗教在世俗领域的"对话"得以顺利进行。帕西傣与傣族都认为宗教是从道德上提高自己品行、调整社会关系的一种准则，因此不论信仰何种宗教，都应该彼此尊重。如雷蒙·潘尼卡所说："人类的不同宗教传统就如当实在神圣的或纯白的光投在人类经验的棱镜上出现的差不多是无限多的颜色：它分解成无数传统、学说和宗教。"[1]

文化对话的过程是一个认知、情感和行为相互结合的过程。双方互相尊重、愿意进行对话，能够促进彼此的认知。在正确的认知和积极的情感因素引导下，互相尊重、互相理解，双方才能求同存异，开展文化间和宗教间的对话。

二、坚守与开放的平衡：族群边界的建构

众所周知，中国的民族识别工作是按照斯大林对民族的定义来进行的，即"民族是人们在历史上形成的有共同语言、共同地域、共同经济生活以及表现于共同文化上的共同心理素质的稳定的共同体"[2]。

回族信仰伊斯兰教，但由于适应不同的文化环境，回族文化体现出了多样性的特征。所以在"回族"与"伊斯兰教"的关系中，不能把"族"和"教"完全画上等号。伊斯兰教进入中国后，就不断与中国各地文化交流交融。尤其是在云南文化多样性的环境下，回族的多元性也更加明显。回族的房屋结构多受周围民族的影响，与汉族杂居的，房屋结构与汉族的

---

1 [美]雷蒙·潘尼卡：《宗教内对话》，王志成、思竹译，北京：宗教文化出版社，2001年3月，第19页。
2 林耀华：《民族学通论》（修订本），北京：中央民族大学出版社，1997年12月，第103页。

第八章 对话何以可能

相似；与其他少数民族杂居的，大多受这些民族的影响。回族的屋内装饰较能体现伊斯兰教的特点，因为伊斯兰教禁止偶像崇拜，屋内不能张贴人物或动物画像，装饰房屋张贴的多为山水画，部分人家在正屋中贴麦加卡尔白天房图画，两边贴阿文对联或悬挂阿文匾额和条幅等。挂历一般是印有伊斯兰教历和公历对照的，便于查阅回族的传统节日。回族的衣着打扮与汉族基本一致，与其他少数民族杂居的受到他们的一定影响。回族服饰的主要标志在头部，即男的戴礼拜帽，女的戴盖头。

在《族群性与民族主义：人类学透视》一书中，埃里克森引用了爱泼斯坦的一段话："由于族群性常在社会巨变和转换的环境中出现，通常伴随着严重的文化腐蚀和许多可能作为差别标志的习惯的消失，一个关键的问题是特征如何经过几代以后仍然保持。"[1] 埃里克森强调了迁徙、环境变迁、工业化或其他经济变化、被大的政治系统整合和包容都成为威胁族群性的因素。当边界受到压力的时候，保持明显的边界形式变得重要，族群认同表达了一种可察觉的与过去的连续性，这种形式能对个人起到心理上的稳定作用。这时候，宗教起到了重要的作用。

帕西傣通过建构其边界，保持了异于傣族的文化特征。以前，学术界曾对帕西傣的族群划分有过争议，有的人认为他们是具有傣族特征的回族；而有的人则持不同意见，认为他们是信仰伊斯兰教的傣族。但后来依据他们的历史记忆、宗教信仰、文化习俗等，还是把他们认定为回族。

挪威人类学家巴斯提出的族群边界理论认为，族群研究的重点在于说明族群边界的保持和结果。族群是通过与别的群体的关系加以定义的，通过边界加以突出。人口迁移使得不同文化的人相遇，相遇的过程必然发生文化的互动，互动得以持续的关键是人们通过认同和排斥异己的方式使价值差异共存。而族群的认同和归属分类，并不是依靠地理边界来划分的，

---

[1] ［挪］T.H.埃里克森：《族群性与民族主义：人类学透视》，王亚文译，兰州：敦煌文艺出版社，第70页。

也不通过定义他们自己的特征来维持。族群是通过排斥异己来维持的，因此是其他人归属和排斥的群体：属于某一个群体意味着做一种特定的人，拥有这种身份便意味着用与这种身份相关联的标准进行自我判断和被他人判断，这种判断构成人们互动的基础。因为这种判断对应着相应的角色规范，这就需要一套标记和规则，去决定成员资格和区别外人。群体使用各不相同的标志和记号相互区别，以此划开彼此的界限。这些标志和记号构成一套符号，代表着每一个族群所特有的一整套价值、规范、族群关系模式以及社会地位等级等等。以这些符号为标志，人们采取相应的行为模式互动。[1]

菲奥纳·鲍伊也指出将一个群体与另一个群体分开的边界也许是物质的，也可以是概念的，表现于观念、仪式和信仰的系统。[2]在与傣族的对话过程中，帕西傣从族称、饮食、宗教意识、宗教功修等方面建构起自己的族群边界。

（一）帕西傣的族称

民族的族称能够引导着族群关系走向一个特定的方向。从族别上来看，帕西傣在身份证上写回族，日常生活中自称或他称"帕西傣"，译为汉语意思即为"回傣"。"帕西"是傣语对回族的称呼，"帕西"二字成为与傣族相区别的最基本边界。通过民族识别，帕西傣取得了法定的民族身份"回族"，并日益增强了自己对"回族"的认同。

（二）帕西傣的饮食禁忌

玛丽·道格拉斯指出人类生活在这样一个世界上：与圣洁一致，他们便繁荣昌盛；一旦违背圣洁，就会走向灭亡，而饮食规则只不过是发挥了

---

[1] Fredrik Barth, *Ethnic Groups and Boundaries: The Social Organization of Culture and Difference, Boston, Little,* Brown and Company, 1969, pp.35–56.

[2] ［英］菲奥纳·鲍伊：《宗教人类学导论》，金泽、何其敏译，北京：中国人民大学出版社，2004年3月。

第八章　对话何以可能

有关圣洁的隐喻。她通过《圣经》中《利未记》的可憎之物洁净与不洁进行分析,认为"饮食规则是一种标志,它时时处处使人们深刻体会上帝的唯一性、纯洁性和完美性。通过这些禁忌规则,人们在遇到各种动物与各种食品的场合里,圣洁都有了实在的表现形式"[1]。

伊斯兰教禁食猪肉。《古兰经》规定:他只禁戒你们吃自死物、血液、猪肉,以及诵非真主之名而宰的动物。[2]

饮食是回族维持族群边界,或者说体现其族群边界的最为突出的符号;同时,又成为强化族群边界和凝聚族群的强大力量。

峦村村民同任何一个地方的回族一样严格禁食猪肉。他们若出远门的话,会随身携带锅具,在没有穆斯林食品的地方,自己煮食。一个峦村的妇女曾跟笔者讲述了一件事情:有一次她去到中缅边境,因当地没有清真食品卖而饿得头昏眼花,但她坚决拒绝吃当地傣族用柴火烤制的鱼。

峦村一男性村民,到部队当兵后转业至蒙自。说起自己当年当兵的情况,他感慨万千:在部队当兵的几年里,每天训练完后,他还要回到住处自己做饭吃,由于任务繁重,加上自己做饭,有时候晚上两三点才睡觉。

峦村甚至由于饮食的制约,影响到了教育的发展。如前所述,峦村的大学生玉映香(毕业于原云南广播电视大学法律专业)曾谈到村中教育发展滞后的原因之一是因为饮食受到制约。现在,峦村的孩子就读的学校仍然没有回族食堂,许多孩子每个星期只能从家里带上腌制的牛干巴、酸腌菜、糯米团作为自己的三餐。不少人认为这样的饮食结构或多或少地影响了孩子们的学习成绩。

帕西傣与其他回族一样,都把不吃猪肉当作区分回族与其他民族的主要标志。在谈到对于回族饮食习惯的坚守时,退休妇女干部马玉琼说:"附

---

[1] [英]玛丽·道格拉斯:《洁净与危险》,黄剑波等译,民族出版社,2008年9月,第9页。
[2]《古兰经》,2∶173。

近的傣族都知道我们是回族,他们见到我就会说帕西咪涛(回族大妈)来了。因为我们回傣尊重自己,坚持自己的信仰,也赢得了其他民族的尊重。我们每个人在饮食上都非常严格。如果有一人和傣族坐在一张桌子上吃饭。那么,以后,肯定会有人说某某都与我们一起吃饭了,你为什么不能吃?这样的话,整个回傣都不会得到别人的尊重。"虽然村庄规范和个人具体表现有差异,但是从饮食方面来看,基本上所有的村民(包括嫁入的其他民族女子和"上门"的其他民族男子)都能遵守清真饮食规范。

(三)帕西傣的族群意识

"族群意识作为族群文化的深层积淀,是文化现象、心理认同和社会组织结构等诸多层面的内在统摄,它成为对内维持族群认同,增强凝聚力和对外划分我群与他群之族群边界的心灵尺度。"[1]

在现代性背景下,文化面临着同质化的考验。族群认同的自然要素即外在的文化符号日益磨损和丧失,而族群认同的精神因素却日渐增强,甚至在某种程度上成为族群归属和族群区别的重要指示符。

不管外来的人怎么看待峦村帕西傣,他们坚定地认为自己是回族。比如他们始终铭记祖先是从大理而来的回族的历史记忆,以及派人去宾川、巍山等地寻"根"并最终与巍山小围埂村认亲等事件,都是他们族群意识的体现。在笔者的调查中,他们日常中对回族这个族群的声誉和形象的维护也让笔者印象颇深:

在一次上新房的仪式中,笔者给一群妇女拍照,其中一人笑称:"你拍的照片可别让你们那地方的回族看,他们看到我们连盖头也没戴,会笑话我们的。"

在笔者与村民谈论他们与傣族的关系时,一个小青年说:"我们和傣

---

[1] 杨文炯、张嵘:《Jamaat:都市中的亚社会与族群文化——以兰州市回族穆斯林族群调查为个案》,《西北民族学院学报(哲学社会科学版)》2001年第3期。

族关系和睦，但有时候也会和傣族打架。"笔者问他为什么，他说："只要傣族说回族的坏话，我们就会和他们打架。"

村民不反对子女找傣族，但是傣族媳妇一定要进教。村民说："既然我们是回族，就得按照回族的规矩办事。"

因为峦村帕西傣文化的特殊性，常有人到峦村参观。澜沧阿訇说村子里的人很要面子，当外面来的人问他们是否礼拜时，他们都会说是的。（当然，据笔者观察，村里仅有少数老人进行日常礼拜。）

村里的会计曾经说过一件事：他妹妹和妹夫离婚后，妹妹一个人带着儿子过，后来妹妹生病去世了，外甥成了孤儿。他的一个朋友在昆明工作，经济条件很好，想收养这个孩子，但是因为是汉族，被他们拒绝了。他说："既然出生在回族家庭，就注定了一辈子都要做回族。"现在，这个孩子由亲戚照顾抚养。

（四）帕西傣的宗教功修

回族并不意味着和虔诚的伊斯兰教教徒画等号。回族家庭出生的孩子，通常也是一个回族。但是否能成为虔诚的教徒，个体之间则有较大的差异。在同一宗教内部，个人之间信仰宗教的程度也表现出较大的差别，根据参加宗教活动的积极程度，例如遵守宗教的行为规范、礼拜、把斋等，美国心理学家奥尔波特把教徒分为两种类型，一种是把宗教作为实现某种需求的一种方法，参加宗教活动是他们顺应公认的生活方式的手段，他把这类信教者称为"外倾型"或"非本能因有型"；对另外一种类型的人而言，宗教是独立的和最终的价值，非宗教的需求和利益是第二位的，他们总是力求使自己的行为服从于宗教规范的规定，自己在各种社会环境中的行为动机都是宗教信仰，这种类型称为"内倾型"或"内在固有型"。

据峦村村民自述，自从其先民在傣族地区定居以来，就有了自发的宗教活动。从相关的文献记录来看，20世纪30年代，来自蒙自沙甸的白孟宇在勐海当茶叶总办时，出资帮"帕西傣"寨修建清真寺。1982年，村民再一次建盖起了简易清真寺，并在1994年、2018年两次重建。清真寺的建设让宗教活动有了依托的场所，对峦村的宗教信仰的复兴起到了积极的作用。村民对宗教仪式的参与度虽然在不同时期不同，但对宗教信仰的认知日渐加深。他们更加将古尔邦节、开斋节、圣纪节等宗教节日作为强化宗教意识、构建边界的重要手段。

当然，村寨之内的各个家庭之间又存在一定的差异。峦村大致有以下家庭类型：全是由帕西傣组成的家庭，帕西傣与傣族、汉族及其他民族组成的家庭，其中又可划分出是否接受过宗教教育两种类型。家庭成员组成的差异，导致每个家庭内部对于遵守宗教功修皆有差异。同时，不同时期，村寨受到外来力影响的强弱也会对家庭和个体产生不同的影响。

结 语

　　自从人类社会产生以来，不同群体间的交往与互动就相伴而生。在这个过程中，冲突和对话一直是文化互动的两种形式。进入21世纪，随着交通工具的改善，信息技术的发达，人与人之间的交往和联系比任何一个时代更加紧密。国家之间、民族之间也有了更多交流和互动的机会，交往和联系的加深也在某种程度上导致了文化之间冲突的可能性。文化冲突是不同文化在相遇过程中由于差异而引起的互相冲撞和对抗的状态。不同民族之间的差异成为双方互动的障碍。在交往过程中，如果不加深理解，只把自己的文化视为中心，轻视和忽视其他文化，那么冲突将不可避免。

　　文化间的关系是否就只存在"冲突"呢？若果真如此，那么世界早已毁灭在人类的互相残杀中。文化冲突和文化对话，是多元文化发展过程中两个辩证统一的方面，它们既对立又统一，是人类文化不断发展和进步的源泉和直接动力。"对话"一直伴随着人类文明的发展史。然而，直到"文明冲突论"提出后，对话才引起了全世界的关注。文明冲突论的提出者亨廷顿也说："我唤起人们对文明冲突的危险性的注意，将有助于促进整个世界上文明的对话。"[1]

　　纵观各学科史，哲学家们和宗教学家们关于"对话"的研究已经有了许多丰硕的成果。宗教学家们对宗教对话的理论建构，做出了极大的贡献，

---

1 ［美］塞缪尔·亨廷顿：《文明的冲突与世界秩序的重建》，周琪等译，北京：新华出版社，2002年1月，中文版序言。

提出了丰富精彩的理论和模式。宗教学的"对话"理论研究，大都从"大传统""哲学的"层面进行。然而，宗教信仰和宗教文化是不能完全画上等号的，并不是所有的宗教徒都将宗教所规定的教义、教规内化在自己的生活中。就宗教研究而言，人类学家们认为有必要区分宗教正式的、经典的一面和大众实践的另一面。宗教学家们也注意到了这个问题，L. 斯威德勒曾经把宗教对话分成三个层次："头"的对话、"心"的对话和"手"的对话。"头"的对话指的是哲学的、理性的、知识层面的对话，"心"的对话指各种情感和情感表达的对话，而"手"的对话则是指具体的行动、伦理实践层面的对话。因此，在现有的丰富的理论基础上，运用人类学的研究方法，通过田野调查、参与观察，来对文化持有者或宗教徒的对话实践进行研究，可以从一个全新的角度，为文化对话提供具体的路径和细节。

本书选取了云南西双版纳的帕西傣作为研究对象。在长期的田野调查中，笔者观察到帕西傣族群体现出的"文化对话"现象是非常有意义和有价值的。帕西傣的形成，是回族文化和傣族文化共同作用的结果，也是伊斯兰教和南传佛教两大宗教在实践领域"对话"的集中呈现。

自帕西傣的祖先在傣族地区定居以来，帕西傣与傣族的交往及通婚，使得傣族的文化、宗教对帕西傣产生了长期、持续的影响。从帕西傣与傣族的对话语境看：帕西傣生活中主要与傣族交往，因此不可避免地借用了一些傣族的文化；但帕西傣周围的回族群体和云南内地的其他回族群体对他们投予的关注，又时时将他们拉向伊斯兰教的传统。

因此，帕西傣体现出既"傣"又"回"的特征：生活中使用傣语，宗教活动中使用阿拉伯语；日常生活中互相称呼使用傣名，傣名是根据出生日期请傣族的佛爷所取；也请阿訇取经名，但通常不作称呼；平时女子着传统傣族服装，遇到开斋节、圣纪节这样的宗教活动时，才戴盖头；住傣式的建筑，但在村中建有清真寺；村民禁食猪肉，但对抽烟饮酒的禁忌并不明显。

在强大的傣族文化包围中，来自其他回族的关注一直是帕西傣得以保持回族习俗的一个重要原因。在许多回族看来，帕西傣的宗教信仰是不够"正统"的，他们极力想把其引导上伊斯兰教的"正统"上来。外来的阿訇、经过峦村的回族马帮、商人都不断地将正统的教义和宗教仪礼传授给"帕西傣"，影响和加强了帕西傣的伊斯兰教意识，使"帕西傣"了解了伊斯兰教的基本信条。

在帕西傣与傣族的交往中，由于双方文化背景的差异，给双方的互动带来了较大的障碍。两种文化要能够对话，最重要的环节是对文化的不同持有者进行正确的认知。回顾帕西傣祖先来到勐海的历史，我们可以设想：讲汉语的大理回族和讲傣语的傣族，首先面临着语言的障碍。为了能与之沟通交流，必然是人数少的外来移民学习主流民族的语言。如李明坤阿訇为了能与村民更好地沟通交流，就主动学习傣语，并最终能与村民流畅对话。除了语言之外，如何理解对方的文化和宗教，也是帕西傣和傣族面临的重大问题。他们在经济、政治、文化领域的往来过程中，了解到了对方文化的差异。通过漫长的认知过程，认识到双方的差异后，在尊重双方文化的基础上，对话双方以宽容的态度，积极寻求一种处理文化差异的途径。帕西傣在和傣族交往过程中，通过从自己的宗教中寻找和对方宗教中一些相似的东西，以此来认识自己和认知对方。在认知的基础上，互相尊重对方的文化和习俗。

在帕西傣的历史上，体现出坚守伊斯兰教信仰和实际生存之间的矛盾。回族普遍有"族内婚"的倾向，但峦村的先祖定居于傣族地区时，只能与当地的傣族妇女通婚。当人口发展到一定程度时，强烈的族群意识使他们又转向实行族内婚。当大量的近亲通婚导致帕西傣的健康和体质出现严重危机时，他们不得不再次转向族外婚。

帕西傣与傣族的对话过程是一个博弈的过程。双方都在寻求一种既坚守底线、又能做出一定妥协的方法来使双方的对话活动得以进行。在与傣族通婚的过程中，帕西傣制定了"只能娶进、不能嫁出"的规定，外族与

文化的"对话"：帕西傣的交往、交流、交融研究

帕西傣结婚须履行进教仪式。帕西傣与傣族的婚礼都体现出浓厚的宗教性，如果双方要缔结婚姻，傣族不能举行拴线仪式；但帕西傣也采用了推迟举行进教仪式的方式，来给傣族一个适应回族文化的过程。帕西傣坚持清真的饮食禁忌，但对抽烟喝酒的禁忌并不明显。他们认为因为不能与傣族一起吃饭，在某种程度上不能交到更多的朋友。但通过饮酒，双方可以畅所欲言、加深友谊。

在对话的过程中，双方需要妥协和让步，创造一种彼此都接受的空间和一种共通的交流方式，才能使对话得以展开。但是双方也要坚守一定的底线，保持自己的核心价值观，才能避免同化。帕西傣以不同于傣族的饮食习惯、宗教信仰和强烈的族群意识来作为自己与傣族不同的边界，他们把吃猪肉、赕佛、过傣历新年当作是逾越边界的表现形式，而采用过春节、举行宗教仪式和庆典，来彰显自己与傣族的不同。

通过对帕西傣族群长期持续的调研，笔者认为：文化可以对话，文化也需要对话。文化对话是异质文化之间相互接触、相互理解、彼此交流的过程，是有差异的双方进行的一种双向的交流和沟通方式，是一个赋予原有文化生命力和发展动力的有层次性的互动过程。

文化对话的过程就是民族文化交往交流交融的过程。中国的历史上，民族之间的交往、交流、交融从未间断，从而形成了今天"你中有我，我中有你"的中华民族多元一体格局。在统一的"中华民族"前提之下，保持着多元的民族文化和宗教文化类型。多样性和整体性并不是相互矛盾、截然对立的，而是互为表里、互相促进的关系。各民族都在我国的疆域开拓、历史书写、文化创造、精神培育中发挥了积极作用。促进各民族广泛交往交流交融，既是党的民族工作理论和实践的智慧结晶，也是铸牢中华民族共同体意识的重要途径。

云南自古以来就是一个多民族共生共融共长的地区，是全国世居少数民族最多、特有少数民族最多、跨境族群最多、民族自治地区最多的省份，

是中华民族"多元一体"结构最典型的地区。同时，云南也是我国民族关系最安定、融洽，民族凝聚力最强的边疆地区。云南作为多民族交往交流交融、多文化相交相融、各民族共存发展的典型省份，一直是学界关注和研究的焦点。

通过以"帕西傣"这样一个在民族交往交流交融下诞生的群体为研究对象，从他们所处的自然社会空间入手，研究帕西傣的制度文化、精神文化、物质文化，岁时节令、人生礼仪、宗教活动等，以及帕西傣与周边的傣族及其他民族的族际通婚礼及在生产生活方面的合作关系，可以得出这样的结论：帕西傣的存在既是民族间"和睦相处、和谐发展"的结果，也是平等、团结的民族关系的体现。

帕西傣的形成过程及与其他少数民族的和谐相处经验，为国家民族工作提供了一个生动的案例；也为新时代各民族的交往交流交融、铸牢中华民族共同体意识等提供了启示和助益。

参考文献

汉语译著

［挪］T. H. 埃里克森：《族群性与民族主义：人类学透视》，王亚文译，兰州：敦煌文艺出版社，2002年12月。

［美］本尼迪克特·安德森：《想象的共同体——民族主义的起源与散布》，吴叡人译，上海：上海世纪出版集团，2003年1月。

［美］博厄斯：《人类学与现代生活》，刘莎等译，北京：商务印书馆，1999年1月。

［英］菲奥纳·鲍伊：《宗教人类学导论》，金泽、何其敏译，北京：中国人民大学出版社，2004年3月。

［英］戴维·伯姆，李·尼科编：《论对话》，王松涛译，北京：教育科学出版社，2004年4月。

［英］玛丽·道格拉斯：《洁净与危险》，黄剑波等译，北京：民族出版社，2008年9月。

［法］E.迪尔凯姆：《宗教生活的基本形式》，渠东、汲喆译，上海：上海人民出版社，1999年11月。

［法］E.迪尔凯姆：《社会学研究方法论》，胡伟译，北京：华夏出版社，1990年11月。

［法］E.迪尔凯姆：《社会学方法的准则》，狄玉明译，北京：商务印书馆，2006年5月。

参考文献

［美］杜维明:《对话与创新》,桂林:广西师范大学出版社,2005年7月。

［奥］西格蒙德·弗洛伊德:《论宗教》,王献华、张敦福译,北京:国际文化出版社,2007年3月。

［奥］西格蒙德·弗洛伊德:《精神分析引论新编》,高觉敷译,北京:商务印书馆,1987年12月。

［奥］西格蒙德·弗洛伊德,车文博主编:《弗洛伊德文集:自我与本我》,长春:长春出版社,2004年5月。

［美］埃·弗洛姆:《精神分析与宗教》,孙向晨译,上海:上海世纪出版社,2005年1月。

［英］弗雷泽:《金枝:巫术与宗教之研究》,徐育新等译,北京:中国民间文艺出版社,2009年1月。

［英］雷蒙德·弗思:《人文类型》,费孝通译,北京:华夏出版社,2002年1月。

［英］C.A.格雷戈里:《礼物与商品》,姚继德、杜杉杉、郭锐译,昆明:云南大学出版社,2001年8月。

［美］克利福德·格尔茨:《文化的解释》,韩莉译,南京:译林出版社,1999年11月。

［英］安东尼·吉登斯:《民族—国家与暴力》,胡宗泽等译,上海:三联书店,1998年5月。

［英］安东尼·吉登斯:《现代性与自我认同》,赵旭东、方文译,上海:三联书店,1998年5月。

［英］安东尼·吉登斯:《现代性的后果》,田禾译,南京:译林出版社,2000年7月。

［德］哈贝马斯:《交往与社会进化》,张博树译,重庆:重庆出版社,1989年3月。

［德］哈贝马斯:《对话伦理学与真理的问题》,沈清楷译,北京:中

国人民大学出版社，2005年9月。

［法］莫里斯·哈布瓦赫：《论集体记忆》，毕然、郭金华译，上海：上海人民出版社，2002年10月。

［美］托马斯·哈定等：《文化与进化》，韩建军、商戈令等译，杭州：浙江人民出版社，1987年9月。

［美］E.哈奇著：《人与文化的理论》，黄应贵、郑美能译，哈尔滨：黑龙江教育出版社，1988年12月。

［美］斯蒂文·郝瑞：《田野中的族群关系与民族认同——中国西南彝族社区考察研究》，巴莫阿依、曲木铁西译，南宁：广西人民出版社，2000年8月。

［美］塞缪尔·亨廷顿：《文明的冲突与世界秩序的重建》，周琪等译，北京：新华出版社，2002年1月。

［英］埃里克·霍布斯鲍姆：《民族与民族主义》，李金梅译，北京：人民出版社，2000年10月。

［美］保罗·康纳顿：《社会如何记忆》，纳日碧力戈译，上海：上海人民出版社，2000年12月。

［英］埃德蒙·利奇：《文化与交流》，郭凡、邹和译，上海：上海人民出版社，2000年9月。

［英］埃德蒙·利奇：《上缅甸诸政治体制：克钦社会结构之研究》，张恭启、黄道琳译，台北：唐山出版社，2003年11月。

［法］马塞尔·莫斯：《礼物》，汲喆译，上海：上海人民出版社，2002年6月。

［美］保罗·尼特：《一个地球 多种宗教——多信仰对话与全球责任》，王志成、思竹、王红梅译，北京：宗教文化出版社，2003年3月。

［美］保罗·尼特：《宗教对话模式》，王志成译，北京：中国人民大学出版社，2004年1月。

［法］列维-斯特劳斯：《结构人类学》(第2卷)，谢维扬等译，上海：上海译文出版社，1999年11月。

［美］M.E.斯皮罗：《文化与人性》，徐俊等译，北京：社会科学文献出版社，1999年6月。

［美］L.斯维德勒：《全球对话的时代》，刘利华译，北京：中国社会科学出版社，2006年1月。

［美］谭乐山：《南传上座部佛教与傣族村社经济：对中国西南西双版纳的比较研究》，赵效牛译，昆明：云南大学出版社，2005年10月。

［美］维克多·特纳：《仪式过程：结构与反结构》，北京：黄剑波、柳博赟译，北京：中国人民大学出版社，2006年4月。

［美］维克多·特纳：《戏剧、场景及隐喻：人类社会的象征性行为》，刘珩、石毅译，北京：民族出版社，2007年5月。

［美］维克多·特纳：《庆典》，方永德译，上海：上海文艺出版社，1991年9月。

［英］C.W.沃特森：《多元文化主义》，叶兴艺译，长春：吉林人民出版社，2005年1月。

［苏］德·莫·乌格里诺维奇：《宗教心理学》，沈翼鹏译，北京：社会科学文献出版社，1989年5月。

［英］约翰·希克：《理性与信仰——宗教多元论问题》，陈志平、王志成译，成都：四川人民出版社，2003年3月。

［美］许烺光：《宗族·种姓·俱乐部》，薛刚译，北京：华夏出版社，1990年12月。

汉语著作

陈广元：《新时期阿訇实用手册》，北京：东方出版社，2005年5月。

傅治平：《和谐社会导论》，北京：人民出版社，2005年3月。

费孝通：《江村经济——中国农民的生活》，北京：商务印书馆，2005年1月。

高发元：《云南民族村寨调查：傣族——勐海勐遮乡曼刚寨》，昆明：云南大学出版社，2001年4月。

龚锐：《圣俗之间——西双版纳傣族赕佛世俗化的人类学研究》，昆明：云南人民出版社，2008年6月。

郭于华：《仪式与社会变迁》，北京：社会科学文献出版社，2000年10月。

李亦园：《人类的视野》，上海：上海文艺出版社，1996年7月。

韩丽霞、董允：《云南佛教》，北京：宗教文化出版社，2004年7月。

何平：《从云南到阿萨姆——傣—泰历史再考与重构》，昆明：云南大学出版社，2001年5月。

赫维人、潘玉君：《新人文地理学》，北京：中国社会科学出版社，2002年4月。

联合国教科文组织编：《世界文化报告：文化、创新与市场》，关世杰等译，北京：北京大学出版社，2003年9月。

林耀华：《民族学通论》，北京：中央民族大学出版社，1997年6月。

骆毅、彭林、易淑君：《云南基诺族帕西傣体质调查》，昆明：云南民族出版社，1989年12月。

马戎：《民族社会学》，北京：北京大学出版社，2004年3月。

马维良：《云南回族历史与文化研究》，昆明：云南大学出版社，1999年11月。

马占伦：《云南回族苗族百村社会经济调查》，昆明：云南民族出版社，1997年3月。

纳日碧力戈：《现代背景下的族群建构》，昆明：云南教育出版社，2000年10月。

彭树智：《文明交往论》，西安：陕西人民出版社，2002年4月。

彭兆荣：《文学与仪式：文学人类学的一个文化视野》，北京：北京大学出版社，2004年12月。

彭兆荣：《人类学仪式的理论与实践》，北京：民族出版社，2007年6月。

秦惠彬：《中国伊斯兰教基础知识》，北京：宗教文化出版社，1999年1月。

史宗主编：《20世纪西方宗教人类学文选》，金泽等译，上海：三联书店，1995年4月。

国家统计局人口和社会科技统计司、国家民族事务委员会经济发展司：《2000年人口普查中国民族人口资料》，北京：民族出版社，2003年3月。

云南省编辑组：《云南回族社会历史调查（三）》，昆明：云南人民出版社，1986年12月。

王明珂：《华夏边缘：历史记忆与族群认同》，北京：社会科学文献出版社，2006年4月。

王志成：《和平的渴望——当代宗教对话理论》，北京：宗教文化出版社，2003年6月。

姚纪纲：《交往的世界——当代交往理论探索》，北京：人民出版社，2002年4月。

杨兆钧：《云南回族史》，昆明：云南民族出版社，1989年9月。

尹立：《精神分析与佛学的比较研究》，成都：巴蜀书社，2003年10月。

张公瑾、王锋：《傣族宗教与文化》，北京：中央民族大学出版社，2002年9月。

周大鸣等：《当代华南的宗族与社会》，哈尔滨：黑龙江人民出版社，2003年7月。

朱汉民、肖永明编选：《杜维明：文明的冲突与对话》，长沙：湖南大学出版社，2001年1月。

中南民族大学民族学与社会学学院：《族群与族际交流》，北京：民族出版社，2003年3月。

地方文献

云南省勐海县地方志编纂委员会：《勐海县志》，昆明：云南人民出版社，1997年10月。

云南省勐海县地方志编纂委员会：《勐海县志1978—2005》，昆明：云南人民出版社，2020年6月。

云南省民族事务委会员：《傣族文化大观》，昆明：云南民族出版社，1999年9月。

中国人民政治协商会议云南省勐海县委员会文史资料委员：《勐海文史资料第一集》，1990年12月。

勐海县地方志编纂委员会办公室：《勐海年鉴（2021）》，昆明：云南科技出版社，2021年7月。

汉语论文、译文

安维华：《美国伊斯兰世界关系与"文明的冲突"》，《西亚非洲》2005年第1期。

丁士仁：《伊斯兰的宗旨——兼及与儒家文明的对话》，《回族研究》2006年第1期。

［美］杜维明：《全球化与多元化中的文明对话》，《深圳大学学报（人文社会科学版）》2005年第2期。

［美］杜维明：《文明间对话的最新路径与具体行动》，《开放时代》2007年第1期。

［美］杜维明：《文明对话的发展及其世界意义》，《南京大学学报(哲学社会科学版)》2001年第2期。

白志所：《哈塔米的文明对话思想》，《回族研究》2005年第3期。

包蕾萍：《亚洲社会文化背景下的宗教变迁与对话》，《宗教学研究》2007年第1期。

蔡德贵：《刘智对伊斯兰教哲学和中国传统哲学的融合》，《中国哲学史》1997年第1期。

蔡仲德：《关于不同文明对话的思考》，《粤海风》2005年第2期。

曹卉：《近年来族群问题研究综述》，《中南民族大学学报（人文社会科学版）》2003年第2期。

陈戈：《论洛特曼的文化互动理论》，《解放军外国语学院学报》2007年第4期。

陈慧、车宏生：《跨文化适应影响因素研究述评》，《心理科学进展》2003年第6期。

陈建民：《全球化与伊斯兰教：文明的冲突》，《阿拉伯世界》2002年第4期。

陈声柏：《第二届"宗教对话与和谐社会"学术研讨会综述》，《世界宗教研究》2009年第3期。

陈声柏、张永路：《"宗教对话与和谐社会"学术研讨会综述》，《兰州大学学报（社会科学版）》2007年第4期。

陈心林：《族群的流动：内涵与边界——潭溪社区的个案研究》，《中南民族大学学报（人文社会科学版）》2008年第3期。

陈心林：《族群理论与中国的民族研究》，《贵州民族研究》2005年第6期。

陈志明：《族群的名称与族群研究》，《西北民族研究》2002年第1期。

程群：《道教与伊斯兰教关于生死问题的对话》，《西藏民族学院学报（哲学社会科学版）》2007年第2期。

从恩霖：《伊斯兰教拜功礼仪漫谈》，《中国宗教》2006年第6期。

崔延虎:《多元文化场景中的文化互动与多民族族际交往——新疆多民族社会跨文化交际研究之一》,《新疆师范大学学报(哲学社会科学版)》,2005年第2期。

邓达:《文明与文化的冲突:对中国21世纪文化走向的思考》,《中共四川省委党校学报》2006年第3期。

丁克家:《全球化进程中精神性资源的开掘:文明对话的源头活水——论杜维明和纳斯尔文明对话资源的阐发及其价值取向》,《回族研究》2006年第1期。

丁克家、马莉:《从宗教对话到文明对话的途径和前景——以中国宗教为例的探讨》,《宁夏社会科学》2006年第1期。

丁明俊:《边缘化的中国穆斯林族群研究》,《回族研究》2004年第4期。

丁明俊:《阿拉善草原信仰伊斯兰教的蒙古族穆斯林》,《西北民族研究》2005年第4期。

丁士仁:《伊斯兰的宗旨——兼及与儒家文明的对话》,《回族研究》2006年第1期。

杜刚、邢巨娟:《对信仰重建的哲学思考》,《理论探索》2006年第5期。

杜树海:《历史的另一种面相——潜经回族族群认同的历史人类学考察》,《广西民族研究》2006年第2期。

范帆、杨颖:《保护和促进文化表现形式多样性公约谈判通过始末》,《中国出版》2006年第2期。

房广顺:《国际关系视角下的文化多样性问题》,《当代世界与社会主义》2007年第1期。

冯惠玲、陈心林:《文化全球化与文化多样性辩证》,《湖北民族学院学报(哲学社会科学版)》2005年第6期。

冯文坤:《文化适应与信仰超越——从明末清初天学之兴衰看"补儒"和"合儒"的有效性》,《湛江师范学院学报(哲学社会科学版)》2000年第3期。

冯瑜：《从两份家谱看帕西傣的形成》，《回族研究》2003年第4期。

弗里德里克·巴斯：《族群与边界》，高崇译，《广西民族学院学报》1999年第1期。

甘玉贵：《试论小乘佛教的传入对西双版纳傣族社会的影响》，《中央民族学院学报》1991年第2期。

高师宁：《试论宗教的多元、对话与和谐》，《湖南师范大学社会科学学报》2009年第4期。

高颖：《宗教对话中的三个重要问题》，《中国宗教》2006年第9期。

高永久：《西北少数民族的族际交流》，《中南民族学院学报（人文社会科学版）》2002年第1期。

高永久：《伊斯兰教五功考述》，《兰州大学学报（社会科学版）》1993年第1期。

高源：《历史记忆与族群认同》，《青海民族研究》2007年第3期。

龚锐：《在异域与本土之间——中国西双版纳打洛镇傣族与缅甸掸族的跨境宗教文化交往》，《贵州民族研究》2006年第3期。

顾肃：《信仰多元化时代的宗教冲突、宽容与对话》，《学术界》2008年第6期。

郭山：《南传佛教文化与傣族传统生育观》，《云南民族大学学报（哲学社会科学版）》2008年第2期。

韩红、李海涛：《交往理性、主体间性与新世纪文化对话——兼论交往与社会进步》，《徐州师范大学学报（哲学社会科学版）》2002年第2期。

郝时远：《社会主义和谐社会的重要观念：尊重差异、包容多样》，《民族研究》2007年第1期。

郝时远：《在差异中求和谐、求统一的思考——以多民族国家族际关系和谐为例》，《国际经济评论》2005年第11期。

何道宽：《和而不同息纷争——全球化进程中的文化调适》，《深圳大学学报（人文社会科学版）》2000年第2期。

何光沪:《关于宗教对话的理论思考》,《浙江学刊》2006年第4期。

何星亮:《文化多样性与全球化》,《湖北民族学院学报（哲学社会科学版）》2004年第3期。

胡邦炜:《现代化·西方化·本土化——对亨廷顿〈文明的冲突〉中一个观点的解读》,《四川行政学院学报》2005年第1期。

胡鸿保、王建民:《近年来社会文化人类学若干热点透视》,《民族研究》2001年第1期。

胡明文、古新仁:《移民孤岛与族群边界存续——江西"两江"畲族移民村研究》,《广西民族大学学报（哲学社会科学版）》2008年第6期。

胡一:《全球化时代的文化自觉与文明对话》,《福州大学学报（哲学社会科学版）》2006年第2期。

华涛:《穆斯林社会与全球文明对话》,《回族研究》2006年第1期。

黄柏权、葛政委:《论文化互动的类型——兼论"武陵民族走廊"多元文化互动》,《中南民族大学学报（人文社会科学版）》2009年第2期。

黄凤祝:《论文明的冲突与文明的对话——从梁漱溟的观点评亨廷顿的文明冲突论》,《同济大学学报（社会科学版）》2006年第1期。

黄骏:《文化社会学视野中的多元文化互动与社会变迁》,《甘肃社会科学》2009年第3期。

贾未舟:《儒学与宗教对话:以"儒家基督徒"为视角》,《江汉论坛》2009年第5期。

菅志翔:《宗教信仰与族群边界——以保安族为例》,《西北民族研究》2004年第2期。

菅志翔:《国家构建中的族群身份转换——以保安族为例》,《广西民族学院学报（哲学社会科学版）》2004年第5期。

菅志翔:《民族历史构建与现实社会因素》,《青海民族研究》2007年第 2 期。

菅志翔：《民族历史构建与现实社会因素（续）》，《青海民族研究》2007 年第 3 期。

菅志翔：《仪式和庆典中的族群身份表达——以保安族为例》，《云南民族大学学报（哲学社会科学版）》2007 年第 4 期。

菅志翔：《从保安族的群体身份意识变化看族群演变机制》，《西南民族大学学报（人文社科版）》2007 年第 8 期。

江怡：《如何建立不同文化传统之间对话的哲学基础——从分析哲学的角度看传统儒学现代化的可能性》，《理论月刊》2006 年第 3 期。

金刚：《"伊儒相通"对伊斯兰教适应中国社会的促进作用》，《济南市社会主义学院学报》2000 年第 1 期。

九月：《中国北方族群文化分异与整合的互动关系探究》，《内蒙古工业大学学报（社会科学版）》2006 年第 2 期。

蓝达居：《历史传承与族群互动——福建惠东女现象试析》，《广西民族学院学报（哲学社会科学版）》1997 年第 2 期。

雷昊明：《透过内地伊斯兰教古迹看回族形成发展史——伊斯兰古建筑考古随笔》，《回族研究》2006 年第 1 期。

李安辉：《"文化多样性背景下的民族文化发展"学术讨论会综述》，《中南民族大学学报（人文社会科学版）》2005 年第 2 期。

李继利：《族群认同及其研究现状》，《青海民族研究》2006 年第 1 期。

李金齐：《文化自觉、文化创造与和谐文化世界的建构》，《探索与争鸣》2007 年第 3 期。

李金齐：《文化理想、文化批判、文化创造与文化自觉》，《思想战线》2009 年第 1 期。

李萍、孙芳萍：《跨文化适应研究》，《杭州电子科技大学学报（社会科学版）》2008 年第 4 期。

李松茂:《20世纪50年代白寿彝关于回族史和伊斯兰教史的研究——纪念白寿彝百年诞辰》,《回族研究》2009年第2期。

李详福:《族群性研究的相关概念与基本理论》,《广西民族学院学报(哲学社会科学版)》2000年第5期。

李荫榕、王晓玲:《交往实践视阈下的多元文化共存》,《黑龙江社会科学》2006年第3期。

梁卫霞:《伦理实践的宗教对话及其现实意义》,《兰州学刊》2007年第9期。

梁向明:《"回之与儒,教异而理同"——兼谈回族学者马注的伊斯兰教伦理道德观》,《宁夏社会科学》2005年第2期。

梁向明:《论回族学者刘智的伊斯兰教观》,《黑龙江民族丛刊》2003年第5期。

廖萍:《文明对话与未来学研究的思考》,《湘潭师范学院学报(社会科学版)》2007年第1期。

廖杨:《族群与社会文化互动论》,《贵州民族研究》2004年第1期。

廖杨:《人类学视野中的交往与族群关系》,《思想战线》2005年第1期。

林松:《试论伊斯兰教对形成我国回族所起的决定性作用》,《社会科学战线》1983年第3期。

刘道超:《族群互动中的文化自觉——以广西客家族群关系为例》,《广西民族研究》2008年第1期。

刘海涛:《论"族群"建构与"民族国家"认同》,《贵州民族研究》2006年第4期。

刘明:《环境变迁与文化适应研究述要》,《河北经贸大学学报(综合版)》2009年第2期。

刘晔:《"佛舞一体"——谈小乘佛教在傣族民间舞蹈中的体现》,《美与时代》2005年第10期。

刘佑生：《文明对话的契机与重构》，《求索》2006年第7期。

卢山：《云南傣族小乘佛教建筑比较研究》，《华中建筑》2002年第4期。

鲁延安、卢黎歌：《文明冲突论的内在冲突与启示》，《求索》2006年第7期。

鲁愿兵：《小乘佛教在傣族地区的传播及其与原始宗教的关系》，《云南民族学院学报（哲学社会科学版）》1997年第4期。

吕俊彪：《族群认同的血缘性重建——以海村京族人为例》，《广西民族研究》2005年第3期。

罗映光：《对佛教、基督教及伊斯兰教在中国传播及其本土化的思考》，《四川大学学报（哲学社会科学版）》2005年第6期。

骆桂花：《青海藏区回族社会生活变迁调查——以黄南州隆务镇为例》，《青海民族研究》2005年第4期。

马超群：《云南回族的他称——"潘塞"、"潘西"和"帕西"辨析》，《回族研究》2003年第3期。

马海逵：《寻求今世与后世的平衡——关于伊斯兰教今世、后世观的再思考》，《经济研究导刊》2009年第16期。

马建春：《浅析族群关系中的文化认同——以河湟地区族群为例》，《西北民族大学学报（哲学社会科学版）》2005年第4期。

马健雄：《社区认同的塑造：以勐海"帕西傣"社区为例》，《云南民族学院学报》2001年第6期。

马健雄：《广东南澳岛与云南"帕西傣"：历史文本的解读两例》，《云南师范大学学报》2002年第4期。

马金虎：《佛教、伊斯兰教和谐观之比较》，《西北第二民族学院学报（哲学社会科学版）》2007年第6期。

马金霞：《透析"文明冲突论"——中国学者评亨廷顿的文明冲突论》，《科教文汇》2006年第11期。

马丽蓉:《论西方霸权语境中的文明对话与文化自觉》,《回族研究》2006年第1期。

马明良:《从"圣训"看伊斯兰教的和谐理念》,《青海民族学院学报(社会科学版)》2009年第4期。

马明良:《伊斯兰教的中国化与"以儒诠经"》,《阿拉伯世界研究》2009年第5期。

马强:《历史上汉族学人对伊斯兰教认识之演变——兼议伊斯兰教的中国化》,《青海民族学院学报(社会科学版)》2001年第2期。

马戎:《当前中国民族问题研究的选题与思路》,《中央民族大学学报(哲学社会科学版)》2007年第3期。

马戎:《社会学的族群关系研究》,《中南民族大学学报(人文社会科学版)》2004年第3期。

马戎:《试论"族群"意识》,《西北民族研究》2003年第3期。

马效佩:《王岱舆的"天命三品"论对当今宗教文明对话的启迪意义》,《西北民族研究》2007年第1期。

[英]约翰·麦奎利:《世界宗教之间的对话》,范艾译,《世界宗教文化》1997年第4期。

梅坤:《文化对话与交往理性》,《辽宁工程技术大学学报(社会科学版)》2009年第2期。

明跃玲:《论族群认同的情境性——瓦乡人族群认同变迁的田野调查》,《云南社会科学》2007年第3期。

明跃玲:《族群认同与互动:兼论苗族瓦乡人的族群意识》,《湖北民族学院学报(哲学社会科学版)》2006年第3期。

纳麒:《从回族角度谈伊斯兰教的中国化》,《回族研究》1999年第4期。

纳麒:《文明对话"三部曲":差异、碰撞与整合——兼论中国"回儒"对话的历史轨迹》,《云南民族大学学报》2006年第5期。

纳日碧力戈：《族群形式与族群内容返观》，《广西民族学院学报（哲学社会科学版）》2000年第2期。

倪志娟：《全球化时代的文化交往与文化整合》，《青海师范大学学报（哲学社会科学版）》2006年第4期。

潘蛟：《勃罗姆列伊的民族分类及其关联的问题》，《民族研究》1995年第4期。

彭树智：《文明交往和文明对话》，《西北大学学报（哲学社会科学版）》2006年第4期。

彭兆荣：《"本土"的边界》，《广西右江民族师范高等专科学校学报》1999年第12期。

彭兆荣、朱志燕：《族群的社会记忆》，《广西民族研究》2007年第3期。

祁进玉：《国内近百年来民族和族群研究评述》，《广西民族研究》2005年第2期。

任维桢：《人类学视野中的边缘化穆斯林族群》，《西北第二民族学院学报》2006年第2期。

任裕海：《论跨文化适应的可能性及其内在机制》，《安徽大学学报（哲学社会科学版）》2003年第1期。

日生：《跨文化交流与宗教对话》，《中国宗教》2006年第5期。

闫伊默：《"礼物"：仪式传播与认同》，《国际新闻界》2009年第4期。

撒慧：《论伊斯兰教的回族化》，《中共伊犁州委党校学报》2009年第3期。

尚前宏：《传统与非传统：十年国际关系的两种解读——兼评亨廷顿〈文明的冲突与世界秩序的重建〉》，《东南亚研究》2004年第4期。

施武：《关于宗教对话的一个成果——访中国社会科学院研究员何光沪》，《三联生活周刊》2001年第5期。

思竹：《雷蒙·潘尼卡宗教对话思想简论》，《世界宗教研究》2004年第 3 期。

苏国勋：《从社会学视角看"文明冲突论"》，《社会学研究》2004 年第 3 期。

苏和平：《试论我国的回族伊斯兰教建筑》，《西北民族学院学报（哲学社会科学版）》2001 年第 3 期。

隋思喜：《文化对话与文化认同的重构——全球化语境中的中国现代化抉择之路》，《上海行政学院学报》2007 年第 4 期。

孙浩然、冯瑞国：《宗教对话与和谐理论的形成和发展》，《广东教育学院学报》2007 年第 2 期。

覃德清：《多重的认同，共赢的汇融——壮汉族群互动模式及其对消解民族矛盾的启示》，《广西民族研究》1999 年第 4 期。

覃寿鹏：《谈小乘佛教的哲学观》，《广西教育学院学报》1998 年第 4 期。

谭佳：《"文明冲突论"与跨文明比较文学研究》，《思想战线》2005 年第 5 期。

汤韵旋：《族群、族群认同与族群建构论的实践——以两岸客家和当代台湾族群建构为例》，《广西民族研究》2006 年第 4 期。

洮桦：《文化对话与文化自觉——文明对话国际学术研讨会综述》，《回族研究》2006 年第 1 期。

田苗：《对中国宗教对话的思考》，《四川教育学院学报》2009 年第 4 期。

田悦阳：《倡导宗教对话，共建和谐世界》，《中国宗教》2006 年第 3 期。

童萍：《全球化时代的文化多样性》，《黄山学院学报》2006 年第 2 期。

王根明：《浅谈回族饮食习俗与伊斯兰教的关系》，《西北第二民族学院学报（哲学社会科学版）》1991 年第 2 期。

王光海：《宗教对话：构建和谐政教关系》，《云南社会主义学院学报》2008 年第 1 期。

王建平：《清季云南回回学者对伊斯兰教和佛教、道教的比较研究》，

《西北第二民族学院学报（哲学社会科学版）》2003年第3期。

王实：《"族群理论与族际交流"国际学术研讨会综述》，《中南民族学院学报（人文社会科学版）》2001年第6期。

王希恩：《民族认同与民族意识》，《民族研究》1995年第6期。

王亚鹏、李慧：《少数民族的文化适应及其研究》，《集美大学学报》2004年第1期。

王亚平：《浅析西欧中世纪的宗教冲突与对话》，《历史教学》2007年第10期。

王叶红、韩雪青：《反思塞缪尔·亨廷顿的"文明的冲突"》，《河北青年管理干部学院学报》2006年第1期。

王易：《国际关系伦理学视角下的和谐世界构建》，《理论前沿》2007年第11期。

王志成：《宗教对话与宗教他者》，《浙江社会科学》2007年第5期。

王志强：《文化认知与跨文化理解——以中德跨文化交际为例》，《德国研究》2005年第3期。

韦浩明：《论族群交往与婚姻互动——贺州族群问题研究》，《黑龙江民族丛刊》2006年第6期。

韦浩明：《论区域杂居族群的交往与整合——贺州族群问题研究》，《黑龙江民族丛刊》2007年第3期。

魏长宝：《"全球化语境中的文明冲突与哲学对话"学术研讨会综述》，《哲学研究》2004年第1期。

巫秋玉：《融合抑或游离：居英香港华人的文化适应》，《华侨华人历史研究》1999年第1期。

吴晓明：《文明的冲突与现代性批判——一个哲学上的考察》，《哲学研究》2005年第4期。

吴之清：《云南傣族与小乘佛教》，《宗教学研究》2004年第3期。

武世刚:《解读云南省勐海县的"帕西傣"族群》,《中国穆斯林》2006年第6期。

席嘉:《文化适应与风俗变迁——云南喜洲白族上门婚改姓习俗浅析》,《武汉水利电力大学学报（社会科学版）》2000年第6期。

夏东民:《评亨廷顿的文明冲突论——兼论利益冲突是世界冲突的根本原因》,《苏州大学学报（哲学社会科学版）》2004年第2期。

谢劲松:《论民族意识及其边界》,《华中科技大学学报（社会科学版）》2007年第6期。

徐杰舜:《贺州族群互动考察》,《广西右江民族师专学报》2001年第3期。

徐杰舜:《论族群与民族》,《民族研究》2002年第1期。

徐新建、王明珂等:《饮食文化与族群边界——关于饮食人类学的对话》,《广西民族学院学报（哲学社会科学版）》2005年第6期。

学诚:《开展多元宗教对话共建和谐世界》,《中国宗教》2008年第21期。

闫文虎:《文明冲突 文明对话 文明交往——三种"文明观"的外交理念和实践及发展趋势》,《重庆邮电学院学报（社会科学版）》2006年第3期。

颜思久:《小乘佛教传入云南的时间和路线》,《西南民族学院学报（哲学社会科学版）》1987年第3期。

燕宁娜、马冬梅、赵振炜:《析中国伊斯兰教建筑的礼拜场所特征》,《四川建筑科学研究》2008年第6期。

羊措:《从族群边缘看族群认同——以卓仓藏族内婚制为个案》,《青海民族学院学报（社会科学版）》2006年第1期。

杨德亮:《婚姻制度·族群意识·文化认同:回族内婚姻制的历史成因和文化内涵》,《西北第二民族学院学报》2005年第1期。

杨东文:《身心的考验——浅谈伊斯兰教的斋戒》,《中国穆斯林》2005年第5期。

杨桂萍:《伊斯兰的多元主义与宗教对话》,《中国穆斯林》2007年第2期。

杨华:《论中国伊斯兰教的饮食禁忌、礼拜与沐浴文化》,《中国穆斯林》2009年第4期。

杨乐强:《论希克宗教多元论的解构维度》,《世界宗教研究》2009年第2期。

杨文笔:《互动中的文化拿来与输出——全球化背景下回族文化的新适应》,《青海民族研究》2009年第2期。

杨文笔、马鑫:《论回族穆斯林的"接哈吉"仪式》,《青海民族研究》2008年第1期。

杨文炯:《互动、调适与重构:都市生境下的回族传统与现代化》,《兰州大学学报(社会科学版)》2003年第6期。

杨文炯:《穆斯林学者眼中的儒教与孔子——回儒对话:基于文化自觉之上的文明对话》,《孔子研究》2005年第2期。

杨文炯、张嵘:《Jamaat:都市中的亚社会与族群文化——以兰州市回族穆斯林族群调查为个案》,《西北民族学院学报(哲学社会科学版)》2001年第3期。

杨志娟:《族群认同与民族的界定——以回族为例》,《回族研究》2000年第4期。

杨筑慧:《旅游业发展中的节日符号操弄——以西双版纳傣族泼水节为例》,《中央民族大学学报(哲学社会科学版)》2009年第3期。

姚继德:《回儒对话:云南伊斯兰学派个案的历史考察》,《思想战线》2006年第5期。

叶江:《当代西方"族群"理论探析》,《华东师范大学学报(哲学社会科学版)》2005年第5期。

叶小文:《促进基督文明与伊斯兰文明的对话与和睦》,《中国宗教》

2006年第2期。

叶小文:《论宗教对话、世界和平与和谐社会》,《北京大学学报(哲学社会科学版)》2007年第1期。

叶小文:《世界和谐需要宗教对话》,《人权》2007年第2期。

叶荫茵:《关于宗教对话的人类学探索》,《中国宗教》2007年第4期。

尹可丽:《族群社会心理:民族心理学的研究对象》,《贵州民族研究》2006年第4期。

俞思念、贺金浦:《全球化时代的文明冲突与文化多样性》,《当代世界社会主义问题》2006年第1期。

袁同凯:《广西融水苗人族源探析——兼论族群主观认同、族属客观标示与族群认同变迁》,《广西民族研究》2007年第1期。

张慧娟:《文明多样性是和谐世界的基石》,《中国党政干部论坛》2007年第10期。

张剑峰:《族群认同探析》,《学术探索》2007年第1期。

张劲梅、张庆林:《多维文化适应模型与国外族群关系研究》,《广西民族研究》2008年第4期。

张满生:《文明冲突的悖论及其超越》,《船山学刊》2005年第2期。

张卫、喻金焰:《佛教建筑与伊斯兰教建筑色彩初探》,《西安建筑科技大学学报(社会科学版)》2009年第1期。

张小兵:《亨廷顿"文明冲突论"归谬》,《陕西师范大学继续教育学报》2004年第1期。

张晓辉:《傣族村寨民俗中的习惯与习惯法:民族志两则》,《云南大学学报(法学版)》2008年第5期。

张岳:《宗教对话与社区和谐———一个村庄基督教与民间信仰和谐共处的人类学解读》,《思茅师范高等专科学校学报》2008年第5期。

章立明:《西双版纳傣族婚礼中的祝福仪式》,《民族艺术》2001年第

4 期。

赵卫东：《族群服饰与族群边界——对"白回"族群的人类学分析》，《民族艺术研究》2004 年第 6 期。

赵玉娇：《交往与对话——文明、宗教冲突的解决途径》，《贵州大学学报（社会科学版）》2005 年第 5 期。

郑一省：《东南亚华人问题研究的一部佳作——评〈变异与保持——东南亚华人的文化适应〉》，《当代亚太》2002 年第 4 期。

郑易平、李东明：《文明冲突的不同阐释与启示》，《浙江学刊》2004 年第 4 期。

周传斌：《他山之石——西方学界对中国回族伊斯兰教的研究述评》，《西北民族研究》2005 年第 1 期。

周传斌：《族群理论的流变及其与民族理论的关系》，《黑龙江民族丛刊》2005 年第 5 期。

周传斌、马雪峰：《都市回族社会结构的范式问题探讨——以北京回族社区的结构变迁为例》，《回族研究》2004 年第 3 期。

周大鸣：《族群与文化论》，《广西民族学院学报》1992 年第 2 期。

周大鸣：《论族群与族群关系》，《广西民族学院学报》2001 年第 2 期。

周大鸣、秦红增：《人类学视野中的文化冲突及其消解方式》，《民族研究》2002 年第 4 期。

周旭芳：《1998 年民族概念暨相关理论问题专题讨论会综述》，《世界民族》1999 年第 1 期。

周迎平：《论不同实在观对于宗教对话的影响》，《高等教育与学术研究》2007 年第 1 期。

朱伦：《论"民族—国家"与"多民族国家"》，《世界民族》1997 年第 3 期。

习近平：《在全国民族团结进步表彰大会上的讲话》，《中国民族》

2019 年第 10 期。

刘国强、古棋予：《民族互嵌对铸牢中华民族共同体意识的意涵》，《天津市社会主义学院学报》2021 年第 3 期。

张桥贵：《我国的宗教对不同民族不同地区的影响力和影响方式——以铸牢中华民族共同体意识为视角》，《民族研究》2020 年第 6 期。

何文钜：《习近平关于铸牢中华民族共同体意识重要论述的理论精髓》，《文本民族研究》2021 年第 2 期。

王延中：《铸牢中华民族共同体意识建设中华民族共同体》，《民族研究》2018 年第 1 期。

杨德亮：《伊儒会通：伊斯兰中国化学术史述评兼论人类学的进路及文明对话》，《青海民族研究》2020 年第 3 期。

马宗保：《伊斯兰教中国化及其动力机制——以回族地区伊斯兰教为例》，《黑龙江民族丛刊》2016 年第 3 期。

马广德：《回族在铸牢中华民族共同体意识中的历史地理基础与文化传统》，《回族研究》2021 年第 4 期。

沈向兴、尤功胜、周月、李娅婕：《铸牢中华民族共同体意识的云南实践与启示》，《民族研究》2021 年第 4 期。

博士、硕士学位论文

姚继德：《回族马帮与西南丝路网络——泰国北部云南穆斯林的个案研究》，博士学位论文，云南大学人类学系，2002。

曾慧莲：《民族文化的多元发展与适应——以西双版纳傣族自治州勐海县曼峦回村"回傣"为例》，硕士学位论文，台湾政治大学民族学系，2004。

英文著作

Dru C. Gladney, Ethnic Identity in China: TheMakin of a Muslim Minority Nationality, Orlando:Hard Court Brace&Company, 1998.

Dru C.Gladney, Muslim Chinese : Ethnic nationalism in the People's Republic, Cambridge, Mass: Council on East Asian Studies, Harvard University : Distributed by Harvard University Press, 1991.

Edmund Leach, Political Systems of Highland Burma: A Study of Kachin Social Structure, The Athlon Press, 1964.

Fredrik Barth, Ethnic Groups and Boundaries: The Social Organization of Culture and Difference, Boston, Little, Brown and Company, 1969.

Steven Vago, Social change , Pulished by arrangement with the original publisher. Pearson Education, Inc., 2004.

Naroll Raoull, Main currents in cultural anthropology, New York, Appleton-Century-Crofts, 1973.

David Y. H. Wu, Ethnicity Identity and Culture, *in The Humanities Bulletin*, Faculty of Arts of the Chinese University of HongKong, 1995.

后 记

我一直相信：过程就是结局。

为了能更好地完成博士学位论文，我不断在理论上提升自己，大量阅读民族学经典著作和相关论文，同时，做好扎实的田野调查工作。然而，因理论素养、观察角度等方面的不足，论文中难免存在着疏忽和遗漏之处。因此，总想在著作出版时弥补这样的遗憾，因而一再将出版时间推迟。

几经修改，当这本著作终于出版之时，我仍然觉得：书写就是遗憾的艺术。它最终未必完美，但这本书代表着一段于我而言不可磨灭的时光：在那段时光里，我来到一个靠近边陲的陌生小村寨，用大量的时间来观察和走进一个村寨。在写作过程中，我眼前无时无刻不浮现着村民的音容笑貌：他们穿傣装的样子、他们带着"傣味"的汉语、他们的友善及热情。我想起了穿过流沙河上的金桥后，初次见到的峦村。在独自出发前，对这个陌生地方怀有的不安感，立刻被他们的友善所打消。我与这个村寨的人从陌生到熟悉，和他们同吃、同住、同劳动，跟他们一起走亲访友；跟他们一起庆贺村寨的乔迁之喜、婚嫁之喜、新生之喜；跟他们一起体会傣历新年的狂欢、春节的团圆温馨、圣纪节的热闹。在近十次来往于该村庄之后，我与村民早已成为永远割舍不了的亲人。16年间，小村的变化日新月异。我想它会是我一生都持续不变的田野点。

同时，我要向许多人表示衷心的感谢：

后 记

感谢我的导师何明教授,引领我进入民族学的殿堂。接触到民族学,让我真正有了"回家"的感觉。在学习的过程中,自己越来越对民族学产生了浓厚的兴趣。这一切,都归因于何老师的循循善诱和渊博的学识。从博士学位论文的选题确定、切入角度、框架结构、写作与修改,到著作出版无不凝聚着导师的心血,对何老师的感谢难以用语言来表达。

感谢峦村的每一个人,他们的亲切、友善与健谈,是我能够将田野调查持续下去的原动力。感谢他们能让我在他们的各种仪式场合自由出入,能允许我拍下他们各个场合的照片、能允许我将他们的故事写成文字。当然,在这些人中,我特别要感谢的是村民岩望一家,我每次田野调查都住宿在岩望家,感谢他们对我的饮食起居的照顾,并经常放下自己的事情,带我出入各种我想去的场合,我与他们已经如亲人一样;在峦村调查期间认下的干女儿,我初次去峦村时,她还在母亲的肚子里,现在她已经进入初中学习。随着她妹妹的出生,我又多了一个干女儿。村民岩些一家,他们停下自己的运输生意,带我到勐海茶科所、景龙佛寺、勐景来等地方游玩;退休妇女干部马玉琼,为我讲述了许多峦村的历史,并为我提供了她自己整理的家谱;村民玉映香一家,感谢她为我整理家谱,并给我提供许多有用的资料;还有一群美丽可爱的小妹妹玉燕、玉窝、玉香、玉康等,感谢她们怕我无聊而经常带我一起玩耍。

感谢我的好友董丽坤及董大哥,在他们的联系之下,我才得以首次进入峦村。

最后,我想说:这不是结束,而是开始。

马创

2021 年 7 月 31 日